셰익스피어와 현대비평

김종환 지음

계명대학교출판부

본 연구는 2006년도 계명대학교 비사연구기금으로 이루어졌음.

일러두기

- 이 책에서 인용하는 모든 셰익스피어 작품의 대사는 G. B. Evans가 편집한 *The Riverside Shakespeare* (Boston: Houghton Mifflin, 1974)에 따른다.
- 원문인용의 번역은 모두 필자의 것이다.
- 작품인용 원문은 각 장의 인용문헌 뒤에 부가한다.
- 한글 서명은 『 』로 영문 서명은 모두 이탤릭으로 처리한다.
- 작품명과 등장인물명은 몇몇 경우를 제외하고는 『셰익스피어 연극 사전』 (도서출판 동인, 2005)을 따른다.
- MLA 방식에 따라 내주를 사용하지만, 1장과 부가적인 설명이 필요한 부분은 각주로 처리한다.

시작하는 말

이 연구는 20세기에 진행된 주요한 비평적 논의를 셰익스피어의 비극 작품에 적용하여 해석하려는 시도이다. 20세기 초 브래들리(Bradley)의 성격심리비평에서 시작하여 20세기 후반 문화유물론과 해체주의 비평에 이르기까지 수많은 비평 이론이 셰익스피어 작품에 적용되어 왔다. 본 연구는 그 가운데 가장 중심이 되는 여덟 가지의 비평 유형, 즉 20세기 전반부의 성격심리비평, 시적 접근, 역사비평, 전통적 주제비평, 그리고 20세기 후반의 정신분석비평, 문화유물론, 페미니스트 비평, 해체주의 비평을 셰익스피어의 비극 작품에 적용하여 논의하려는 시도이다.

"이아고와 오셀로의 성격"에 관한 글은 성격심리비평의 범주에서 이아고와 오셀로의 성격을 논의하는 작업이다. "복수윤리와 복수지연: 『햄릿』"은 역사비평의 관점에서 르네상스 시대의 복수윤리를 논하면서 햄릿의 복수지연을 다루는 글이다. "이미지와 주제: 『맥베스』"는 시적 접근의 방식에 따라 작품의 주요 이미지와 상징을 논의하면서 작품의 주제를 추적하려는 글이다. "외양과 실재의 괴리와 인식과정: 『리어 왕』"은 주제비평과 도덕적 접근 방식에 따라 작품의 도덕적 주제와 인물의 각성 과정을 논의하는 글이다. 그러나 바보광대의 전통과 광대와 리어 왕의 관계에 대해서는 역사비평의 논의를 참조한다. "궁정연애 전통과 『로미오와 줄리엣』"은 중세에 유행했던 궁정연애 전통의 특징을 논의하고 로미오와 줄리엣의 행위에 반영된 궁정연애의 양상을 논의하는 글이다. "억압된 욕망과 여성혐오: 『햄릿』"은 정신분석비평의 논의를 참조하여 햄릿의 억압된 욕망과 여성혐오 심리를 분석하고, 이를 통해 햄릿의 복수지연을 해명하려는 작업이다. "인종담론과 오셀로 재현"은 문화유물론을 참조하여 인종차별담론이 어떤 방식으로 오셀로를 타자로 재현하고 있는지를 논의하는 글이다. "클레오파트라의 연극성과 전복성"은 문화유물론과 페미니스트 비평을 참조하여 『앤토니와 클레오파트라』에 인종적 타자인 동시에 성적 타자로 재현되고 있는 클레오파트라를 다루는 글이다. 마지막으로 "해체와 부재의 세계: 『리어 왕』"은 해체주의 비평을 참조하여 기표와 기의 사이의 불안정성을 드러내고 '있음'의 '의미 없음'과 '없음'의 '의미 있음'을 드러내려는 작업이다.

셰익스피어 작품들은 적용하는 비평 유형에 따라 그 의미를 달리 드러낸다. 전통적 비평은 셰익스피어의 작품들이 지금까지도 의미 있게 읽혀지고 있다면, 그것은 바로 그의 작품들이 시공을 초월하는 의미를 담고 있기 때문이라고 주장한다. 그러나 셰익스피어 작품들이 여전히 의미 있게 받아들여지는 것은, 그의 작품들이 시공을 초월한 보편적 진리를 담고 있기 때문이 아니라, 현재적 시점에서도 여전히 새로운 의미를 읽어 낼 수 있는 개방적 텍스트이기 때문이다. 셰익스피어는 대개의 경우 작품들 속에 자신의 견해를 명시적으로 드러내지 않고 많은 것을 여백으로 남겨둔다. 셰익스피어의 텍스트에 새로운 관점을 적용하여 계속해서 새로운 의미를 읽어낼 수 있는 것은 바로 이러한 여백이 있기 때문이다. 모든 새로운 비평들이 주시하는 것도 바로 이 여백일 것이다.

2009. 7. 29.

김 종 환

차 례

1. 현대비평과 셰익스피어

1623년 벤 존슨(Ben Jonson)은 셰익스피어를 두고 "어느 한 시대의 사람이 아니라, 모든 시대의 사람"(not of an age, but for all time)이라고 극찬했다. 벤 존슨의 논평 이래 지금까지 셰익스피어 작품에 대한 수많은 비평 작업이 전개되어 왔다. 삼일치의 법칙과 시적정의, 그리고 데코럼(decorum)의 준수 여부를 초점으로 삼는 18세기 신고전주의 비평에서 시작하여 성격심리 분석을 주안점으로 삼는 19세기 낭만주의 비평으로 전개되었다. 20세기에는 포괄적으로 정리할 수 없을 만큼 다양한 비평 양식이 소개되었고 이 모두는 셰익스피어 작품에 적용되어 왔다. 특히 새로운 비평 양식이 나올 때마다 이는 『햄릿』에 적용되어 왔고, 『햄릿』 비평사는 곧 셰익스피어 비평사라고 해도 과언이 아니다. 이하에서는 『햄릿』을 예로 들어 20세기 전반기와 후반기에 진행된 주요한 비평 양식을 개관한다.

셰익스피어 작품에 관한 20세기 현대비평이 시작된 것은 브래들리(A. C.

Bradley)의 성격심리비평이다. 『셰익스피어 비극』(*Shakespearean Tragedy*)에서 브래들리는 복수지연에 관한 괴테(Goethe)의 감상적 햄릿론과 콜리지(Coleridge)의 반성적 햄릿론을 반박하면서 자신의 '우울증 이론'을 전개한다(84-90). 브래들리의 비평에 앞서 괴테와 콜리지의 비평을 살펴보는 것이 순서일 것이다. 괴테는 복수지연의 근본 원인을 그의 감상적인 성격이라고 간주하면서, 햄릿을 "아름다운 꽃만을 담고 있어야 할 값비싼 항아리"에 비유한다. 괴테에게 햄릿은 복수를 수행할 행동력이 결여된 섬세한 도덕적 감수성을 지닌 왕자이고, 『햄릿』은 위대한 행위를 수행하기에는 역부족인 감상적인 인물의 행동과 그 결과를 보여주는 작품이다.[1] 이 작품을 인간의 숙명에 관한 주인공의 끊임없는 명상으로부터 비롯된 "상념의 비극"으로 보았던 콜리지는 "한 행위와 관련된 모든 사항과 그 가능한 결과"를 너무나 골몰히 생각하는 햄릿의 반성적 습관을 복수지연의 근본적인 원인으로 보았다. 콜리지에게 햄릿은 거의 비정상적인 지적 활동으로 인해 행동하지 못한 인물, 즉 마비된 지성의 상징이다(*Casebooks* 30-31).

콜리지를 비롯한 낭만주의 비평가들은 거의 대부분 햄릿을 마치 실제 인물인 것처럼 간주하고 그의 성격을 논의했다. 해즐릿(Hazlitt)도 콜리지와 마찬가지로 햄릿을 반성적인 습성으로 인해 행동이 마비된 "철학적 사색의 왕자"로 간주한다. 그렇지만 콜리지와는 달리 햄릿의 심리가 아니라 작품에 반응하는 독자의 마음에 초점을 맞춘다. 그는 햄릿의 생각이 "우리 자신의 생각만큼이나 사실적"이고 "햄릿은 바로 우리 자신"이라고 말하면서, 우리들 중 누구라도 자

1) Martin Coyle, ed. *Hamlet. New Casebooks* (New York, 1992), 26. 이하에서는 *Casebooks*로 칭함. 괴테는 "그 값비싼 항아리에 떡갈나무가 심겨졌고, 그 나무가 뿌리를 내리게 되자 마침내 그 항아리는 박살나 버렸다"고 논평한다. 여기서 값비싼 항아리란 연약하고 감상적인 햄릿이고 떡갈나무란 햄릿이 감당하기 힘든 복수라는 임무를 말한다.

신들의 성격에서 햄릿의 성격과 유사한 점을 발견할 수 있으리라 주장한다.[2] 19세기를 풍미했던 성격심리비평은 브래들리의 비평 작업에서 완결되기에 이른다.

브래들리의 주장에 따르면 복수지연의 직접적인 이유는 콜리지가 지적했던 과다한 반성적 습관이나 괴테가 지적했던 햄릿의 감상적 성격이 아니라, 비정상적인 상황에서 오는 깊은 우울증이며, 우울증의 원인은 선왕의 갑작스런 죽음과 어머니 거트루드의 근친상간적인 결혼이다. 그는 햄릿의 제 1독백을 우울증의 증거로 삼는다. "세상만사 왜 이렇게 지겹고, 맥 빠지고, 밋밋하고, 부질없어 보이는가! 아, 역겹구나 역겨워! 이 세상은 잡초만 무성한 정원. …… 약한 자여! 그대 이름은 여자니라!"(1.2.133-46).[3] 햄릿에게 어머니 거트루드의 육신은 더러운 욕망이 판을 치는 "잡초 무성한 정원"이고 이를 바라보는 햄릿은 우울하기 그지없다. 아버지가 돌아가신지 얼마 되지 않아 진행된 어머니와 숙부의 결혼은, 햄릿을 우울하게 만들고 이 세상만사가 부질없다고 느끼도록 만드는 구체적 요인이다. 그리하여 햄릿은 야수 같은 시동생의 욕정에 놀아나 태양신 같은 남편을 배신한 여인의 '약함'을 비난한다. 햄릿은 자신의 "너무나도 질긴 육신"이 녹아서 차라리 이슬이 되어 버리라고 하면서 자살을 갈구한다. 유령의 비밀스런 이야기를 통해 아버지의 살해 전모를 알기도 전부터 햄릿은 이미 인간에 대한, 특히 어머니에 대한 환멸로 인해 깊은 우울증에 빠져 자살을 갈구한다.

브래들리는 여기서 햄릿이 드러내고 있는 자살 충동, 죽음에 대한 동경, 무

---

2) *Casebooks* 28-30쪽과 Edward Quinn et al., ed. *The Major Shakespearean Tragedies* (New York: The Free P, 1973), 17 참조.

3) 이 책에서 인용하는 모든 셰익스피어 작품의 대사는 G. B. Evans가 편집한 *The Riverside Shakespeare* (Boston: Houghton Mifflin, 1974)에 따른다.

기력한 태도, 인간에 대한 혐오 등 모두가 병리학적으로 "우울증"이라고 부르는 병에 걸린 사람의 증상이라고 주장한다(Bradley 101-103). 브래들리는 콜리지가 복수지연의 원인으로 지적했던 햄릿의 반성적 습관이 우울증을 낳는데 기여한다고 생각한다. 그러나 그는 반성적 습관이 햄릿의 우유부단에 간접적으로 기여하고 있을 뿐, 우유부단의 직접적 원인은 아니라고 주장한다. 즉 햄릿의 과도한 상념은 우유부단의 직접적 원인이 아니라 우유부단의 "징후"이다(89-90). 브래들리의 비평은 극 중 인물을 마치 살아 있는 우울증 환자처럼 다루고 있긴 하지만, 『햄릿』 비평에서 아직까지 가장 영향력 있는 비평으로 남아있다. 20세기 초반의 프로이드(Freud)와 그의 제자 존스(Jones)의 비평도 성격심리비평에 포함될 수 있는데, 이는 20세기 후반의 정신분석비평 항목에서 논의할 것이다.

1930년대 이르자 비평가들은 극 중 인물들을 마치 실제 인물처럼 생각하고 극단적으로 추상화하면서 작품을 분석하는 성격심리비평을 비판하기 시작한다. 이 시기에 셰익스피어 작품에 대한 주도적인 접근 방식으로 등장한 것은 작품의 이미지와 상징 분석을 통하여 작품을 '유기적 통일체'(organic whole)로 파악하려는 시적 접근 혹은 상징적 접근이다. 이를 따르는 연구자들은 신비평의 전제를 염두에 두면서 극을 한 편의 잘 짜인 시로 간주하고 논의한다. 따라서 이들에게 성격심리비평에서 그토록 중시하였던 '인물의 성격'은 작품에서 유기적 통일체를 형성하는 일부 요소에 지나지 않는다. 이들에게 중요한 것은 반복되는 이미지와 상징을 통해 패턴을 찾아내고 작품을 유기적 통일체로 접근하는 일이다. 셰익스피어의 작품이 시의 리듬을 유지하고 시적 언어로 쓰여 있고 시적인 이미저리를 통해 주제가 표현된다고 간주하는 이들은 정교하게 짜인 언어의 결을 비집고 들어가 작품을 해석하고자 한다. 그러므로 시적 접근은 비평이라기보다는 '해석'이다. 작품의 장단점을 논의하기보다는 작품 전체의 구조와 분위기와 주제, 이와 관련된 이미지와 상징, 모티프 등을 중시하면서 마치 한 편의 시를 다루려는 것 같은 자세를 견지하기 때문이다. 작품에 반복해서 나타나는 시적인 이미저리를 분석함으로써 한 작품 전체의 분위기와 주제를 파악하려고 했던 스퍼전(Caroline Spurgeon)의 연구는 괄목할만한 성과를 냈으며, 셰익스피어 작품은 근본적으로 시적 비전을 표현한 것이므로 그것을 이해하고 그 상징적 의미를 밝혀낼 수 있어야 한다고 주장했던 윌슨 나잇(G. Wilson Knight)의 해석 역시 시사적이다.4)

셰익스피어의 작품을 하나의 유기적 통일체로 파악하는 윌슨 나잇은 극의 핵심에 다가가기 위해서는 작품의 어느 일부 요소만을 고려하는 것이 아니라, 플롯과 등장인물의 행동과 심리와 상징 등을 전체적으로 고려해야 한다고 주장한다. 나아가 인물과 사건과 분위기와 관련된 주도적 시적 상징의 패턴을 파악해 낼 수 있어야 한다고 주장한다. 그에게 질병의 이미저리로 가득 찬 『햄릿』의 주제는 죽음이고 햄릿은 "죽음의 사자"이다. 브래들리가 우울증의 증거로 삼았던 햄릿의 제 1독백에서, 윌슨 나잇은 암흑의 이미저리 그리고 죽음과 질병의 이미저리를 찾는다. 자살을 갈구하는 햄릿은 "너무나도 질긴 자신의 육신"이 녹아서 이슬이 되어 버리라고 외친다. 아버지의 상실과 숙부와 결혼한 어머니에 대한 환멸로 인해 햄릿의 고통은 깊어지고 자살을 갈구한다. 빛이 사라져 버린 이 세상에서 모든 것은 부질없어 보이며, 이 세상은 어두운 욕정이 판을 치는 "잡초만 무성한 정원"이다. 태양신 같았던 아버지가 돌아가시고 야수 같은 클로디어스는 어두운 그림자를 드리우며, 덴마크는 죽음과 질병의 상징으로 가득 찬 곳으로 전락한다(Knight 11-15, 17-19). 이러한 스퍼전의 이미

---

4) Caroline Spurgeon, *Shakespeare's Imagery and What It tells Us* (Cambridge: UP, 1935). G. Wilson Knight, *The Wheel of Fire* (Methuen: London, 1930).

저리 분석과 윌슨 나잇의 상징 분석은 나이츠(L. C. Knights), 클리먼(W. H. Clemen), 브룩스(Cleanth Brooks),[5] 헤일만(R. B. Heilman)[6]의 연구로 이어져 1960년대까지 주도적 접근 방식으로 그 영향력을 행사했다.

클리먼의 『햄릿』 분석은 스퍼전과 윌슨 나잇의 해석을 반영하면서 시적 접근의 전형적인 분석 방법을 보여주고 있다. 그는 반복되는 이미지가 작품의 주제 및 분위기와 밀접한 관련성이 있다고 생각하며, 행동과 사고와 이미지는 분리되어 있는 것이 아니라 연결되어 있다고 간주한다(Clemen 111-18). 클리먼은 클로디어스에게 독살당한 유령이 1막 5장에서 사건의 전모를 밝히고 있는 대사(“이 독약은 사람의 피와는 상극인지라, 수은처럼 삽시간에 전신의 핏줄로 퍼져 나가 그 효력을 발생하니, …… 삽시간에 내 피부엔 종기가 돋고, 흉측한 문둥이처럼 덕지덕지 부스럼이 생겨나, 매끈한 나의 전신을 뒤덮어버렸다”)를 주시하면서 『햄릿』의 지배적 이미저리가 독과 병과 죽음과 부패에 관한 이미저리라고 간주한다. 그리고 그는 부패와 문둥이처럼 살이 썩어 들어가게 하는 독과 잡초와 병과 종기의 이미저리가 개별적으로 사용된 것이 아니라 서로 관련을 맺으면서 작품 전체의 톤을 형성하고 주제를 제시하고 있다고 주장한다. 즉 이들 이미저리가 작품이 전달하고자 하는 중심 사상과 분리되어 있는 것이 아니라 유기적 통일체를 형성하여, 클로디어스의 죄로 인해 썩어 들어가는 덴마크의 암울한 분위기와 악과의 투쟁이란 중심 주제를 드러내고 있다고 주장

---

5) 성격심리비평을 패러디하고 있는 L. C. 나이츠의 논문(“How Many Children Had Lady Macbeth?, 1933)”은 시적 접근을 적용한 탁월한 논문이다. 신비평을 활성화시킨 브룩스의 저서 *The Well-Wrought Urn* (1947) 역시 시적 접근에서 빼놓을 수 없는 연구서이다. 특히 『맥베스』의 이미지와 상징을 분석하고 있는 제 2장은 향후 이 분야 연구에 지대한 영향을 미친다.

6) 헤일만이 『리어 왕』의 이미지 패턴을 분석하여 그것을 인물과 주제와 작품의 구조와 연결 지운 *This Great Stage* (1948)와 『오셀로』의 모티프와 이미지를 주제와 연결하고 있는 *Magic in the Web* (1956) 또한 시적 접근에서 빼놓을 수 없는 업적이다. 헤일만은 『오셀로』에서 데스데모나를 둘러싸고 31번이나 반복되고 있는 ‘손수건’ 모티프를 주시한다.

한다. 햄릿은 덴마크에 깊이 뿌리를 내려 한 국가 전체를 썩어 들어가게 하는 종기와 같은 클로디어스를 제거하여, 중병을 앓고 있는 덴마크를 구해야 한다.

셰익스피어의 극을 시로 간주하는 그들의 해석은 19세기의 성격심리 분석 못지않게 극장의 현실과는 유리된 작품 분석이다. 극작품이 심리 소설이 아니기 때문에 등장인물의 성격 대신 언어와 이미저리와 상징을 분석의 초점으로 삼아야 한다던 그들의 연구는 아이러니컬하게도 성격심리비평과 동일한 오류를 범하고 있는 것이다. 셰익스피어의 작품은 무대 위의 상연을 전제로 쓰인 희곡이지, 심리소설도 시도 아니기 때문이다.

성격심리비평은 등장인물의 성격과 심리 분석에 지나치게 집착하고, 시적 접근은 언어와 이미저리 패턴에 지나치게 집착하여 작품이 쓰인 당대의 사회적, 문화적, 역사적, 종교적 배경을 무시하고 있다. 이는 필연적으로 역사비평의 반발에 부딪치게 된다.[7] 먼저 극장의 현실을 주시하면서 작품을 분석하는 경향이 생겨나게 되었는데, 그랜빌-바커(Granville-Barker)의 연구는 이러한 분석의 단초를 제공한다. 월독(J. A. Waldock)은 『햄릿』이 극장에서 상연된 극이라는 점을 중시하여 성격심리비평, 그 가운데서도 특히 브래들리와 존스(Ernest Jones)의 비평을 비판한다. 그는 극장에서는 거의 문제가 되지도 않을 햄릿의 복수지연 문제에 비평가들이 그토록 매달리는 것을 못마땅하게 생각한다(3-4). 역사비평가들은 구체적인 역사적 접근 방법을 작품 분석에 적용하게 되는데, 그 선구자인 스톨(E. E. Stoll)은 셰익스피어의 작품이 극장에서의 상연을 전제로 쓰인 극작품이란 생각 아래 엘리자베스 시대 무대의 극적 관습

7) 역사적 접근은 1) 본문비평 2) 셰익스피어 시대의 극장 연구 3) 역사적 사회적 배경 연구로 대별할 수 있으나, 주로 르네상스 시대의 우주관, 종교관, 정치관, 도덕관의 배경 아래 작품의 의미를 파악하려는 시대적 배경 연구에 초점이 주어지고 있다.

(dramatic convention)과 작품의 극적 구조를 중시한다. 그는 성격심리비평이 엘리자베스 시대의 관행과 극의 구조를 무시한 채 『햄릿』을 마치 심리 소설인 양 생각하고 주인공의 성격과 복수지연의 문제를 다루고 있다고 비판한다. 스톨은 햄릿의 복수지연을 극에 대한 관객의 흥미와 관심을 유발시키기 위해 당대의 모든 복수극에 채용되었던 일종의 극적 관습이라고 주장한다. 그러므로 성격과 심리적인 측면만을 강조하여 햄릿이란 극중 인물을 마치 실제 인물로 간주하고 작품을 해석하는 것은 오류라고 주장한다. 비록 그의 견해가 『햄릿』이란 작품을, 특히 복수지연의 문제를 지나치게 단순화하는 오류를 범하고 있는 것이 사실이나, 『햄릿』이 시나 소설과는 달리 무대 위의 상연을 전제로 쓰인 희곡 작품이란 점을 고려해 볼 때 일면 타당성을 지니고 있다(Stoll 1-2, 90-92). 스톨의 이러한 주장은 도버 윌슨(John Dover Wilson), 스펜서(Theodore Spencer), 프로서(Eleanor Prosser), 바우어즈(Frederick Bowers)의 연구로 이어진다.

도버 윌슨은 이율배반적인 유령의 명령이 햄릿의 복수지연과 밀접하게 연관되어 있다고 생각한다. 그는 클로디어스를 죽이되 거트루드에게 마음의 상처를 주지마라는 유령의 명령이 햄릿에게 얼마나 힘든 임무인지를 상기시킨다. 윌슨의 연구는 마음을 더럽히지 않고 복수하려는 햄릿의 행동지연을 역사적 관점에서 해명하고 있다.[8] 스펜서는 2막 2장의 햄릿의 대사("인간이란 그 얼마나 멋들어진 존재인가? …… 인간이야말로 만물의 영장이 아닌가? 그런데 지금 나에게는 먼지의 정수로밖에 보이지 않는단 말인가?")를 근거로 삼아, 인간의 본성에 관한 햄릿의 견해를 인간에 대한 당대의 "낙관적 견해와 비관적 견해" 사이의 갈등을 보여주는 것으로 간주한다(94). 프로서의 역사비평에 따

---

8) John Dover Wilson, *What Happens in* Hamlet? 1935 (London: Cambridge UP, 1976), 52-53 & 46-47. 윌슨은 또한 역사비평의 한 갈래인 본문비평의 성과를 잘 보여주고 있다.

르면 햄릿의 복수지연에는 복수에 관련된 당대의 종교적, 도덕적 가르침과 일반 대중의 견해 사이의 갈등이 내포되어 있다. 그 시대 관중들은 이성적으로는 사적인 복수가 죄라고 생각했지만, 심정적으로는 아버지의 죽음에 대한 자식의 복수는 큰 죄가 되지 않는다고 생각했다(Prosser 17, 23-24). 이는 그 시대 관중들이 처한 도덕적 딜레마인 동시에 햄릿이 처한 딜레마이다. 셰익스피어는 햄릿이 처한 딜레마를 하느님의 섭리에 의한 공적인 차원의 정의 실현이라는 방식으로 해결한다. 마지막 장면에서 클로디어스의 죄가 만천하에 드러날 때 햄릿은 그를 죽이게 되는데, 이는 윤리에 저촉되는 사적인 복수 행위가 아니라 "공적인 정의를 대행하는 자"로서의 역할을 수행한 것이다(Bowers, "Hamlet as Minister" 748-49). 이런 방식으로 역사비평은 역사적 맥락 속에서 작품을 논의한다.

20세기 전반기에 진행된 셰익스피어 비평은 정도의 차이가 있긴 해도 근본적으로는 "언어의 투명성"(transparency in language)을 전제로 한다. 즉 언어가 실재를 지칭하는 직접적인 수단이 될 수 있다고 믿었던 것이다. 그리하여 성격심리비평은 언어의 투명성을 전제로 하여 인물의 성격 분석에 초점을 맞추고, 역사비평은 작가의 세계관과 사고가 투명한 언어를 통해 작품에 녹아들어 있다고 전제한다. 시적 접근은 작품에 드러난 이미지와 언어를 중시하며 언어의 시적인 아름다움과 깊이를 주시한다. 그러나 20세기 후반에 들어 언어의 투명성에 대한 회의적인 반응이 나타나고 언어의 본질에 대한 논의가 활발하게 전개된다. 이 논의의 핵심에 구조주의가 자리 잡고 있으며, 이는 언어의 본질에 관한 소쉬르의 논의에 근거를 두고 있다.[9] 구조주의 비평은 텍스트에서 의미

9) 소쉬르는 언어 연구의 고유한 대상은 개인적 발화인 파롤(parole)이 아니라, 인간의 의미부여 행위의 밑바탕에 깔려 있는 공유 체계인 랑그(langue)라고 주장하며, 랑그와 파롤의 구별은 이후

를 존재 가능하게 하는 것은 구조라고 생각하고 의미의 생산을 지배하는 규칙, 패턴, 그리고 구조를 해명하려고 한다. 그리하여 언어를 현실을 파악하는 능력을 가진 그 무엇이라고 전제하고, 작가의 정신이나 실재 세계의 반영이라고 간주하는 전통비평의 전제를 부정한다.

구조주의자들은 무엇보다도 "언어의 투명성"을 부정하고 기표와 기의의 본질적인 관계를 의문시한다.[10)] 이들에 따르면 실재 세계를 투명하게 반영하고 있는 것처럼 보이는 낱말들은 단지 언어 자체의 법칙과 구조에 종속된 복잡한 "기호체계의 일부"일 뿐이다. 즉 언어가 의미를 가지는 것은 사물을 지시하는 기표의 본질적인 속성에 있는 것이 아니라, 언어 구조 속의 관계로부터 파생되는 "의미화 작용"에 기인한다. 그러므로 기표의 의미는 기표 그 자체에 내재해 있는 것이 아니라, 다른 기표들과의 변별적인 차이와 관계로부터 형성된다. 즉 기표와 기의의 결합은 본질적인 것이 아니라 임의적인 관계에 있다. 사물의 의미 역시 사물 자체에 내재해 있는 것이 아니라, 언어를 매개로 우리가 그 사물들 사이에 정립해 놓은 "변별적 관계성" 속에 있다. 그러므로 작품은 여러 인간 경험들이 구조화된 텍스트이며 "의미화 체계"를 담고 있는 텍스트이다. 이러한 구조주의의 전제는 언어가 언어 너머 실재를 지칭한다는 모방론과 리얼리즘의 존립 근거를 위협하고, 아울러 언어가 인간의 두뇌 속에서 일어나는 생각을 직접 표출해 낸다는 표현주의의 존립 근거를 위협한다.

언어가 투명하지 않다면 언어가 실재를 투명하게 반영한다는 것은 불가능

진행된 모든 구조주의 이론의 기반이 된다. Raman Selden and Peter Widdowson, *A Reader's Guide to Contemporary Literary Theory*, 3rd ed. (London: Harvester Wheatsheaf, 1993), 104-106 참조. 이하의 표시는 내주에서 Selden으로 표시함.

10) Terence Hawkes, "Shakespeare and the New Critical Approaches," *The Cambridge Companion to Shakespeare Studies,* ed. Stanley Wells (Cambridge: Cambridge UP, 1986), 288-90 참조. 이하 이 논문의 인용은 내주에서 Hawkes로 표시.

한 일이며, 독자가 셰익스피어란 작가의 마음을 분명하게 이해할 수 있다는 것은 환상이다. 구조주의적 글 읽기는 텍스트를 더 이상 작가의 의도나 시대적 배경에 종속시키려 하지 않고 텍스트를 자족적 의미를 지닌 텍스트 자체로 분석하려고 하는데, 햄릿에 관해 쓰인 구조주의적 접근 방식의 예를 부스(Stephen Booth)의 논문에서 볼 수 있다.[11] 부스는 『햄릿』이란 텍스트에 변치 않는 고정된 의미가 내포되어 있다고 생각하지 않으며, 작가의 의도나 등장인물들의 연구가 텍스트의 실재를 드러낼 수 있다고 생각하지 않는다. 대신 그는 텍스트의 구조와 텍스트에 드러난 비일관성(inconsistency)과 모순을 주시하면서 이것들이 어떻게 독자의 이해를 방해하고 있는가를 논의한다. 그가 관심을 가지는 것은 의미생성체계를 담고 있는 텍스트의 언어 구조이며 텍스트를 지배하는 언어 규칙과 패턴이다. 즉 성격심리비평의 관심사인 인물의 성격이나 역사비평이 관심을 갖는 작품의 역사적 배경에는 관심이 없다. 텍스트 자체의 분석에 초점을 맞추고 있다는 점에서는 이미지와 상징을 중시하는 신비평적 접근 방식과 동일하지만, 그렇다고 해서 텍스트 안에 안정된 의미가 내포되어 있다고 생각하지는 않는다. 부스가 논의의 초점을 맞추는 것은 도리어 안정된 의미를 방해하는 텍스트의 모순성이다. 그는 개막장면의 구조가 텍스트의 전체 구조와 어떤 관련성을 맺고 있는가를 논의하면서, 의미가 텍스트 구조 자체에 드러나 있다고 전제한다.

콜더우드(Calderwood)는 『죽느냐 사느냐: 햄릿에서의 부정과 메타드라마』에서 텍스트를 구조주의적 관점과 동시에 탈구조주의적 관점에서 읽을 때 제기될 수 있는 여러 가지 문제들을 다루고 있다. 책의 전반부에서 텍스트의 '자기반영적' 특성을 논의 할 때 그의 접근 방식은 구조주의적이다. 그는 먼저 셰

11) Stephen Booth, *"On the Value of Hamlet."* Hamlet, *New Casebooks*, ed. Martin Coyle (New York: St. Martin's P, 1992), 57-67.

익스피어가 극예술의 본질에 대해 끊임없는 관심을 보여주는 작가이고, 텍스트에 자신의 견해를 드러내는 자의식적 극작가임을 주시한다. 『햄릿』은 허구적 극예술의 본질을 반영하는 '반영극'(metadrama)이며 그러므로 극 자체를 초월하는 특성을 가진 텍스트이다.[12] 이러한 극작술과 극과 관중에 대한 자기반영적 특성은 특히 극중극에서 잘 드러난다. 햄릿은 셰익스피어 자신의 극작가 의식을 반영하는 등장인물이다. 햄릿은 극중극을 관람하는 관객임과 동시에 극을 연출하는 연출자이고 스스로 연기하는 배우이다. 햄릿의 '연기하기'는 허구와 실재의 대립관계를 조명하고, 그의 연기하기는 감시자에게 보이기 위한 것이 아니라 자신의 의도를 감추기 위한 놀이이다. 그러므로 콜더우드에 따르면 햄릿은 배우인 동시에 감독이고, 관객인 동시에 배우이다. 이러한 견해는 구조주의적이다. 그러나 콜더우드가 텍스트 속에서 언어의 부정적 작동 방식에 초점을 맞출 때, 그의 관점은 해체주의적 관점으로 이동한다.

소쉬르는 언어가 차이의 체계이고, 기표와 기의는 임의적인 관계에 있음을 거듭 강조했음에도 불구하고 '기표'는 자기만의 '기의'를 찾아 확정적인 단위를 이루려는 경향이 있다고 주장하였다. 그의 영향 아래 전개되었던 구조주의는 그 이전의 비평을 완전히 거부했다기보다는 그 비평의 전제에 의문을 던졌을 뿐이다. 그러나 탈구조주의는 의미의 안정성을 거부하고 기호란 양면성을 가진 단위라기보다는 두 개의 유동적인 '층' 사이의 임시적인 상태라고 주장하면서, 기표와 기의 사이에 존재하는 의미의 유희를 강조한다(Selden 125-26).

---

12) 『햄릿』을 '반영극'으로 간주하고 분석하는 방식은 James L. Calderwood, *Shakespearean Metadrama* (Minneapolis: U of Minnesota P, 1972), 5-11쪽과 *To Be and Not To Be: Negation and Metadrama in Hamlet* (New York, 1983) 참조. 아울러 이혜경, 『셰익스피어의 메타극』 (도서출판 동인, 1995), 71-91쪽을 참조할 것.

특히 해체주의는 현존/부재, 이성/감성, 남/여, 백인/흑인, 주체/타자, 우리/그들 등의 구조주의적 이항대립쌍의 경계에 의문을 표시하면서 하나의 구조로는 담아낼 수 없는 "변이들과 미결정적인 요소들"에 초점을 맞추어 구조주의를 해체시킬 뿐만 아니라 서구의 지배적인 인식 틀을 깨뜨리려고 시도한다. 해체주의는 서구인들의 마음을 사로잡아 왔던 다음의 세 가지 환상을 부인한다. 첫째, 언어가 언어 너머 존재하는 '현존'을 지시한다는 환상을 배격한다. 둘째, 작가에게 종속되어 있다고 가정된 통일된 실체가 글쓰기를 통하여 독자들에게 그대로 전달될 수 있다는 환상을 거부한다. 셋째, 글 읽기를 통하여 작가로부터 독자에게 어떤 공통된 의미가 전이될 수 있다는 환상을 거부한다. 즉 작가/텍스트/독자로 이어지는 투명한 의미의 축을 거부하고 있는 것이다. 서구인들의 이러한 환상의 기저에는 '현존의 형이상학'이 포진하고 있는데, 이 현존의 형이상학은 착각에 불과한 것이라고 데리다는 주장한다(Hawkes 291).

소쉬르도 이미 의미는 언어들 간의 차이를 통해 생성된다고 주장했고, 낱말과 그 낱말이 지시하는 내용 혹은 대상 사이에 일대일의 직접적인 상응관계가 존재한다는 생각이 환상임을 주장한 바 있다. 데리다는 언어에 관한 환상을 밝히는 것에서 한 걸음 더 나아가 독자들의 인식론적 전제들 또한 환상임을 주장한다. 그는 현존에 대한 믿음을 세계에 관한 우리들의 인식을 제약하는 주요 원인으로 간주하면서, 세계는 서로 의미를 차지하기 위해 경쟁하는 복잡한 기호체계로 구성되어 있다고 주장한다. 데리다는 이 복잡한 기호체계가 "차이의 자유로운 유희"에 의해 끝없이 서로 서로의 기호체계만 가리킬 뿐 그 의미는 계속 연기된다고 주장했다. 이런 해체주의적 관점을 문학비평에 적용할 경우, 글 읽기가 작가의 마음을 읽어내어 의미를 드러낸다는 기존 비평의 전제는 무너진다. 해체주의 비평은 문학을 어떤 의미의 구현이라는 개념에 가두어 두기를 거부한다. 또한 해체주의는 낱말들이 현존이라는 제한에 묶여 있다고 생각하지 않는다. 셰익스피어에 관한 해체주의적 해석은 기존의 비평이 전제로 깔고 있는 등장인물에 관한 환상과 작가의 마음에 다가갈 수 있다는 환상을 깨뜨리고자 한다. 또한 해체주의는 이미 언급한 것처럼 구조주의가 작품을 분석할 때 상정하는 이항대립적 패턴을 받아들이지 않는다. 해체주의가 관심을 갖는 사항은 의미의 부재와 불확정성, 비일관성, 모순성, 텍스트에 명시적으로 드러나 있지 않으나 암묵적으로 내포되어 있는 것, 그리고 중심보다는 주변부이다.[13)]

콜더우드가 구조주의적 관점에서 『햄릿』의 '반영극'적 구조를 논의하고 있음을 이미 살펴본바 있다. 그는 또한 텍스트를 탈구조주의적 관점에서 읽을 때 제기될 수 있는 여러 가지 문제들을 다루고 있다. 콜더우드의 주장에 의하면 극중극은 여러 대립 구조를 반영하는 장치지만, 동시에 이 극중극 장면에서 햄릿과 클로디어스 사이의 피감시자와 감시자라는 이항대립의 체계는 역전된다. 구조주의적 이항대립의 체계가 무너지면서 피 감시자였던 햄릿은 감시자가 되고 배우였던 햄릿은 극중극을 연출하는 극작가가 된다. 또한 극중극의 공작은 부재중인 선왕을 현존하게 한다. 현왕은 살해자인 동시에 햄릿에게 살해당할 자이고, 선왕 햄릿은 살해당하는 자이고 그의 아들 햄릿은 살해하는 자이다. 그러므로 햄릿은 피감시자이자 감시자이고 피살해자이자 살해자이다. 살해당한 자는 선왕이었지만 이제 살해당할 자는 현왕이다. 그러므로 왕은 살해하고 살해당한다. 그리하여 살해자/피살해자라는 이항대립 관계는 허물어진다. 극중극은 햄릿에게 부재하는 과거의 흔적이고 대체이며, 클로디어스에게 "부재하는 미래의 현존"이다. 극중극은 이항대립의 관계를 해체하고 현존이란 끊임없는 차연의 과정임을 보여주면서 이항대립의 가변성과 허구성을 드러낸다.[14)]

---

13) Martin Coyle, "Introduction," *Hamlet*, *New Casebooks*, 6쪽과 Hawkes 291-92쪽, Selden 145-46쪽을 참조.

14) James L. Calderwood, *To Be and Not To Be: Negation and Metadrama in* Hamlet (New York,

해체비평의 또 다른 전형적인 예를 가버(Garber)의 『햄릿』 분석에서 볼 수 있다. 그의 논문의 전반부에서 가버는 『햄릿』이란 텍스트가 불확실성과 불가사의의 세계를 보여준다고 주장하며, 유령은 이 불가사의한 세계의 명시적인 표시(marker)로서 삶과 죽음, 존재와 무의 경계를 허무는 불확실성의 기표라고 주장한다. 또한 유령은 망자와 살아있는 자의 구분을 모호하게 하는 동인이며 그 자체가 수수께끼인 동시에 다른 것을 의문에 빠뜨리게 하는 표시이다. 유령은 부재와 상실의 기표이지만 또한 상실을 기억하게 하는 기표이다. 논문의 후반부에서 가버는 불가사의한 존재인 유령이 햄릿에게 이율배반적인 명령을 내리고 있음을 주시한다. 자신을 기억하는 동시에 복수하라는 이중의 명령은 햄릿에게 이중의 구속으로 작용한다. 망자가 말할 때 살아 있는 자는 말을 하지 못하고 입을 다물어 버리고, 그리하여 비유적으로 망자는 살아 있고 살아 있는 자는 망자처럼 되어버리면서 망자와 살아 있는 자의 차이는 해체된다. 돌아가신 아버지와 욕망을 구현하는 어머니에 대한 기억은 햄릿을 자살 충동으로 몰아넣는다.[15)]

또한 가버는 햄릿에게 강박관념으로 작용하는 유령이 '아버지의 이름'으로 나타나고 있음을 주시한다. 유령은 완전히 죽은 것도 완전히 살아 있는 것도 아니다. 그의 존재는 희미하게 가려진 '남근'으로 나타나고 있기 때문이다. 희미하게 가려진 남근인 유령은 '사라져버린 기표'(missing signifier)를 의미하고, 기표가 사라져 버렸다는 것은 곧 확정적인 의미가 존재할 수 없음을 의미한다. 유령은 곧 부재의 표시인 동시에 부재의 현시이다. 유령은 현존의 부재인 동시

1983)와 김정호, "*Hamlet*의 전략: 해체적 글 읽기," 『영어영문학』 38-1 (1992), 202쪽 참조.

15) Marjorie Garber, "Hamlet: Giving Up the Ghost," *William Shakespeare, Hamlet*, ed. S. L. Wofford (New York: Bedford Books of St. Martin's P, 1994) 297-331. S. L. Wofford, "What Is Deconstruction?" *William Shakespeare, Hamlet*, ed. S. L. Wofford, 291-93.

에 그의 등장은 부재의 현존이기 때문이다. 현실 세계에 유령이 등장하는 것은 죽은 자가 죽기를 거부하는 애매한 행위이며, 이 행위는 햄릿 왕자에게 남근의 현시로 작용한다. 그러나 라캉에 따르면 남근은 실재하지 않는 것이고 '힘'을 상징하는 기표일 뿐이다. '아버지의 이름'으로 햄릿에게 나타난 유령의 존재는 프로이드의 개념에서는 이드의 본능적인 충동을 억압하고 도덕원리로 작용하는 초자아에 해당한다. 라캉은 오이디푸스 콤플렉스 단계의 주인공이 거세 콤플렉스의 위협에 직면하게 되면 상징계에서 '아버지의 법'을 받아들인다고 주장하지만, 가버는 다시 나타난 아버지, 즉 유령의 존재를 인정하지도 부정하지도 못하는 햄릿은 '아버지의 법'을 인정할 수도 부정할 수도 없는 상태라고 주장한다. 어머니를 가지려는 욕망의 충동을 느끼는 햄릿은 환상적 수준에서 클로디어스가 실재계에서 범한 부친 살해 행위를 반복하고 있으며 선왕의 존재는 이 반복의 동인이다(Garber 299-302). 여기서 반복하려는 충동은 억압된 무의식의 표현이다.

불확정적인 의미의 탐구와 이항대립 관계에 대한 회의는 해체주의 비평의 관심사만은 아니다. 이항대립쌍의 경계에 대한 회의는 라캉의 정신분석비평에서도 나타나고 있다. 정신분석비평의 역사는 20세기 초반의 프로이드(Freud)와 존스(Jones)의 비평으로 거슬러 올라간다. 이는 1970년대 이후 라캉의 작업으로 이어지며, 1980년대 이후에는 프로이드를 재해석한 라캉의 정신분석과 페미니스트 비평의 성과를 결합한 논문들이 많이 나타나는데, 정신분석적 시각에서 남성과 여성의 문제를 논의하는 아델만(Adelman)의 논문은 이러한 경향을 대변한다.

프로이드는 인간의 정신 과정을 이드(Id), 자아(Ego), 초자아(Super-ego)로 구분하고, 이러한 정신 과정의 대부분이 무의식이라고 전제하고 있는데, 이러한 구분을 『햄릿』에 적용시켜보면, 선왕인 유령은 햄릿의 본능적 충동, 즉 어머니에 대한 근친상간의 성적 충동을 억압하면서 도덕원리로 작용하는 초자아에 해당한다. 형수와 결혼한 현왕 클로디어스(Claudius)는 본능적 충동에 기반을 둔 쾌락원리에 따라 움직이는 탐욕스럽고 통제 불가능한 이드의 투사라고 볼 수 있다. 주인공 햄릿은 도덕원리를 대변하는 선왕과 쾌락원리를 대변하는 현왕에게 구현된 두 힘 사이에서 갈등하는 자아를 대변한다. 따라서 햄릿은 두 힘의 조정자인 동시에 심리적으로 두 힘 사이에서 갈등하면서 현실원리에 따라 움직이는 존재이다. 햄릿 내부에서 이드는 햄릿을 근친상간의 본능적 욕망으로 몰아넣고, 초자아는 그러한 욕망을 금지한다(Freud 95-104). 프로이드와 존스는 햄릿의 복수지연의 열쇠를 그의 오이디푸스 콤플렉스에서 찾고 있다.

존스(Jones)에 따르면 선왕과 현왕에 투사된 이 두 아버지 상은 주인공 햄릿의 "의식적, 무의식적 애증병존(ambivalence)의 극적 투사"이다. 선왕은 의식적 차원의 이상, 즉 "도덕원리"를 실천하는 이상적 존재이며, 현왕은 무의식적 차원의 욕구, 즉 "쾌락원리"에 따라 움직이는 혐오스런 존재이다. 햄릿은 의식과 무의식의 갈등 가운데 분열되어 있으며, 나아가 무의식적 애증병존의 갈등 가운데 분열되어 있다. 햄릿은 한편으로는 클로디어스를 증오하고, 또 한편으로는 햄릿 자신의 부친 살해 욕구와 근친상간적 욕구를 대변하고 있는 그를 자신과 "동일시"한다. 선왕을 살해하고 어머니와 근친상간적 행위를 범한 현왕은 무의식적 차원에서 햄릿의 억압된 욕구를 실행하는 존재이기 때문이다. 따라서 햄릿은 현왕을 쉽게 죽일 수가 없다. 그를 죽이는 행위는 곧 심리적인 차원에서 자기 자신을 죽이는 행위와 다를 바 없기 때문이다(88-91). 이와 같이 존스는 햄릿의 오이디푸스 콤플렉스를 밝힘으로써 햄릿의 복수지연의 수수께끼를 해명한다.

라캉(Lacan)은 "무의식도 언어처럼 구조되어 있다"는 명제로서 그의 정신분석 이론을 시작하며, 햄릿의 무의식의 구조를 해명한다. 그는『햄릿』을 "욕망의 비극"으로 규정하며, 여기서 욕망은 "타자의 욕망"인 동시에 "타자에 대한 욕망"이다. 또한 이 극은 "오이디푸스 콤플렉스의 소멸"에 관한 극이고, "무의식 속에 억압된 남근(男根)"에 관한 이야기이다. 햄릿이란 주체는 먼저 어머니라는 타자의 욕망에 종속되어 있고, 또한 복수를 요구하는 아버지의 욕망에 종속되어 있다. "나는 내가 아닌 곳에서 생각한다. 그러므로 나는 내가 생각하지 않는 곳에서 존재한다"는 라캉의 명제처럼, 햄릿의 욕망은 햄릿 자신이 생각하지 못한 어머니라는 대상 즉 타자에 존재한다. "자기애적 상상계"에 갇힌 햄릿은 자신의 욕망을 클로디어스의 욕망과 동일시하여 그를 죽이지 못한다. 햄릿이란 주체는 상상계와 상징계가 투쟁을 벌이는 장이다. 거세의 상징이 될 수 있는 레어티즈(Laertes)의 독 칼에 찔리기 전까지 햄릿은 "상상계"에 갇혀 있었지만, 그 이후 클로디어스가 구현하던 남근을 허상으로, 자신이 타자의 남근이라는 상상을 허구로 인식하는 순간 "아버지의 법"이 실행되는 "상징계"로 진입하게 되고 클로디어스를 공격할 수 있게 된다.[16] 프로이드는 복수지연의 원인을 햄릿이 처벌해야하는 클로디어스와 햄릿 자신이 동일하다는 햄릿의 죄의식에서 찾는다. 그러나 라캉은 햄릿의 복수지연의 원인을 타자의 욕망과 시간에 종속되어 해명할 길 없는 햄릿의 수수께끼에서 찾는다.

1970년대 중반 이후 셰익스피어 비평에서 가장 영향력 있는 비평으로 등장하는 것은 페미니스트 비평, 신역사주의, 문화유물론을 포함하는 소위 '정치적 비평'이다(Cohen 19-20). 이들 정치적 비평은 텍스트와 컨텍스트 즉 르네

16) Jacques Lacan, "Desire and the Interpretation of Desire in *Hamlet*," trans. James Hulbert, *Yale French Studies* 55-56 (1977): 24-52; 권택영 (엮음),『자크 라캉: 욕망이론』(서울: 문예출판사, 1994) 28-30쪽과 151-183쪽 참조.

상스 시대의 정치, 문화, 사회, 역사와의 관련성뿐만 아니라 우리 시대의 셰익스피어 재현에도 관심을 기울인다. 정치적 비평의 주요 관심사는 텍스트와 컨텍스트의 관계이며, 성, 권력, 인종, 계급, 가부장제, 이데올로기, 담론 등에 내포된 문제이다. 그리고 이 비평 양식은 이항대립쌍에서 후자에 속하는 타자, 여성, 피지배층, 유색인종, 희생자 등의 지워지고, 배제되고, 억압된 목소리를 키워 읽으려는 자세를 견지한다. 따라서 대개는 기존의 권력이나 제도에 비판적이며 과거뿐만 아니라 현재의 정치적 상황에 대해서도 관심을 표명한다. 성은 페미니스트 비평의, 인종은 문화유물론의, 계급은 신역사주의의 주요 관심사이다. 그러나 최근에는 성과 인종과 계급을 동시에 고려하는 경향이 나타난다.[17)]

영미계통의 페미니스트들은 주로 서구사회에 뿌리박힌 가부장제적 전제, 즉 성차별화의 이데올로기를 비판하고 남성에 의한 여성의 왜곡된 이미지 창출에 저항한다. 이들은 현실사회에서 여성해방론의 실제적 적용에 관심을 가짐에 따라 강한 정치성을 내포하고 있으며, 기존의 문화에서 억압된 '타자적' 목소리에 관심을 기울인다. 뿐만 아니라 성 이데올로기가 사회와 문화 속에서 지배적 담론에 의해 형성되는 측면에 관심을 가짐과 동시에, 어떠한 구체적인 사회적, 경제적, 문화적 조건 아래 여성이란 주체가 형성되고 변형되고 있으며 여성의 억압이 어떻게 진행되고 있는가를 분석한다. 페미니스트 비평은 1980년대에 들어서는 많은 페미니스트 비평가들이 데리다의 해체주의, 푸코의 담론분석과 권력분석, 라캉의 정신분석 등을 그들의 연구에 차용하면서 그 지평을

17) 룸바(Loomba)는 이러한 경향을 대변하는 비평가이며, 여성과 흑인들이 백인 가부장제 귀족 사회에서 어떤 방식으로 '타자'로 규정되고 있는가를 주시한다. Ania Loomba, *Gender, Race, Renaissance Drama* (Manchester: Manchester UP, 1989).

확대하고 있다. 1980년대 중반 이후 최근에 들어서는 여성성, 가부장제, 성차, 결혼, 양성문제 등의 전형적인 문제들의 고찰단계를 넘어 인간주체의 문제, 역사의 텍스트성의 문제, 성차의 문제에 함축되어 있는 권력관계, 권력과 담론의 문제, 인종의 문제, 계급의 문제 등으로 그 관심을 확장하고 있다.

셰익스피어 작품에 관한 구체적인 페미니스트 비평이 시도된 것은 1970년대 중반이라 할 수 있는데, 초기 단계의 페미니스트 비평은 주로 왜곡되고 부정적으로 반영된 여성의 이미지에 관심을 가지면서 가부장적 전제와 편견을 비판한다. 셰익스피어에 관한 페미니스트 비평이 다양한 양상으로 전개되고 있음에도 불구하고, 이를 르네상스 시대의 가부장제와 셰익스피어 작품의 관련성을 탐구하는 연구와, 남녀 사이의 지배・종속의 구조가 문화적으로 주어진 것이라는 태도를 견지하면서 여성을 타자화하고 왜곡하는 남성중심 문화의 고정관념을 드러내어 분석하는 연구로 대별할 수 있다.[18] 전자가 여성에 대한 작가의 재현 방식에 관심을 가진다면, 후자는 지워진 여성의 타자적 목소리를 키워 읽으려고 노력한다. 다양한 접근 방식에도 불구하고 거의 모든 페미니스트 연구는 셰익스피어 작품에 반영된 가부장제와 여성에 대한 왜곡된 재현을 논의의 초점으로 삼고, 여성이란 주체와 여성 억압의 이데올로기가 엘리자베스 시대의 어떠한 구체적인 사회적, 경제적, 문화적 조건 아래 형성되고 변형되고 있는가를 고찰한다. 나아가 셰익스피어 작품에 적용된 남성중심의 접근 방식을 비판하고 '타자화'된 여성 인물의 목소리를 확대하여 읽으려고 한다.

---

18) 전자에 관련된 저술로는 Judith Cook, *Women in Shakespeare* (London: Harrap, 1980); Peter Erickson, *Patriarchal Structures in Shakespeare's Drama* (Berkeley: U of California P, 1985); Diane E. Dreher, *Domination and Defiance: Fathers and Daughters in Shakespeare* (Lexington: UP of Kentucky, 1986)를 들 수 있다. 후자에 관련된 저술은 Marjorie Garber, *Coming of Age in Shakespeare* (London: Methuen, 1981); Carol Thomas Neely, *Broken Nuptials in Shakespeare's Plays* (New Haven: Yale UP, 1985); Coppelia Kahn, *Man's Estate: Masculine Identity in Shakespeare* (Berkeley: U of California P, 1981)를 들 수 있다.

쇼월터(Showalter)는 오필리어라는 여성 인물의 재현에 가부장제의 편견이 깊이 개입되어 있음을 주시한다. 로즈(Rose)는 거트루드로 대변되는 여성의 성욕에 초점을 맞춘다.[19] 아델만(Adelman)에 이르러서는 페미니스트 비평과 정신분석비평이 결합된 형태로 진행되고 있는데, 아델만은 『햄릿』에 나타난 여성혐오적인 대사를 주시하면서 이를 주인공의 무의식에서 진행되는 성적 갈망과 연결 지운다. 아델만은 먼저 햄릿의 최초의 독백이 숙부인 클로디어스에 대한 반감보다는 어머니에 대한 혐오감으로 가득 차 있음을 주시한다. 그러나 아델만이 택하는 방식은 억압된 성적 본능 즉 이드가 어떻게 에고를 뚫고 나오는가에 초점을 맞추는 전통적 프로이드의 이론이 아니라, 사회에 적응하기 위해 에고가 어떻게 이드를 조정하고 통제하는가에 초점을 맞추는 "대상관계이론"이다. 전통적인 정신분석이론이 아들과 그의 억압된 성적본능과 오이디푸스 콤플렉스의 관점에서 모자관계를 고찰하고 있다면, 대상관계이론은 아들을 둘러싼 여러 인물들 간의 상호작용에 좀 더 초점을 맞추며, 오이디푸스 전 단계에서 어머니라는 존재에 종속된 아이의 유아기적 심리에 좀 더 초점을 맞춘다. 아델만은 『햄릿』에서 어머니의 성적 욕구에 대한 아이의 공포, 아버지의 이상화, 불결한 모체로부터 남성성을 회복하기 위한 심리적 투쟁 과정을 주시한다. 오이디푸스적 삼각관계는 아들과 부모가 아니라, 아들과 두 아버지 사이의 관계에서 설정된다. 즉, 아들의 정체성은 아들과 부모간의 위치에 의한 것이 아니라, 아버지들 사이에 있는 아들의 위치에 의해 정의된다. 아델만은 "아버지의 역할에 근거한 아들의 일련의 행위, 그리고 아버지와의 관계 속에서 자신의

19) Elaine Showalter, "Representing Ophelia: Women, Madness, and the Responsibilities of Feminist Criticism," *Shakespeare and the Question of Theory*, eds. Patricia Parker and G. Hartman (London: Routledge, 1985). Jacqueline Rose, "Hamlet--the Mona Lisa of Literature," *Critical Quarterly* 28 (1986): 35-49.

정체성을 확립하려는 아들의 욕구"는 아내이자 어머니의 존재에 심각한 문제를 던진다고 주장하면서 거트루드를 작품의 중심인물로 설정한다. 작품상의 모든 남성인물들이 그녀의 성적 욕구에 종속되어 있다고 보기 때문이다. 아델만은 불결한 성적 욕망을 구현하고 있는 어머니 거트루드에 대한 아이의 성적 환상과 열망을 이 극의 중심 문제로 설정한다. 햄릿의 강박관념은 복수라기보다는 어머니의 성적타락이다(Adelman 11-17; Wofford 249-50).

푸코(Michel Foucault)의 주장을 따르면 주체뿐만 아니라 문학작품의 생산도 정치적 권력의 바깥에 초연하게 존재할 수 없으며, 생산된 문학적 담론은 유포되고 재생산되고 소비되면서 당대의 이데올로기를 형성하는데 작용함과 동시에 그 의미가 이데올로기에 의해 형성된다(92-94). 스티븐 그린블랫(Stephen Greenblatt)의 신역사주의는 푸코의 이러한 주장을 반영한다. 신역사주의라는 용어를 현재 비평계에서 통용되는 의미로 처음 사용했던 그린블랫의 견해에 따르면 역사란 '과거의 사건들' 자체가 아니라 '재현'이란 형태로 우리에게 인식되는 '과거의 사건들에 관한 이야기'이다. 또한 주체는 사회 안에서 형성되고 변형되는 담론행위의 산물이며 문화적 인공물이다.[20] 코헨(Cohen)이 지적한 바와 같이 신역사주의는 해체주의와 마찬가지로 "문학과 비문학적인 것, 텍스트와 컨텍스트, 전경과 배경, 예술과 사회 사이의 경계"와 구분을 의문시하지만, 해체주의와는 달리 텍스트의 역사성을 강조한다. 역사에 대한 관심을 보이면서 문학 텍스트를 접근한다는 면에서는 구역사주의와 마찬가지다. 그러나 광범위하고 다양한 문화적, 사회적 관행들과 파편화된 '역사들'을 선호하고,

20) Selden 162-63. 그린블랫은 『장르』(*Genre*) 특별호(1982) 서문에서 신역사주의자로서의 그의 입장을 표방하고, 그의 저서 *Renaissance Self-fashioning: From More to Shakespeare* (1980)를 통해 문화적, 사회적, 역사적 컨텍스트 가운데 르네상스 드라마 작품을 다루고 있다.

보수적인 지성사와 단선적이고 획일적인 '역사'를 거부한다는 점에서 구역사주의와 구별된다. 의미의 생산 과정에서 문화적, 사회적, 정치적 맥락을 중시한다는 점에서 마르크스주의와 관심을 공유하고 있으나, 그와는 달리 경직되고 독단적인 이데올로기 개념과 사적 유물론의 기저를 이루고 있는 토대와 상부구조의 구분을 거부한다. 뿐만 아니라 사회변혁에 있어서 주체의 역할을 강조하기보다는 주체가 지배적 담론에 의해 형성되고 변형되고 억압되는 측면에 관심을 가진다. 페미니스트 비평과 마찬가지로 성별화와 성, 억압의 기제로서 가부장제, 문화의 사회화 과정과 '타자적' 목소리에 관심을 기울이지만, 페미니스트 비평과는 달리 그러한 문제들을 여성과 직접 관련 지우기보다는 권력과 담론의 연관성 속에서 이해하고자 하며 성별화의 문제를 권력의 문제에 종속시킨다(Cohen 33).

문화유물론은 역사와 텍스트에 관한 신역사주의의 주장을 공유하지만, 신역사주의와는 달리 주체의 저항가능성을 상정한다. 신역사주의가 과거의 문화적 관행과 실천에 관심을 집중하는 반면, 문화유물론은 현재의 문화적 관행과 문화적 담론행위에 좀 더 관심을 집중한다. 영국의 문화유물론에 상응하는 정치적 유산을 갖고 있지 않은 미국학계 중심의 신역사주의는 비정치적인 신비평이나 해체주의의 영향을 받아 현재의 정치적 개입에는 그리 큰 관심이 없고 주장하는 바를 표면에 명시적으로 드러내지 않는다. 그러나 신역사주의에 비해 보다 정치적으로 진보적인 색채를 띠고 있는 문화유물론은 문학이 역사를 수동적으로 반영하고 재현하는 것이 아니라 동시대 역사에 적극적으로 개입하는 일종의 실천임을 강조한다. 홀더니스의 설명에 의하면 신역사주의는 과거의 문화적 관행과 실천에 관심을 집중하는 반면, 문화유물론은 현재의 문화적 관행과 문화적 담론행위에 좀더 관심을 집중한다. 즉 신역사주의는 현재적 관점을 과거 작품에 투사하여 재해석하며, 문화유물론은 과거 작품의 현재적 해석과 실천을 중시한다(Holderness 142).

신역사주의자들에게 주체는 기존의 질서를 확인시켜 주는 존재일 뿐이지만, 문화유물론자에게 주체는 도전과 저항의 가능성을 포함하는 존재로 인식된다. 문화유물론자들에게 문학텍스트는 봉쇄만이 진행되는 공간이 아니라 갈등과 저항을 보여주는 장소이며, 주체는 역사와 문화 속에서 형성되지만 또한 역사와 문화를 형성하는 존재이다. 주체에 대한 문화유물론과 신역사주의의 이러한 인식의 차이는 자연히 전복과 봉쇄의 패러다임에 관한 견해의 차이로 연결된다.[21] 신역사주의와 문화유물론은 모두 권력의 이데올로기적 정당화과정을 지배문화의 '강화'과정으로 파악한다. 그러나 신역사주의가 봉쇄 과정에 초점을 맞추고 있는 반면 문화유물론은 저항과 전복의 가능성에 보다 초점을 맞춘다. 권력은 기존의 질서를 전복시키려는 반대세력으로부터 사회를 보호한다는 명분 아래 지배문화에 저항하는 반대세력과 타자를 악마화하기에 이른다. 그러나 피지배문화는 지배문화에 도전하여 그것을 수정하기도 한다.

신역사주의자들에게 '카니발'은 그것이 조롱하는 권력의 정당성을 확인시켜 주는 방식으로만 허용되고, '카니발'은 변형된 억압과 통제의 한 양식에 지나지 않는다. 그러나 문화유물론자들은 지배문화에 대한 '카니발의 전복성'과 민중문화의 저항 가능성에 대해 좀 더 낙관적이다. 브리스톨(Michael Bristol)은 『햄릿』에 드러난 카니발을 주시하면서 『햄릿』이라는 상류층의 정치 드라마와 일반 서민으로 이루어진 관객 사이의 긴장을 지적한다.[22] 그는 민중의

---

21) 돌리모어는 문화적 과정의 세 가지 측면을 강화(consolidation), 전복(subversion), 봉쇄(containment)로 구분하여 고찰한다. 이에 관한 논의는 Jonathan Dollimore, "Shakespeare, cultural materialism and the new historicism," in *Political Shakespeare: New Essays in Cultural Materialism*, eds. J. Dollimore and Alan Sinfield (Manchester: Manchester UP, 1985), 10-13쪽을 참조.

카니발을 왜곡하여 이용하는 클로디어스와 하류계급을 대변하는 무덤을 파는 사람의 중간에 주인공 햄릿의 위치를 설정하여 극 전반에 드러나는 카니발을 설명한다. 브리스톨은 바흐친의 이론을 『햄릿』 분석에 활용하고 있지만 이 작품을 카니발의 전복성을 드러내는 극으로 설정하는 것은 무리가 있다. 무덤을 파는 사람들의 대사와 햄릿의 몇몇 대사에 카니발적인 요소가 드러나고 있는 것이 사실이지만, 이 작품에서 계급간의 갈등은 그리 주요한 문제가 아니기 때문이다. 이 작품에 드러나고 있는 것은 귀족문화와 민중문화의 대립이라기보다는 귀족문화 안의 내부적인 갈등이고, 지배문화에 대한 민중문화의 전복 가능성은 그리 잘 제시되어 있지 않다. 브리스톨이 문화유물론적인 인식을 바탕으로 지배문화에 대한 '카니발의 전복성'과 민중문화의 저항 가능성을 탐구하고는 있지만 『햄릿』은 도리어 신역사주의적인 결론을 도출하기에 더 용이한 작품이다. '카니발'은 클로디어스라는 권력자의 주재 아래 변형된 통제의 한 양식으로 제시되고 있기 때문이다.[23)]

문화유물론은 기존의 문화에서 억압된 '타자적' 목소리에 관심을 기울이고 있을 뿐만 아니라, 문화의 주변부에 위치한 사람들을 옹호하고 그들을 위해 사회를 변혁시키고자 하는 강한 정치적 성향을 견지한다. 또한 한 상황에서 억압적인 힘과 저항의 씨앗을 동시에 찾아내면서 '타자'와 주변부 문화에 대한 지배문화의 현재적 전유를 논의한다. 문화유물론자들이 주변부의 모든 타자들에게 관심을 갖고 있고 민중문화의 저항 가능성을 탐구하고 있지만, 이들

---

22) M. Bristol, "Funeral Bak'd-Meats": Carnival and the Carnivalesque in *Hamlet*, ed. S. L. Wofford, *William Shakespeare,* Hamlet (New York: Bedford Books of St. Martin's P, 1994*),* 348-67쪽과 이 책의 343-44쪽을 참조.

23) 이에 관해서는 다음을 참조. Michael Bristol, *Carnival and Theater* (London: Methuen, 1985); Jonathan Dollimore, *Radical Tragedy* (Brighton: Harvester, 1984); Alan Sinfield, *Literature in Protestant England 1560-1660* (London: Croom Helm, 1982).

이 가장 관심을 가지는 사항은 지배담론과 인종담론에 내포된 타자화의 장치이고 타자 재현의 배타성이다. 셰익스피어가 의도했던 의도하지 않았던 인종과 피부색이 다른 인물들은 그의 작품에서 거의 대부분 타자로 재현되고 있고 타자화의 문제는 심각하기 때문이다.

■ 인용문헌

Adelman, Janet. *Suffocating Mothers: Fantasies of Maternal Origin in Shakespeare's Plays, "Hamlet" to "The Tempest."* New York: Routledge, 1992.

Booth, Stephen. "On the Value of *Hamlet.*" *Hamlet. New Casebook.* Ed. Martin Coyle. New York: St. Martin's P, 1992. 57-67.

Bowers, Fredson. *Elizabethan Revenge Tragedy*. Princeton: Princeton UP, 1940.

_____. "Hamlet as Minister and Scourge." *PMLA* 70 (1955): 740-49.

Bradley, A. C. *Shakespearean Tragedy*. 1904. 3rd ed. London: Macmillan, 1992.

Bristol, Michael. *Carnival and Theatre: Plebian Culture and the Structure of Authority in Renaissance England*. London, 1985.

Calderwood, J. L. *Shakespearean Metadrama.* Minneapolis: U of Minnesota P, 1972.

Clemen, Wolfgang H. *The Development of Shakespeare's Imagery*. 1951. 2nd ed. London: Methuen, 1977.

Cohen, Walter. "Political Criticism of Shakespeare." *Shakespeare Reproduced: The Text in History and Ideology*. Eds. Jean E. Howard and Marion F. O'Connor. London: Methuen, 1987. 18-46.

Coyle, Martin, ed. *Hamlet*. *New Casebooks*. New York, 1992

Dollimore, Jonathan. *Radical Tragedy: Religion, Ideology and Power in the Drama of Shakespeare and His Contemporaries*. Brighton: Harvester, 1984.

Dollimore, Jonathan and Alan Sinfield, eds. *Political Shakespeare: New Essays in Cultural Materialism.* Manchester: Manchester UP, 1985.

Foucault, Michel. *The History of Sexuality,* Vol. 1. 1976. Trans. Robert Hurley. New York: Phantheon Books, 1978.

Freud, Sigmund. *New Introductory Lectures on Psychoanalysis.* 1933. Trans. and ed. James Strachey. New York: Norton, 1964.

Garber, Marjorie. "*Hamlet*: Giving Up the Ghost." *Hamlet: William Shakespeare*. In Wofford 297-331.

Granville-Barker, Harley. *Prefaces to Shakespeare,* Vol. 1. Princeton: Princeton UP, 1946.

Greenblatt, Stephen J. *Renaissance Self-fashioning: From More to Shakespeare.* Chicago: U of Chicago P, 1980.

Hawkes, Terence. "Shakespeare and the New Critical Approaches." *The Cambridge Companion to Shakespeare Studies.* Ed. Stanley Wells. Cambridge: Cambridge UP, 1986. 287-302.

Holderness, Graham. "Rev. of *Shakespearean Negotiations: The Circulation of Social Energy in Renaissance England*, by Stephen Greenblatt." *MLR* 85 (1990): 141-44.

Jones, Ernest. *Hamlet and Oedipus*. 1949. New York: Norton, 1976.

Jump, John, ed. *Hamlet. Casebook.* London: Macmillan, 1981.

Knight, G. W. *The Wheel of Fire*. London: Methuen, 1930.

Lacan, Jacques. "Desire and the Interpretation of Desire in *Hamlet.*" Trans. J. Hulbert. *Yale French Studies* 55-56 (1977): 11-52.

Loomba, Ania. *Gender, Race, Renaissance Drama.* Manchester: Manchester UP, 1989.

Prosser, Eleanor. *Hamlet and Revenge.* Stanford: Stanford UP, 1967.

Quinn, Edward, et al. ed. *The Major Shakespearean Tragedies.* New York: The Free P, 1973.

Rose, Jacqueline. "*Hamlet*--the Mona Lisa of Literature." *Critical Quarterly* 28 (1986): 35-49.

Selden, Raman and Peter Widdowson. *A Reader's Guide to Contemporary Literary Theory*. 3rd ed. New York: Harvester, 1993.

Showalter, Elaine. "Representing Ophelia: Women, Madness, and the Responsibilities of Feminist Criticism." *Shakespeare and the Question of Theory*. London: Methuen, 1985. 77-94.

Spencer, Theodore. *Shakespeare and the Nature of Man*. 1942. New York, 1961.

Spurgeon, Caroline F. E. *Shakespeare's Imagery and What It Tells Us.* Cambridge:

Cambridge UP, 1935.

Stoll, Elmer Edgar. *Art and Artifice in Shakespeare.* Cambridge: Cambridge UP, 1933.

Waldock, A. J. A. "*Hamlet*": *A Study in Critical Method.* Cambridge: Cambridge UP, 1931.

Wilson, John Dover. *What Happens in* Hamlet? 1935. London: Cambridge UP, 1976.

Wofford, S. L. ed. *Hamlet.* Boston: Bedford Books of St. Martin's P, 1994.

2. 이아고와 오셀로의 성격: 『오셀로』

오셀로(Othello)는 셰익스피어의 비극 『오셀로』(*Othello*)의 타이틀로 삼은 주인공이다.[1] 그러나 그를 질투의 화신으로 몰아넣고 데스데모나(Desdemona)를 살해하게 만들어 극을 파국으로 이끄는 데 가장 큰 역할을 하는 인물은 이아고(Iago)이다. 그리하여 비평가들은 오셀로와 이아고 가운데 누가 사건의 비극적 결과에 대한 책임이 더 큰가를 두고 공방을 벌여 왔다. 사실 이 작품에서 주도권을 쥐고 행동하는 자는 이아고이고 오셀로는 단지 이아고의 계략에 놀아나는 수동적인 인물로 보인다. 이 작품에서 오셀로에 대한 해석은 이아고의 성격에 대한 논의와 맞물려 있다. 이아고를 거역할 수 없는 운명적 힘으로 작용하는 악이라고 해석할 경우, 오셀로에게 주어지는 비난은 경감될 수 있다.

이 글은 필자가 발표한 "이아고에 대한 비평 개관"(*Shakespeare Review* 41-3, 2005)과 "오셀로의 성격과 자기극화"(영미어문학 81, 2006)를 참조하여 성격비평의 범주에서 수정하여 재작성한 글이다.

오셀로가 아닌 그 어느 누구라도 악마적인 이아고의 힘에 지탱할 수 없으리라고 생각할 수 있기 때문이다. 그러나 이아고를 악마나 악 자체가 아니라고 간주할 경우 오셀로는 비극적 파국에 대한 책임을 면할 수가 없다. 판단력을 갖고 현명하게 행동했더라면 이아고의 계략으로부터 벗어날 수 있었고 비극적 파국을 초래하지 않을 수도 있었기 때문이다. 그러므로 이 작품의 해석과 오셀로의 성격 검증에 이아고의 비중은 지대하다. 필자는 성격심리비평의 대표자로 평가되고 있는 브래들리(A. C. Bradley)의 주장을 받아들여 이아고가 사악한 인물이긴 해도 동기 없는 악행을 자행하는 악마는 아니라고 간주한다.

이아고는 악마가 아니라고 해도 우월감에 드러내는 자기중심적인 인물이며, 캐시오의 승진과 오셀로의 성공을 시기하고 질투하는 인물이며, 자신의 악행을 후회하지 않는 사악한 인물이며, 자기기만에 찬 인물이다. 이 작품에서 이아고가 보여주는 질투와 자기중심성과 이기적인 면모는 오셀로에게 다시 나타나고 있다. 그러므로 우리는 심리적인 영역에서 이아고가 오셀로와 유사하다는 점에 유의할 필요가 있다. 상징적인 차원에서 이아고는 오셀로의 내면에서 작동하는 부정적 속성이 증폭되어 재현된 인물로 볼 수 있기 때문이다. 오셀로가 이아고의 계략에 놀아나는 수동적인 인물이라는 점은 부인할 수 없으나 그는 여전히 이 작품에서 큰 비중을 차지하는 주인공이다.

오셀로는 당당하고 고귀한 품성을 지닌 비극적 인물로 평가되기도 하고, 자기중심적이고 오만한 자기기만적인 인물로 평가되기도 한다. 전자를 대표하는 비평가로 브래들리를 들 수 있고, 후자를 대표하는 비평가로 엘리엇(T. S. Eliot)과 리비스(F. R. Leavis)를 들 수 있을 것이다. 이러한 평가의 가장 핵심적인 잣대로 작용하고 있는 것은 도입부와 종반부의 오셀로의 대사이다. 왜냐하면 도입부와 종반부에 배치된 오셀로의 연설이 극 중 많은 다른 등장인물 앞에서 진행되고 있어 오셀로에 대한 시각과 평가에 지대한 영향을 미치고 있기 때문이다. 5막 2장 오셀로의 최종연설이 자기극화를 통한 자기합리화의 장치 또는 연민과 동정을 유도하는 의도적인 자기기만의 장치로 간주된다면, 오셀로는 자기를 기만하고 타인을 기만하는 자기중심적인 인물로 평가될 것이다. 그러나 오셀로의 최종 연설을 자신의 과오를 인정하고 자신의 죄를 뉘우치는 자기반성으로 간주할 경우, 오셀로는 고상하고 긍정적인 비극적 주인공으로 평가될 수 있을 것이다. 필자는 전자의 입장을 택하여 오셀로의 최종연설을 자기극화를 통한 자기합리화의 장치로 파악하며 오셀로를 자기중심적이고 이기적이고 자기기만에 찬 부정적 인물로 평가한다. 그러므로 필자는 이아고의 성격에 대한 평가에 있어서는 브래들리의 주장을 따르고 있지만, 오셀로에 대한 브래들리의 평가에는 부정적인 입장을 취한다. 이 글은 먼저 이아고의 성격을 논의하고 다음으로 오셀로의 성격을 규명한다.

I

콜리지(S. T. Coleridge)는 1막 3장의 마지막 부분 이아고의 독백을 두고 이아고를 "동기 없는 악행(motiveless malignity)"의 동기를 찾으려는 인물로 묘사하는데, 이 언급은 이후 이아고의 동기에 관한 수많은 논쟁을 불러일으킨다.

> 동기 없는 악행의 동기를 찾으려는 [1막 3장의 아이고의 독백은] 얼마나 가증스러운가! 그 자체로서 악마적이다. 이아고는 성스런 이미지를 지닌 인물처럼 보이지만 그 자신의 지속적인 관점은 너무나 악마적이다. 완전한 악마는 아니라고 할지라도 그는 거의 악마라고 할 수 있는 인물이다. 셰익스피어는 혐오감이나 수치감 없이 이런 인물을 창조해 무대 위에 올린다. (44)

콜리지는 셰익스피어가 이아고를 악마적 인물로 묘사하려 했다고 주장하며, 타인들에게 퍼붓는 이아고의 수많은 비난을 천성적으로 악행을 좋아하는 그 자신의 모습을 숨기기 위한 행위로 간주했다. 위의 주장의 근거가 된 1막 3장의 이아고의 대사를 보기로 하자. 오셀로가 데스데모나(Desdemona)를 "충직한 아이고"에게 시중들도록 부탁하고 사이프러스를 향해 떠나자, 이아고는 데스데모나를 연모하는 로더리고(Roderigo)에게 "떠돌이 야만인"과 정말 세련된 베니스의 여인 사이의 거룩하고 허약한 부부의 맹세는 내 지혜와 지옥의 모든 악마들의 힘으로 어렵지 않게 파기시킬 수 있다"(1.3.355-57)고 말한다. 이아고의 생각으로는 무어인은 일시적인 성적 상대로만 적합할 뿐 무어인과 "간사한 베니스 계집"의 부부 관계가 결코 오래갈 수 없다. 이아고는 또한 데스데모나가 오셀로의 "몸뚱이를 포식하고 나면 상대를 잘못 골랐다고 후회"하고 젊은 상대에게 다시 마음이 쏠리게 될 것이라고 예상한다(1.3.344-51). 이아고에게 오셀로는 야만인일 뿐이며 데스데모나는 언제라도 부정한 짓을 저지를 수 있는 음탕한 여성이다. 오셀로와 데스데모나에 대한 첫 언급에서 이아고는 남녀간의 진정한 사랑을 결코 인정하지 않는 냉소주의자로서의 면모를 유감없이 드러낸다. 이아고는 야만인 오셀로와 간사한 데스데모나의 결합을 사랑이 아니라 욕정에 따른 결합으로 간주한다. 또한 자신의 '지혜'를 동원하면 무엇이든 못할 것이 없다는 대사는 자신의 능력에 우월감을 느끼고 있는 오만한 이아고의 모습을 드러낸다. 이어지는 대사에서 이아고는 무어가 밉고 그에게 원한이 있다고 말한다. 이아고는 로더리고가 퇴장한 후 다음과 같은 독백을 통해 오셀로를 미워하는 나름대로의 이유를 다음과 같이 밝힌다.

난 저 무어 놈이 미워.
그놈이 내 이불 속에서 내가 할 서방 노릇을

대신했다는 소문이 있어. 사실인지는 모르겠지만,
이런 일에는 의심만을 가지고도,
난 확실한 일처럼 대처할 거야. 그놈은 날 좋게 생각하고 있지.
그러니 내 목적을 달성하기는 너무나 쉬울 거야.
캐시오란 놈이 잘 생겼지. 가만 있자.
그놈의 부관 자리를 빼앗고 내 한을 푸는 거야.
그럼 일석이조겠지. 헌데 어떡하지? 어떻게? 가만 있자.
얼마간 시간이 지난 후, 오셀로의 귀에 나쁜 말을 속삭이는 거야.
캐시오가 그의 부인하고 너무 친한 것 같다고 말이야.
그는 잘 생겼고 매너도 부드럽고 좋아서
의심받기 딱 좋은 놈이지. 여자들이 홀딱 넘어가게 생겨먹었어.
무어 놈은 시원하고 활달한 성질이라
겉으로 정직한 체만 해도 꼬빡 속아 넘어갈 거야.
당나귀 코를 끌고 다니듯 그놈을 조종할 수 있을 거야.
좋아! 그렇게 하자!
지옥과 어두운 밤의 힘을 빌려
이 소름끼치는 일이 세상 빛을 보게 해야지. (1.3.386-404)

이 독백에서 밝히고 있는 이아고의 행동 동기는 두 가지이다. 첫 번째는 오셀로가 이아고의 아내와 정을 통했다는 이유이다. 이는 이아고 자신도 인정하고 있듯이 확실하지 않은 소문에 근거한 단정이다. 확실하진 않지만 이아고는 자신의 행위에 정당성을 부여하기 위해 소문을 기정사실화한다. 물론 이 소문은 터무니없는 소문이고 이아고 자신이 상상 속에 만들어 낸 소문이다. 작중 어떤 다른 인물도 이를 거론하거나 믿는 인물이 없기 때문이다. 이아고는 근거가 없는 소문을 스스로 만들어내고 그것을 자신의 상상 속에서 기정사실화한다. 이아고는 2막 1장에서 다시 한 번 오셀로가 자기 아내와 동침을 했을지도 모른다고 생각하면서, "음탕한 무어 놈, 암만해도 내 여편네를 손댄 것 같야"(2.1.291-92)라고 말한다. 이아고는 자신의 상관인 오셀로를 두고 "음탕한 무어 놈"이라고 부르고, 오셀로와 에밀리어(Emilia)의 관계를 의심하며, 의처증이라는 독약을 주입하여 오셀로를 파멸시키려고 한다. 그러나 이는 이아고의 머릿속에서 상상만으로 꾸며진 일이다. 앞으로 하게 될 행동의 동기를 스스로 만들어내고 스스로 자신의 행위를 합리화하려는 간교한 이아고의 모습이 드러나는 대목이다.

두 번째 동기는 오셀로가 자신을 부관에 임명하지 않고 캐시오(Cassio)를 부관의 자리에 임명하여 한이 맺혔기 때문이다. 자신을 누구보다도 똑똑하다고 생각하면서 우월감에 찬 이아고는 자신보다 못하다고 생각하는 캐시오의 승진을 받아들일 수 없다. 그런데 마지막 행의 "지옥과 어두운 밤의 힘"을 빌어 소름끼치는 일을 불러일으키겠다는 말은 무슨 말인가? 자신을 똑똑하다고 생각하고 무슨 일이라도 할 수 있는 능력을 지닌 자라고 생각하는 이아고가 왜 이런 말을 할까? 자신의 힘이 아니라 왜 다른 힘을 빌려야 재앙을 불러일으킬 수 있다고 생각하는 것일까? 이 독백에서 밝히고 있는 두 가지 이유가 없이는 이아고가 악한 행동을 할 수 없었던 것일까? 이 독백은 콜리지의 지적처럼 동기 없는 악행의 동기를 찾으려는 이아고를 드러낸다. 그러나 이아고를 콜리지의 지적처럼 악마적 인물로 간주하는 데는 무리가 있다. 악마적 인물이라면 동기를 찾지 않고서도 편한 마음으로 악한 행동을 자행할 수 있기 때문이다. 이아고가 밝힌 복수 동기에서 첫 번째 것은 터무니없는 것이지만 두 번째는 인정할 수 있을만한 동기라고 할 수 있을 것이다. 그러므로 콜리지의 평가는 적절하지 않다.[1)]

1) 1887년의 논평에서 스나이더(Denton J. Snider) 역시 이아고가 동기 없는 악행을 자행한다는 콜리지의 견해를 반박했다. 그는 이아고가 자신의 복수를 정당화할 수 있는 이유나 동기는 아니지만 자신의 행위에 대한 몇 가지 타당성 있는 동기를 갖고 있다고 주장했고, 오셀로가 데스데모나

20세기에 들어 이아고의 행동 동기의 유무에 대한 논쟁은 더 이상 진행되지 않는다. 대부분의 비평가들은 이아고의 행동 동기를 인정했고, 이아고가 자만심에 가득 찬 인물이라는 점에는 동의했지만 그를 악마로 간주하진 않았기 때문이다. 성격심리비평의 입장을 대변하고 있는 브래들리는 이아고의 악행 동기가 콜리지가 지적하듯 악 자체에 대한 사랑이 아니라 지나친 자부심과 교만이라고 생각한다. 브래들리에게 이아고는 대단한 위장능력과 놀라운 자제력을 소유한 인물이며, 감정을 거의 드러내지 않는 냉정하고 이기적인 인물이며, 내부에 억제할 수 없는 의지와 지력을 담고 있는 인물이다(186-87). 그는 또한 "선을 선이기 때문에 미워하고 악을 단지 악이기 때문에 사랑"하는 단순한 인물이 아니다. 이아고는 어느 누구보다도 자존심이 강한 인물이다. 이를 두고 브래들리는 다음과 같이 언급한다.

> 분명 이아고는 자신의 자부심과 자존심의 장애가 되는 것에 대해서는 매우 민감하다. 허영심이 강하다고 말하는 것은 부당하지만 이아고는 자신을 높이 평가하고 타인을 경멸한다. 어떤 점에서 자신이 타인보다 우월하다고 생각하지만, 타인이 자신보다 뛰어나다는 것은 믿지 않거나 경멸한다. (189-90)

그러므로 이아고는 자신의 우월감에 장애가 되는 어떤 것도 용납하지 못한다. 캐시오의 부관 승진을 받아들일 수 없는 것도 백인 미녀를 아내로 삼은 오셀로를 용납하지 못하는 것도 이 때문이다. 우월감은 이아고의 부정적 자질이지만 자존심은 그리 비난받을 자질이 아니다. 브래들리에 따르면 이아고의 자신감과 통찰력, 그리고 자신의 계획을 실천에 옮기는 민첩성은 그 자체로는 결

를 살해하도록 내몰고 있는 것이 질투심이 아니라 자신의 명예에 대한 집착이라고 주장했다(116-17). 19세기 비평은 콜리지의 경우를 제외하면 대체로 이아고의 행동 동기를 인정한다.

코 부정적 자질이 아니다. 이러한 자질들이 악한 결과로 귀결된다는데 문제가 있지만, 그 자체로는 가치 있는 자질이다. 브래들리는 이아고와 결합된 이 자질들에 대해 공포를 느끼지만, 이는 또한 감탄할만한 자질이라고 생각한다.

> 첫째, 이아고는 단순히 부정적인 인물도 악도 아니다. 그를 움직이고 그의 숙명이 된 그 힘, 즉 권력에 대한 감각과 어렵고 위험한 행위를 실행하는데서 느끼는 기쁨과 예술적 기교를 구사하는데서 느끼는 기쁨은 결코 악이 아니다. …… 이아고의 통찰력, 교묘함, 민첩성, 능수능란한 일처리 솜씨 등은 그 자체로는 훌륭한 자질이다. …… 둘째, 이아고에 있어 자기중심적 이기주의와 인간성의 결핍은 절대적이며, 그런 의미에서 그가 단지 악인일 뿐이라고 말하는 것은 정당하지 못하다. 이 두 가지는 가공할만한 것이다. 만약 그것들이 절대적이라고 한다면 이아고는 괴물이지 인간이 아니다. 이아고가 그러한 것들을 절대적인 것으로 만들려고 시도했으나 사실은 이루지 못했을 뿐이다. 미약하긴 하지만 이아고에게 양심과 수치와 인정의 흔적이 엿보인다. 만약 그의 이기주의가 절대적인 것이라고 한다면 그는 타인의 의견에 대해 전혀 무관심했을 것이다. 그러나 그는 분명 그렇지 않다. …… 셋째, 이아고가 탁월한 지력의 소유자인 동시에 뛰어난 악한이라는 생각이 아직도 남아 있다. 그가 뛰어난 악한이라는 것은 의심할 여지가 없다. …… 그러나 그의 지력이 탁월하다고 말하는 것은 커다란 오해다. (200-02)

브래들리는 캐시오를 살해하는 이유로 이아고가 자신에게 하는 말 즉, "그 자는 평상시의 몸가짐이 훌륭하기 때문에 내가 하는 일은 모조리 추하게 보인다"는 대사를 끌어와 자신의 두 번째 지적을 보강한다. 이 말은 이아고가 절대적인 이기주의와 인간성의 결핍을 드러내는 인물이라는 지적과 이아고에게 도덕성이 결여되어 있고 양심이 존재하지 않는다는 지적에 오류가 있음을 드러낸다. 이는 자신의 추함을 인식할 수 있을 만큼 이아고에게도 양심의 흔적이 남아있다는 징후이다. 그의 계획이 작동하기 시작할 때 이아고는 가능하면 데스데모나를 직접 대면하길 꺼린다. 양심의 가책이 작동하기 때문이다. 지력의 작동은 이아고 자신의 영역에서 조정이 가능하나 그의 마음속에서 일어나는 양심의 작동은 제어하기 불가능하다. 그는 악당이긴 하지만 양심의 흔적이 남아 있는 인물이다. 브래들리의 주장에 따르면 이아고는 질투의 위험성을 알고 있었지만, 오셀로가 보여주게 될 극단적인 질투는 상상하지 못했다. 그리하여 이아고는 원래의 계획에 들어있지 않았던 몇몇 살인에 깊이 관여하게 된다. 이아고는 데스데모나에 대한 아내의 헌신과 사랑을 이해하지 못했고, 아내인 에밀리어가 손수건에 관한 진실을 드러낼 때, 모든 계획은 실패하기에 이른다.

세 번째 지적에서 브래들리는 이아고를 햄릿이란 인물과 비교할 때, 그는 탁월한 지력을 소유한 인물이 아니며 제한된 범위 안에서만 지력의 작동을 보여주는 한계를 드러내는 인물이라고 주장하지만, 이아고의 지적인 능력은 인정한다. 브래들리는 『오셀로』에서 "비범한 지성(unusual intellect)이 선한 것과 분리되어" 극단적인 악과 결합되어 있다는 것은 놀라운 것 이상으로 대단히 무서운 일이라고 언급한다(203). 이러한 경우는 드물지만 셰익스피어는 이아고란 인물에게 이를 구현한다. 브래들리는 이아고를 악한 행동을 일삼는 인물이긴 해도 독특한 성격을 드러내는 독창적인 인물이며 인간 본성을 꿰뚫어 보는 통찰력을 가지고 계획을 용의주도하게 실천에 옮기는 능력 있는 인간으로 평가한다.

성격심리비평을 대표하는 브래들리의 논평은 이아고의 성격을 둘러싸고 진행된 논쟁에 지대한 영향을 미쳤던 글이다. 1927년 발표된 글에서 니콜(Allardyce Nicoll)도 이아고의 이기심과 지력과 자기기만성을 지적한다. 그에 따르면 이아고는 목적을 이루기 위해 수단과 방법을 가리지 않는 이기적이고 냉소적인 인물이고, 이기심으로 인해 뛰어난 지력을 잘못된 방향으로 이끌어 타인을 불행하게 만드는 인물이다. 니콜은 권모술수에 능한 이아고가 자만심으로 인해 자기기만에 빠지고, 이 기만성으로 인해 자신이 짠 음모의 희생자가 되었다고 주장한다(96-100). 『오셀로』에서 이아고는 목적을 달성하기 위해 어떤 수단과 방법도 가리지 않는 권모술수가이고, 주위의 모든 사람들은 그의 목적을 위한 희생물로 전락한다. 오셀로와 데스데모나는 물론, 캐시오와 로더리고 역시 그의 희생물이다. 이아고야말로 겉과 속이 다른 사람이고 이아고 자신도 이 점을 분명히 인정하고 있다. 이아고는 자기보다 못한 캐시오란 인물이 무어의 부관으로 승진한 것에 대한 불만을 토로하고, 그가 여전히 오셀로를 섬기는 것은 그를 이용해 실속을 차리기 위해서라고 말한다. 이아고는 자신과 오셀로와의 관계를 다음과 같이 밝히면서 자신의 정체성을 드러낸다.

> 내가 무어 놈이라면 난 이아고일 수가 없어.
> 그 자를 섬기면서 사실은 난 내 자신만을 섬기고 있어.
> 하늘이 알고 있어. 내가 그 자를 사랑하거나 충성하려는 것이 아니라,
> 나의 사사로운 목적 때문에 그리 하고 있다는 것을.
> 왜냐하면 겉으로 드러난 나의 행위가
> 내 속 마음의 진정한 동기와 의도를 드러내 보여주면,
> 머지않아 난 내 심장을 소매 끝에 달고 다니면서
> 까마귀들이 쪼아 먹도록 하는 꼴이라는 것을 잘 알기 때문이지.
> 나는 겉으로 보이는 것과는 다른 사람이지. (1.1.57-65)

이아고는 사실 자신의 말대로 “겉으로 보이는 것과는 다른 사람(I am not what I am)”이다. 이아고는 오셀로를 섬기는 척하지만, 실은 그 자신만을 섬기고, 자신의 실속만을 생각하는 사람이다. 그는 자신의 목적을 이루기 위해 어떤 수단과 방법도 가리지 않는 교활한 인물이다. 이아고는 오셀로를 혐오하지

만 오셀로의 면전에서는 항상 솔깃한 말만하여, 충직한 부하로 오셀로의 신임을 얻는다. 오셀로는 이아고의 정체를 모른 체 그를 신임하고, 이아고는 자신을 신임하는 오셀로를 파멸시키려 한다.

이아고는 2막 3장에서 부관 자리를 박탈당한 캐시오를 데스데모나에게 복직 요청을 하도록 사주하며, 3막에서 손수건 사건을 통해 오셀로와 캐시오 둘 다를 파멸시키려는 음모를 구체화시키면서 "선의를 미끼"로 선한 자들을 덫으로 옭아매려는 권모술수가의 속성을 다시 한 번 드러낸다. 이아고는 캐시오를 이용하여 오셀로의 귀에 "질투"라는 독약을 주입하여 오셀로를 파멸시키려는 계획을 다음과 같이 밝힌다.

> 난 무어 놈의 귓속에다 독을 부어 넣는단 말씀이야.
> 부인이 그 자의 복직을 간청하는 건 정욕 때문이라고.
> 그러면 캐시오를 위해 그녀가 애를 쓰면 쓸수록
> 그녀는 무어 놈의 의심을 더 받게 되겠지.
> 그리하여 나는 그녀의 정절에 먹칠을 하고
> 데스데모나의 선의를 미끼로
> 그들을 모조리 덫으로 옭아맬 거야. (2.3.356-62)

이아고는 이 극에서 감독의 역할을 수행하고 오셀로를 위시한 그 주변의 인물들은 마치 이아고가 연출하는 연극에서 자기의 배역을 충실히 수행하는 배우처럼 보인다. 3막 1장에서 이아고는 캐시오가 데스데모나를 만날 수 있도록 주선하고 3막 3장에서 캐시오는 데스데모나를 만나 부관에 복직할 수 있도록 오셀로를 설득해달라고 사정한다. 데스데모나가 캐시오의 복직을 오셀로에게 거듭 요청하는 3막 3장에서, 이아고는 데스데모나가 자신의 아버지를 속이고 그와 결혼한 여인임을 상기시키면서 오셀로의 귀에 '의심의 독'을 주입하고 아이러니컬하게도 질투심을 경계하라고 충고한다. 권모술수가의 주요한 특성 중의 하나는 겉과 속이 다른 위선일 것이다. 이아고는 심리적 위장술이 뛰어나고 자신의 진의를 절대로 드러내지 않는다. 한 순간도 자신의 진짜 모습과 의도를 드러낸 적이 없는 용의주도한 인물이다. 자신의 말처럼 이아고는 정말 "겉으로 보이는 것과는 다른 사람"이다.

G. R. 엘리엇(G. R. Elliot)은 3막 3장 후반부터 도리어 이아고 자신이 "오셀로의 열정을 구체화시키는 도구로 작용"하고 있다고 주장했다("Othello" 268). 20세기 초반의 몇몇 비평들은 이아고와 오셀로의 관련성에 초점을 맞추고 진행되었다. 보드킨(Maud Bodkin)은 오셀로를 억눌러 온 두려움과 의혹, 즉 데스데모나가 인종이 다른 이방인인 그를 계속 사랑할 수 없을 것이라는 두려움과 데스데모나의 정절과 관련된 의혹이 악마적 이미지를 지닌 이아고의 대사를 통해 투사되고 있다고 생각한다(220-21). 어떤 여성도 성적으로 타락해 있다고 간주하는 이아고는 바로 전 여성을 일반화시키고 타락한 존재로 격하시키는 담론을 구사하는 인물이다. 보드킨은 여성의 육체 위에 여성혐오 담론을 새겨 넣는다는 관점에서 이아고와 오셀로는 분리된 인물이 아니며, 이아고는 바로 오셀로가 심리적 영역에서 부인할 수 없는 자신의 "어두운 측면"을 대변한다고 주장한다(245).

리비스(F. R. Leavis)는 3막 3장에서 이아고가 오셀로에게 질투라는 독을 주입하는 일에 성공할 수 있었던 것은 그가 단순하고 자기중심적인 오셀로의 심리 가운데 이미 형성된 두려움과 의혹을 겉으로 드러내면서 유혹했기 때문이라고 주장한다(264). 리비스에 따르면 자신을 "쉽게 질투에 빠지는 사람"이 아니라고 변호하며, "현명하진 못했지만 아내를 너무나 사랑했던" 인물이라는 오셀로의 자기극화는 자기기만과 자기중심적 사고의 증거이다(265). 스튜어트(J. M. Stewart)는 이아고를 인간의 고결성을 해치는 악마적 지성과 육체적 충동을 대변하는 상징적 인물로, 오셀로를 고귀한 인간의 영혼을 대변하는 상징적 인물로 간주한다. 그에 따르면 이아고와 오셀로는 심리적 차원에서 서로 분리된 개별적 존재가 아니라 한데 묶인 하나의 인물 즉 한사람의 "보이지 않는 주인공(invisible protagonist)"이다(108-09).

Ⅱ

오셀로의 성격을 논의하기에 앞서 1막 3장과 오셀로가 데스데모나의 살해를 진행하면서 내뱉고 있는 대사와 자신과 자신의 행위를 설명하고 있는 종반부 5막 2장의 대사를 살펴본다. 오셀로는 1막 3장에서 자신이 겪었던 고통스런 경험을 하나의 이야기로 만들어 재현하면서 자신의 이미지를 형성하고, 5막 2장에서는 자기극화를 통해 자신의 성격을 잘 드러내고 있기 때문이다.

오셀로는 원로원 의원들 앞에서 자신을 변호하는 1막 3장의 대사에서 처음으로 자기극화 성향을 드러낸다. 데스데모나의 아버지 브라밴쇼(Brabantio)가 자신의 딸이 오셀로가 쓴 요상한 마술에 현혹되어 농락당했다고 말하자, 오셀로는 "저는 원래 말솜씨가 거칠고(Rude am I in my speech) 평화로운 시기의 부드러운 말을 할 줄 모르는 사람"(1.3.81-82)이라고 말하면서 다음과 같이 자신을 변호한다.

> 그녀는 다시 와서, 넋이 빠진 듯 귀를 기울여
> 저의 이야기를 들었습니다. 그걸 알아차리고
> 저는 어느 땐가 적당한 기회에 적당한 방법으로
> 그녀가 제 여행담 모두를 자세히 들려 달라고

진심으로 부탁하도록 유도했습니다.
제 이야기를 조금씩 듣기는 하였지만, 처음부터 끝까지
다 듣지는 못했기 때문이지요. 물론 저도 승낙을 했습니다.
저는 제가 젊은 시절 겪었던 비참한 고생담을 얘기해서
그녀가 눈물을 줄줄 흘리게 했지요.
저의 이야기가 다 끝나자 그녀는
제 고통을 동정하여 하염없이 한숨을 내쉬었지요. (1.3.149-59)

오셀로는 스스로 어눌하다고 말하고, "그럴듯한 말"로 꾸밀 줄 모르는 사람이라고 말하고 있지만, 사실 그는 어눌한 것과는 거리가 먼 "그럴듯한 말"로 자신의 경험을 효과적으로 극화한다. 즉 자신의 이미지를 이야기를 통해 극적으로 재현하고 있는 것이다. 여기서 오셀로가 구사하는 말은 곧 '요술'이며 자기극화의 수단이다. 오셀로는 자신의 고통스런 경험을 극화하여 데스데모나의 동정과 연민을 유도하고, 데스데모나는 오셀로를 동정하여 사랑하기에 이른다. 그리고 오셀로는 동정해 주는 어진 마음 때문에 데스데모나를 사랑한다. 데스데모나는 오셀로의 '검은 얼굴'을 보고 처음에는 사랑을 느끼지 못했지만, 오셀로의 말에 현혹되어 그를 동정하고 사랑한다. 오셀로의 자기극화가 효과를 발휘한 셈이다. 그런데 문제는 동정이란 말에 있다. 오셀로는 데스데모나가 자신이 "겪은 위험과 고난을 동정하여 사랑"했고, 자신은 그녀의 동정해 주는 어진 마음 때문에 데스데모나를 사랑했다고 밝히고 있기 때문이다(1.3.167-68). 이와 같이 오셀로는 자신을 극적으로 재현하여 타인의 동정심을 자극하고 마침내 데스데모나의 사랑을 얻는다.[2)]

---

2) 혹 그들의 사랑이 자기기만적 사랑은 아닌지 모르겠다. 그들은 서로를 동정하거나 동정을 하는 마음에 힘입어 사랑했기 때문이다. 오셀로는 자신을 기만하고 이 이야기를 듣는 사람을 기만한다. 그리하여 니콜(Allardyce Nicoll)은 이 극을 자기기만의 극이라고 주장한다(88-90).

오셀로는 데스데모나의 사랑을 얻었으나, 질투심을 자극하며 악으로 유혹하는 이아고의 계략에 걸려들어 마침내 데스데모나를 살해한다. 5막 2장에서 로도비코(Lodovico)가 선한 오셀로가 "저주받을 악당 놈" 이아고의 계략에 걸려 전락했다고 말하자, 오셀로는 자신을 "명예로운 살인자"(An honourable murderer)로 지칭하고 데스데모나를 "증오 때문이 아니라 오직 명예를 위해 죽였다"고 하면서 자신의 행위를 변명한다(5.2.294-95). 그리고 이어서 다음과 같이 자신을 극적으로 재현한다.

> 잠깐만, 떠나기 전에 한 말씀 드리겠습니다.
> 전, 국가를 위해 어느 정도 공을 올렸습니다. 여러분도 인정할 겁니다.
> 더 말하진 않겠습니다. 다만 간절히 부탁드리고 싶은 게 있습니다.
> 이 불행한 사건을 서면으로 보고할 때,
> 저에 대해 있는 그대로 전해 주십시오. 조금도 두둔하지도 말고
> 악의로 헐뜯지도 말아 주십시오. 이렇게 말씀해 주십시오.
> 현명하진 못했지만 아내를 너무나 사랑했던 사람이라고…….
> 쉽게 질투에 빠질 사람이 아니지만, 속임수에 빠져
> 극단적인 혼란에 빠진 사람이라고……. 무지한 인도인처럼
> 온 종족보다 더 귀한 진주를 제 손으로 팽개친 사내라고…….
> 비록 한 번도 울어본 적이 없는 사내였지만,
> 이번에는 슬픔에 사로잡힌 눈으로
> 아라비아의 고무나무가 영험한 수액을 흘리듯
> 눈물을 줄줄 흘리는 그런 사내라고 전해 주십시오. (5.2.338-51)

오셀로는 과연 자신의 말처럼 "쉽게 질투에 빠지는 사람"이 아닐까? 콜리지는 오셀로가 원래 질투심이 강한 인물이 아니지만 이아고의 말을 믿고 데스데모나를 의심하게 되었으며, 질투심 때문이 아니라 오쟁이 진 남편이 되어 개인

적 명예가 손상될까 두려워 데스데모나를 살해했다고 주장했다(Coleridge 47). 브래들리에 따르면 질투는 인간이 벗어나기 어려운 "동경과 혐오의 고통스런 혼합물"이며 인간을 혼란의 도가니로 몰아넣고 인간의 야수성을 촉발시키는 대단히 강렬한 감정이다(Bradley 151). 그에게 오셀로는 타인을 쉽게 믿으며, 일단 믿었다 하면 절대적인 신뢰를 보내는 단순하고 순진한 인물이지만, 근본적으로 고귀한 품성을 지닌 인물이고 쉽게 질투에 빠지는 인물은 아니다. 그러나 기만을 당해 질투라는 독이 주입되면 오셀로는 물불을 가리지 않는다. 브래들리에게 오셀로의 비극은 "한번 격정에 빠지면 앞뒤를 가리지 않고 조금도 주저하지 않고 인간이 상상할 수 있는 가장 단호한 방식으로 행동한다는 점"에 있다(159, 162-63). 브래들리는 오셀로를 근본적으로는 고귀하고 위엄 있는 인물로 긍정적으로 평가하며, 데스데모나를 살해한 것이 증오 때문이 아니라 오셀로 자신의 명예를 고려했기 때문이라는 콜리지의 견해에 동의한다. 오셀로가 데스데모나를 살해한 주요 동기가 질투가 아니라 명예 때문이라는 브래들리의 주장은 이후 많은 20세기 평자들의 지지를 얻게 되고 설득력 있는 주장으로 평가받게 된다.[3)] 콜리지와 브래들리는 모두 "쉽게 질투에 빠지는 사람"이 아니라는 오셀로의 자기극화에 설득 당한 셈이고, 질투 때문이 아니라 명예 때문에 데스데모나를 살해했다는 오셀로의 자기진술과 변호를 인정하는 셈이다.

그러나 "쉽게 질투에 빠지는 사람"이 아니라는 오셀로의 말을 액면 그대로 받아들이기 어렵다. 그는 이아고의 계략이 작동하자마자 너무도 쉽게 질투에 사로잡혀 앞뒤를 돌아보지 않고 일을 벌였기 때문이다. 오셀로는 급한 성격으

---

3) M. T. Nowotthy (1952), G. M. Matthews (1964) 등이 이러한 견해에 동조하는 대표적인 평자들이다. M. T. Nowottny, "Justice and Love in Othello," *UTQ* 19.4 (1952): 330-44; G. M. Matthews, "Othello and the Dignity of Man," *Shakespeare in a Changing World: Essay*, ed. Arnold Kettle (International Publishers, 1964), 123-45.

로 인해 쉽게 질투에 사로잡히는 인물이다. 그렇게도 쉽게 질투심에 사로잡힌 원인으로 이아고의 계략보다는 자신의 성격이 더 크게 작용한다. 오셀로는 쉽게 격정에 사로잡히는 인물일 뿐 아니라 사태의 전모를 파악하지 못하는 우둔한 인물이다. 오셀로는 또한 모든 것을 자기중심적으로 파악하고 자신의 명예에 지나치게 집착하는데, 이는 자기극화의 심리로 나아간다. 또 다른 자기변명, 즉 자신을 "현명하진 못했지만 아내를 너무나 사랑했던" 인물이라는 오셀로의 자기극화는 설득력이 있는가?

T. S. 엘리엇은 오셀로가 극적으로 가장 긴장된 순간에 스스로를 극화하고 자신의 행위를 변명하면서 관중들을 기만하고 있다고 생각한다. 오셀로가 염두에 두고 있는 것은 데스데모나가 아니라 그 자신이다. 오셀로의 허약성과 비현실성을 주시했던 엘리엇은 현실을 도피하고 관객들뿐만 아니라 자기 자신까지 기만하면서 자위하는 오셀로를 부정적으로 평가한다(111). 사실 5막 2장의 오셀로 연설을 근거로 판단한다면, 오셀로가 자기극화를 통해 타인을 기만하는 자기중심적 인물이라는 T. S. 엘리엇의 주장은 설득력 있는 주장이다. 오셀로는 자신을 국가에 대한 공을 세운 사람이라고 자화자찬하고, 자신을 "쉽게 질투에 빠지는 사람"이 아니라고 변호하며, 자신을 "현명하진 못했지만 아내를 너무나 사랑했던" 고상한 인물로 극화하고 있기 때문이다. 오셀로는 또한 진심으로 뉘우치는 것 같은 말로 관객들의 동정을 유도하고, 자신은 마침내 자살한다.

리비스(F. R. Leavis) 역시 오셀로의 자기극화를 자기기만의 증거로 받아 들였다. 그의 주장에 따르면 데스데모나에 대한 오셀로의 사랑은 이상적인 사랑이 아니라 자기기만적 감정이다. 리비스는 오셀로의 마지막 연설에 내포된 자기극화를 검토하여 오셀로가 자기연민과 자만심에 빠진, 자신의 논리에 갇힌, 오만하고 자기중심적인 인물이라고 주장한다. 그는 또한 오셀로가 인간성에 대한 이해와 지적 능력이 부족하여 이아고의 감언이설에 쉽게 넘어가고 자기중심적 사고로 인해 쉽게 격정에 사로잡히는 인물이라고 주장했으며, 자기기만성과 이기적인 욕망을 드러내는 인물이라는 부정적 평가를 내렸다(275-76, 270). 오셀로의 자기변명을 인정했던 브래들리와는 달리, 리비스는 자기중심적 성향과 연결된 오셀로의 자기극화를 주시하여 다음과 같이 주장한다.

> 오셀로는 고결한 방식으로 자신의 이기적 성향을 드러낸다. 그는 사실, 의심할 여지없이, 고상하고 당당한 활동가이고 병사들의 대장이다. 오셀로는 정말로 자기 자신을 "이슬에 녹이 슬까봐 번쩍이는 검을 거두는" 인물로 생각한다. 간단히 말해, 자기극화를 드러내 보이는 습성은 오셀로 기질의 본질적인 요소인데, 이 습성은 극의 마지막 장면에서도 본질적 요소로 남아 있다. …… 그것은 기껏해야 고상한 자기중심적 성향의 인상적인 표현이다. 그러나 새로 결혼한 상황에서 이러한 자기중심성(egotism)은 고결성에 대한 집착만큼이나 위험한 것이 될 수 있다. 이러한 자기중심주의 또는 이기주의는 자아 인식을 의미하지는 않는다.
> (Leavis 265).

자기중심성 또는 이기성과 자부심은 그리 멀리 떨어진 성향이 아니다. 지나친 자부심은 이기적 성향으로 연결되기 때문이다. 또한 리비스는 3막 3장에서 이아고가 오셀로에게 질투라는 독을 주입하는 일에 성공할 수 있었던 것은 이아고가 단순하고 자기중심적인 오셀로의 심리 가운데 이미 형성된 두려움과 의혹을 겉으로 드러내면서 유혹했기 때문이라고 주장한다. 리비스에 평가에 따르면 오셀로는 자기밖에 모르는 인물이다. 그는 데스데모나는 물론 자신조차도 제대로 알지 못한 우둔한 인물이다(264, 269). 그의 행동은 기만적이며, 그의 사랑도 기만적이다. 자신에 대한 변명도 기만적이다. 이러한 기만성은 극화라는 장치를 통해 표출된다. "현명하진 못했지만 아내를 너무나 사랑했던"

인물이라는 오셀로의 자기극화는 도리어 사태를 파악하지 못하고 자신과 타인을 인식하지 못하는 우둔한 오셀로의 모습을 비추고, 진정한 사랑과 연인에 대한 배려가 아니라 자신의 명예만을 고려하는 오셀로의 기만성을 드러낸다.

사실 오셀로는 자신의 개인적 명성과 명예에 대단히 집착하는 인물이다. 질투의 화신으로 전락한 오셀로는 "그년을 갈기갈기 찢어버리겠다! 간통을 하다니!"(4.1.200)라는 극단적인 대사를 토해내는데, 이는 그에게 문제가 되는 것이 사랑이 아니라 남성으로서의 명예라는 점을 드러내는 대사일 것이다. 오셀로는 데스데모나를 죽이는 것이 자신의 명예를 지키는 길이라고 생각한다. "내가 영원히 세상 사람들의 조롱거리가 되고, 끊임없이 손가락질을 받으며 살아가야 하다니!"(4.2.54-55)라는 대사 또한 오셀로가 오쟁이 진 남편으로서 다른 사람에게 받게 될 치욕을 의식하고 있고, 사랑보다는 남성으로서의 명예를 더 중시하고 있음을 보여주는 대사이다. 5막 2장의 "현명하진 못했지만 아내를 너무나 사랑했던" 인물이라는 자기극화는 도리어 데스데모나의 사랑을 너무나 기만했던 오셀로의 모습을 부정적으로 드러낸다.

오셀로는 데스데모나의 사랑을 기만했을 뿐만 아니라, 데스데모나가 죽기 전에 기도할 기회를 달라고 했을 때 이를 거부한다. 이를 통해 그는 타인의 구원 가능성을 박탈했을 뿐만 아니라 자신의 구원 가능성도 박탈한다. 오셀로는 스스로 죄의 심판자가 되기를 자처하고 정의의 집행자로 행세하는 불경죄를 범하고 있기 때문이다. "그녀는 죽어야 해. 살려두면 더 많은 남자들을 배신할 테니까. 우선 촛불을 끄고 다음에 생명의 불을 끄자"(5.2.6-7). 오셀로는 이어 데스데모나를 죽이고, 죽인 뒤에도 그녀를 사랑하리라고 말한 다음 "하늘은 사랑하는 사람에게도 벌을 주는 법"이라고 말하면서 그녀를 살해한다. 어디서고 데스데모나에 대한 배려는 보이지 않는다. 오셀로는 자기밖에 모르는 자기중심적인 인물이다. 오셀로는 여기서 스스로를 정의의 심판자로 자처하는 오만성을 드러낸다. 데스데모나가 "더 많은 남자들을 배신"하기 전에 죽여야 한다는 말은 또 무슨 말인가? 이는 인간의 죄를 심판하는 심판자로 행세하는 오셀로의 오만성과 동시에 데스데모나의 입장은 전혀 안중에도 없는 오셀로의 이기적 성격을 드러낸다. 스털링(Brents Stirling)은 오셀로가 극의 전반부에서는 명예에 대한 단순한 집착 정도를 드러내지만, 지나친 오만성과 이기심 때문에 3막 3장 이후 자기중심적인 성향을 드러내고 명예와 명성을 지나치게 의식하는 인물로 변하게 되었다고 주장한다(120-21).

브래들리와는 달리 T. S. 엘리엇과 리비스는 5막 2장 마지막 연설에 드러나는 오셀로의 자기기만성과 연극성을 주시했다. 그들은 또한 자기극화에 드러나는 오셀로의 자기중심적 성향과 오만성을 지적했는데, 이는 G. R 엘리엇(G. R. Elliott), 배튼하우스(Roy W. Battenhouse), 스털링 등의 지지를 받는다. G. R. 엘리엇은 오셀로 내면의 악마적 오만성과 교만이 비극적 결말의 근본적인 원인으로 작용한다고 주장했다. 왜냐하면 오셀로의 오만성이 데스데모나에 대한 의혹을 이아고 외의 다른 사람에게 드러내지 않게 만들어 그 의혹을 가중시키는 원인으로 작용했다고 보기 때문이다(*Flaming Minister* xxvii). 그는 또한 오셀로를 자존심이 강한 인물로 간주했고 이아고가 오셀로의 자존심을 이용하여 의혹과 질투에 불을 댕긴다고 주장했는데, 이는 리비스의 주장을 반복하는 내용이다. 그러나 그는 오셀로가 이아고의 계략을 위한 도구라기보다는 이아고가 도리어 격정에 찬 오셀로의 도구가 되었다는 흥미로운 주장을 하였다("Othello" 268-69). 배튼하우스는 셰익스피어가 오셀로를 유다와 견줄 수 있는 오만한 인물로 묘사하고 있다고 주장했는데, 이는 양자 모두 스스로 운명을 심판하고 신의 자비를 포기하며 자살함으로써 주제넘게 "신의 역할"을 수행하는 불경죄를 범하고 있다고 생각하기 때문이다(97-98). 스털링 역시 리비스와 마찬가지로 오셀로가 데스데모나를 살해하면서 읊조리는 대사를 통해 오셀로의 오만성과 자기기만성을 읽어낸다(Stirling 132).

오셀로를 오만하고 이기적인 자기중심적 인물로 간주하는 T. S. 엘리엇과 리비스의 견해에 반대하는 20세기 후반의 비평가로 아담슨(Jane Adamson)을 들 수 있다. 아담슨은 오셀로의 최종 연설에 대한 T. S. 엘리엇의 논평을 통찰력 있는 분석이라고 평가했으나, 그의 논평이 오셀로를 이기주의자나 도덕적 겁쟁이로만 보게 만들 우려가 있다고 거부감을 드러냈다. 또한 아담슨은 오셀로의 잘못과 부정적인 측면만을 강조하는 리비스의 일방적 견해가 작품의 총체적 이해를 방해하며 독자들에게 동정심을 불러일으키려는 작가의 의도를 차단하고 있다고 생각했다. 그는 나아가 오셀로의 "자기극화"가 현실 회피의 성향을 드러내거나 타인들의 입장에서 현실을 재구성하려는 시도일 수 있지만, 오셀로가 처한 상황을 고려하게 되면 그런 행동은 이해할 수 있을만한 행위라고 주장했다(17-18, 26-27, 285).

오셀로의 자기극화와 기만성을 지적하면서 오셀로를 부정적으로 평가했던 T. S. 엘리엇과 리비스의 주장을 지지하든 거부하든 오셀로의 최종연설(5막 2장)은 중요한 의미를 지닌다. 왜냐하면 이 대사는 오셀로의 성격을 추론할 수 있는 가장 결정적인 증거로 작용하고 있기 때문이다. 주인공 자신의 입을 통해 극 전체의 행위를 조망하고 있는 이 장면은 사실 극의 비극적 결말에 대한 관객의 시각과 판단에 지대한 영향을 미치고 있다. 오셀로가 명확한 자기인식을 바탕으로 자신의 존엄성을 회복하고 죽었는지 아닌지를 판단하는 근거로 작용한 것 또한 오셀로의 최종 연설을 포함한 극의 종결부이다.

매슈즈는 종결부의 최종 연설을 오만성을 극복한 오셀로가 인간 존재로서 자신의 존엄성과 고결성을 회복하게 되었음을 보여주는 증거로 삼았고, 오셀로가 마침내 데스데모나의 영적 아름다움을 인식하고 구원되었다고 주장한다(Matthews 143-45). 커티스(R. Curtis)도 오셀로를 자기기만에 빠진 인물이라는 리비스의 견해를 부정하고 오셀로가 종국에는 이기심을 극복하고 자기인식에 이르렀다고 생각한다. 그는 오셀로의 최종연설이 인간의 사랑과 이성의 최종적인 조화를 제시하고 있을 뿐 아니라, 다시 이성적 인간으로 돌아온 위대한 오셀로의 새로운 내적 비전을 보여주고 있다고 주장했다(195-96). 리비스와 T. S. 엘리엇이 오셀로의 자기기만을 드러내는 증거를 삼았던 최종 연설을, 다른 많은 비평가들은 오셀로가 마지막에 자기인식을 통해 고결성을 회복하고 죽었다는 주장을 뒷받침하는 증거로 삼았던 것이다. 그러나 이는 오셀로의 자기극화 연설을 액면 그대로 받아들인 결과이다. 오셀로의 자기극화에는 항상 자기중심적 욕망이 자리 잡고 있고, 극의 초반부와 종결부에서 오셀로는 자기극화를 통해 타인을 기만하고 나아가 자신을 기만하는 부정적 성격을 드러내고 있기 때문이다.

Ⅲ

『오셀로』에서 모든 사건을 주도하고 파국으로 이끄는 데 가장 큰 역할을 하는 인물은 이아고이다. 그렇다면 오셀로는 비극적 결과에 대한 책임으로부터 면제될 수 있는가? 이아고를 거역할 수 없는 운명적 힘, 즉 동기 없는 악행을 자행하는 악마라고 간주할 경우, 오셀로의 책임은 경감될 수 있다. 이아고의 악마성에 지탱할 수 있는 인물은 드물기 때문이다. 그러나 이아고는 악마나 악 자체가 아니다. 그러므로 오셀로는 파국에 대한 책임을 면할 수가 없다. 이처럼 오셀로에 대한 평가는 이아고에 대한 평가와 맞물려 있다.

이아고는 이 작품에서 단면적인 성격을 드러내는 단순한 인물이 아니라 여러 가지 성격적 특성이 복합적으로 드러나는 다면적인 인물이다. 이아고는 타인의 성공을 시기하고 질투하는 인물이며, 타인을 자기 마음대로 조정할 수 있다고 생각하는 우월감에 찬 인물이며, 이기적 목적을 위해 수단과 방법을 가리지 않는 자이며, 악마는 아니라고 해도 큰 양심의 가책을 느끼지 않고 악행을 자행하고 이를 후회하지 않는 사악한 인물이다. 또한 그는 검은 무어가 아름다운 백인 미녀를 차지했다는 점을 흔쾌하게 받아들일 수 없는 인종차별주의자이고, 남녀 사이의 진실한 사랑을 인정하지 않는 냉소주의자이다. 그럼에도 불구하고 이아고는 악을 위해 악을 자행하는 악마가 아니다.

심리적 혹은 상징적인 차원에서 이아고는 오셀로의 내면에서 작동하는 부정적 속성이 증폭되어 재현된 인물로도 볼 수 있다. 이아고가 보여주는 부정적 속성이 단지 일부의 인간에게만 드러나는 속성이 아니라, 부분적으로는 어떤 인간에게도 나타날 수 있는 성격이기 때문이다. 부정적 속성과 심리가 이아고의 경우처럼 구체적인 계략과 사건으로 이어지지는 않는다고 해도 그러한 속성이 이아고에게만 한정된 것은 아닐 것이다. 심리적인 영역에서 이아고와 오셀로는 우리와 동떨어진 인물이 아니다. 우리 내면의 어둡고 부정적인 측면이 증폭되어 나타나면 누구든 이아고와 오셀로가 될 수 있기 때문이다.

오셀로는 초반부에서 자기극화를 통해 자신을 모습을 부각시키고, 종반부에서 다시 한 번 자기극화를 통해 자신을 보는 사람들의 반응을 유도한다. 그런데 종반부에서 오셀로에게 연민과 동정이 주어지는가? 오셀로는 진정한 회개를 통해 구원에 이른 인물인가? 누가 이 비극적 파국에 궁극적인 책임을 지고 있는가? 책임의 소재는 곧 그에 대한 연민과 동정의 강도와 직결된다. 역으로 연민과 동정의 강도는 파국에 대한 오셀로의 책임성과 연결되어 있다. 종결부에서 오셀로에 대해 강한 연민과 동정이 유발되고 있다면 이는 결국 오셀로의 책임성을 약화시키는 것이 되기 때문이다.

자신의 행위에 대해 뉘우침이 없다면 관객의 동정과 연민은 기대할 수 없을 것이다. 오셀로의 자기극화와 수사를 파악하지 못하는 순진한 독자나 관객은 초반부의 오셀로를 보고 고상하다는 인상을 받게 될 것이다. 그들은 또한 오셀로의 최종 연설에서 자신의 과오를 뉘우치는 오셀로의 모습을 순진하게 받아들여 그에게 연민과 동정을 아끼지 않을 것이다. 그러나 좀 더 지적인 독자와 관객의 반응은 다를 것이다. 오셀로의 자기극화와 자기중심적인 성격을 파악하는 독자나 관객에게 오셀로는 그리 고상한 인물이 아니다. 오셀로는 끊임없이 자신을 고상한 인물로 극화하려고 애쓰고 있지만, 그 이면에는 자신의 명예만을 고려하는 이기적 욕망이 도사리고 있다. 오셀로의 최종 대사에서 자신에 대한 진정한 뉘우침이나 후회보다는 자기변명과 자기극화, 나아가서는 자기기만을 볼 수 있기 때문이다. 자기극화가 드러나는 초반부와 종반부의 장면을 비중 있게 고려한다면, 오셀로의 행동은 기만적이며 그의 사랑도 기만적이다. 그는 자신을 기만할 뿐만 아니라 타인을 기만하는 이기적 성격의 소유자이다.

■ 인용문헌

Adamson, Jane. *Tragedy: Some Problems of Judgement and Feeling*. Cambridge: Cambridge UP, 1980.

Battenhouse, Roy W. *Shakespearean Tragedy: Its Art and Its Christian Premises*. Bloomington: Indiana UP, 1969.

Bodkin, Maud. *Archetypal Patterns in Poetry: Psychological Studies of Imagination*. Oxford: Oxford UP, 1934.

Bradley, A. C. *Shakespearean Tragedy: Lectures on Hamlet, Othello, King Lear, Macbeth*. 1904. 3rd ed. London: Macmillan, 1992.

Coleridge, Samuel Taylor. "Notes on the Tragedies of Shakespeare: *Othello*." *Shakespearean Criticism*, Vol. 1. ed. Thomas Middleton Raysor. 2nd ed. London: Dutton, 1960. 40-48.

Curtis, Jared R. "The Speculative and Office'd Instrument: Reason and Love in *Othello*." *Shakespeare Quarterly* 24.2 (1973): 188-97.

Eliot, T. S. "Shakespeare and the Stoicism of Seneca." *Selected Essays*. New York: Harcourt Brace Jovanovich Inc., 1950. 107-20.

Elliott, G. R. "*Othello* as a Love-Tragedy." *The American Review* 8.3 (1937): 257-88.

_____. *Flaming Minister: A Study of Othello as Tragedy of Love and Hate*. Durham, NC: Duke UP, 1953.

Leavis, F. R. "Diabolic Intellect and the Noble Hero: A Note on *Othello*." *Scrutiny* 6.3 (1937): 259-83.

Matthews, G. M. "*Othello* and the Dignity of Man." *Shakespeare in a Changing World: Essay*. Ed. Arnold Kettle. New York: International Publishers, 1964. 123-45.

Nicoll, Allardvce. *Studies in Shakespeare*. London: Leonard & Virginia Woolf, 1927.

Shakespeare, William. *Othello*. The Riverside Shakespeare. Ed. G. B. Evans. Boston: Houghton Mifflin, 1974.

Snider, Denton J. *The Shakespearian Drama, a Commentary: The Tragedies*. London:

Sigma Publishing, 1887.

Stewart, J. I. M. *Character and Motive in Shakespeare: Some Recent Appraisals Examined.* New York: Longmans, 1949.

Stirling, Brents. "Reputation, Reputation, Reputation!" *Unity in Shakespearian Tragedy: The Interplay of Theme and Character.* New York: Gordian P, 1966. 111-38.

■ 작품인용 원문

(1.3.386-404) I hate the Moor,/ And it is thought abroad that 'twixt my sheets/ [H'as](he has) done my office. I know not if 't be true,/ But I, for mere suspicion in that kind,/ Will do as if for surety. He holds me well,/ The better shall my purpose work on him./ Cassio's a proper man. Let me see now:/ To get his place and to plume up my will/ In double knavery—how, how?—Let's see—/ After some time to abuse Othello's [ear]/ That he is too familiar with his wife./ He hath a person and a smooth dispose/ To be suspected—fram'd to make women false./ The Moor is of a free and open nature,/ That thinks men honest that but seem to be so,/ And will as tenderly be led by the nose/ As asses are./ I have 't. It is engendered. Hell and night/ Must bring this monstrous birth to the world's light.

(1.1.57-65) Were I the Moor, I would not be Iago./ In following him, I follow but myself;/ Heaven is my judge, not I for love and duty,/ But seeming so, for my peculiar end;/ For when my outward action doth demonstrate/ The native act and figure of my heart/ In compliment extern, 'tis not long after/ But I will wear my heart upon my sleeve/ For daws to peck at: I am not what I am.

(2.3.356-62) I'll pour this pestilence into his ear—/ That she repeals him for her body's lust,/ And, by how much she strives to do him good,/ She shall undo her credit with the Moor./ So will I turn her virtue into pitch,/ And out of her own goodness make the net/ That shall enmesh them all.

(1.3.149-59) She'ld come again, and with a greedy ear/ Devour up my discourse. Which I observing/ Took once a pliant hour, and found good means/ To draw from her a prayer of earnest heart/ That I would all my pilgrimage dilate,/ Whereof by parcels she had something heard,/ But not [intentively]. I did consent;/ And often did beguile her of her tears,/ When I did speak of some distressful stroke/ That my youth suffer'd. My story being done,/ She gave me for my pains a world of [sighs].

(5.2.338-51) Soft you; a word or two before you go./ I have done the state some service and they know't—/ No more of that. I pray you, in your letters,/ When you shall these unlucky deeds relate,/ Speak of me as I am; nothing extenuate,/ Nor set down aught in malice. Then must you speak/ Of one that lov'd not wisely, but too well;/ Of one not easily jealous but, being wrought,/ Perplexed in the extreme; of one whose hand,/ (Like the base [Indian]) threw a pearl away/ Richer than all his tribe; of one whose subdued eyes/ Albeit unused to the melting mood,/ Drop tears as fast as the Arabian trees/ Their medicinable gum.

3. 복수윤리와 복수지연: 『햄릿』

18세기에서 20세기 후반에 이르기까지 다양한 비평 양식이 『햄릿』에 적용되어 왔음에도 불구하고 항상 논쟁의 중심에는 햄릿(Hamlet)이란 등장인물의 '복수지연'의 문제가 있었다. 성격심리비평은 인물의 성격과 심리 분석에 지나치게 집착하여 이 작품이 무대 위의 상연을 전제로 쓰인 극 대본이란 점을 간과하고 등장인물들을 마치 실제 인물처럼 다루면서 햄릿의 복수지연을 논의한다. 셰익스피어의 극을 한 편의 시로 간주하는 시적 접근은 언어와 이미저리 패턴에 지나치게 집착하여 『햄릿』이란 작품이 쓰인 당대의 사회적, 문화적, 역사적, 종교적 배경을 무시하고 있다. 이들의 분석 방법 역시 성격심리비평 못지않게 극장의 현실과는 유리된 작품 분석이다. 이들 비평의 과오를 극복하기 위해 전개된 역사비평은 『햄릿』의 중심 문제인 '복수지연'을 당대 복수극의 관행과 아울러 역사적 맥락과 관련지어 해석한다.

스톨(Stoll), 윌슨(Wilson), 스펜서(Spencer), 바우어즈(Bowers), 프로서(Prosser)

의 연구로 대변되는 역사비평은 엘리자베스 시대의 윤리적·종교적 관점에서 『햄릿』을 다룬다. 윌슨은 이율배반적인 유령의 명령이 햄릿의 복수지연과 밀접하게 연관되어 있다고 생각하고, 르네상스 시대의 관점에서 유령의 존재를 고찰해야 한다고 주장한다. 스펜서는 인간의 본성에 관한 햄릿의 견해는 바로 당대의 "낙관적 견해와 비관적 견해" 사이의 갈등이라고 주장한다. 바우어즈와 프로서에 따르면 햄릿의 복수지연은 바로 복수에 관련된 그 시대의 종교적 도덕적 가르침과 일반 대중의 견해 사이의 갈등을 보여준다. 르네상스 시대의 법과 종교와 도덕은 사적인 복수를 죄로 규명하였음에도 불구하고 일반 대중들은 특정한 상황 가운데 행해진 복수에 대해서는 동정심을 갖고 있었기 때문이다. 그들은 이성적으로는 사적인 복수를 거부했지만, 심정적으로는 아버지의 죽음에 대한 자식의 복수는 큰 죄가 되지 않는다고 생각했다. 셰익스피어 역사비평의 개척자 스톨은 햄릿의 복수지연이 르네상스 시대 모든 복수극에 등장하는 관습적인 양상이며, 르네상스 시대 사람들이 일반적으로 받아들었던 극적 장치라고 주장한다(Stoll 108-109). 사실 주인공의 복수지연, 유령과 권모술수가의 출현, 극중극의 채택, 주인공의 광증 또는 가장된 광증의 재현 등은 엘리자베스 시대 복수극에 나타났던 일반적인 특징이며, 이러한 특성은 『햄릿』에도 나타난다.

주인공의 복수지연이 엘리자베스 시대 복수극에 나타났던 관습적인 양상이긴 하지만, 햄릿의 복수지연 문제는 스톨이 지적한 것처럼 그리 단순하지만은 않다. 햄릿의 행동은 복수와 인간본성에 대한 엘리자베스 시대의 관점을 반영하고 있고, 이에 대한 검토 없이는 햄릿의 행동을 완전히 이해할 수는 없다. 그러므로 필자는 엘리자베스 시대 복수윤리와의 관련성 아래 햄릿의 복수지연이나 정의의 기다림이 어떤 의미를 지니는지를 논의할 것이다. 필자는 일차적으로 역사비평의 역사적 문헌 연구와 이들의 견해를 받아들여 복수를 둘러싼 햄릿의 딜레마는 곧 그 시대 관중들이 처한 도덕적 딜레마를 함축하고 있다고 간주한다. 기존의 역사비평에서 햄릿의 행위는 여전히 '지연'이란 관점에서 고려되고 있다. 그러나 필자는 3막 이후 햄릿의 행위를 '복수지연'으로 해석하지 않고 '공적 정의의 기다림'으로 해석한다. 역사적 관점에서 보자면 유령의 명령은 친족의 죽음에 대한 복수를 명예로 간주하는 앵글로색슨족의 전통과 인간 생명과 이성을 중시하는 르네상스 휴머니즘의 대립을 내포한다. 햄릿 내부에 이 대립된 가치관이 커다란 갈등의 축을 형성하며, 이에 덧붙여 회의주의와 비관주의라는 당대의 사고가 또 다른 축을 형성한다. 햄릿의 행동은 표면적으로 '복수지연'처럼 보이지만, 이는 공적인 정의의 '기다림'이다.

I

복수와 관련된 엘리자베스 시대 윤리의 조명 아래 햄릿의 지연이나 기다림을 논의하기 전에 먼저 유령(the Ghost)의 정체에 대해 간략하게 알아보는 것이 필요하다. 유령의 존재는 주인공으로 하여금 행동하게 하는 중요한 위치를 차지하는 동시에 모호한 명령을 내려 주인공이 행동하기를 꺼려하게 만들면서 『햄릿』의 핵심으로 작용하고 있기 때문이다(Wilson 52). 유령은 햄릿에게 "그놈의 비열하고 악랄한 암살에 대하여 복수"해 달라고 요구한다(1.5.25). 그러나 유령은 또한 "너의 마음을 더럽히지 말 것이며, 네 어미에 대해 어떤 악한 마음도 품지 않도록 해라. 네 어미는 하늘에 맡겨두라"고 명한다(1.5.85-86). 거트루드(Gertrude)의 죄는 하늘의 뜻에 맡겨두라는 말이다. 유령을 처음 만났을 때 햄릿이 그가 "선한 영"인지 "저주스런 악마"(1.4.40)인지를 구분할 수 없다고 말한 것처럼, 이 작품에서 유령의 정체는 모호하다. 만약 셰익스피어가 유령이 악마로 받아들여지기 원했다면 거트루드에 대한 유령의 배려 부분은 삭제했을 것이며, 유령이 정의의 도구로 비쳐지길 원했다면 개인적 복수에 관한 부분을 삭제했을 것이다. 셰익스피어 자신은 극 안에서 유령의 정체에 대해 명확한 답을 제시하지 않는다. 만약 유령의 정체가 모호하지 않았다면, 햄릿의 행동은 좀 더 단순해졌을 것이고 그의 고뇌의 깊이는 한층 줄어들었을 것이다(Hallett 184-85, Frye 18-29).

엘리자베스 시대 사람들처럼 햄릿 또한 유령의 존재에 대해 의구심을 갖고 있었던 것이 분명하다. 그러므로 유령의 말에 대한 진실성을 확신할 때까지는 햄릿이 복수를 지연하는 것은 자연스러운 행동이다. 햄릿의 의심은 셰익스피어가 희곡을 썼던 엘리자베스 시대의 관점을 반영하는 것이기 때문이다. 햄릿은 유령이 선한 존재라는 것을 확신한 이후에만 아버지의 죽음에 대한 복수를 실행할 수 있을 것이다. 마리암 조셉(Mariam Joseph)은 이 극을 기독교적 배경과 기독교적 가치를 함의하고 있는 기독교적 비극으로 해석하면서, 햄릿이 유령이라는 대행자를 통해 정의를 집행하라는 하나님의 신성한 명령을 받았다고 주장한다(139-40). 그러나 비평가들은 엘리자베스 시대 사람들이 복수를 호소하는 유령을 악마로 간주했다고 지적한다(Battenhouse 190, Frye 16). 사실 당대의 관객들은 유령의 존재 자체를 미심쩍게 여겼다.

이 작품에서 셰익스피어는 햄릿이 자유롭지 않은 존재라는 점을 끊임없이 상기시킨다. 햄릿은 복수를 호소하는 유령에게 매여 있고, 악에 물든 자신의 왕국을 정화해야 할 의무를 지닌 왕자로서 자신의 출생에 얽매여 있다. 그러나 햄릿이 직면한 상황은 그 자신이 초래한 것이 아니다. 덴마크는 햄릿에게 있어서 감옥이다. 계부인 클로디어스(Claudius), 옛 친구 로전크랜츠(Rosencrantz)와 길든스턴(Guildenstern), 그리고 연인의 아버지 폴로니어스(Polonius)가 햄릿을 끊임없이 감시하기 때문이다. 덴마크의 어느 곳이든 햄릿에게 자유로운 공간은 없다. 이를 알고 있는 햄릿은 로전크랜츠에게 이렇게 말한다. "호두껍

데기 속에 갇혀 있어도 나는 내 자신을 이 광대한 우주의 제왕으로 생각할 수 있는 사람이네. 악몽으로 시달리고 있지만 않다면 말일세"(2.2.254-56).

유령은 햄릿에게 복수해달라고 요구하고, 햄릿은 이 명령에 매여 있다. 그러나 복수는 거의 불가능하다. 복수의 대상인 클로디어스가 왕이 되어 이미 권력을 장악한 상태이기 때문이다. 유령의 명령을 피하면 햄릿은 겁쟁이가 될 것이고, 그것을 행하려면 위험과 비난을 무릅써야 할 것이다. 햄릿은 두 가지 선택, 즉 불명예와 비난 사이에서 하나를 택해야 하는 상황에 직면한다. 그러므로 이는 그 자신이 "피할 수 없는 비극"이다(Hallett 189-90). 햄릿은 어쩔 수 없이 서로 상충되는 두 가치체계, 즉 이교도적 복수윤리와 개인적 복수를 금하는 기독교적 전통 사이에서 동요한다.

햄릿은 "복수하고야 말겠다"(1.5.31)고 하면서 아버지의 원수를 갚으려고 하지만, 몇 행 뒤에서는 "악령이 아닐지도 몰라"(1.5.138)라고 말하면서 복수하기를 꺼린다. 햄릿은 자신에게 부여된 유령의 명령을 부담스럽게 생각한다. "이 시대는 관절이 어긋나 있구나. 아! 얼마나 저주받은 운명인가? 어긋난 관절을 제 자리에 맞춰 넣어야 하는 운명으로 태어나다니!"(1.5.188-90). 이교도적 윤리에 따르면 공적이든 사적이든 아버지의 살인자를 죽여 복수하는 것은 명예로운 행동이다. 그러나 기독교적 관점에서는 그 어떤 살해도 불명예스런 행동이다(Newell 46). 양자 사이에서 하나를 택해야 할 운명이 햄릿이 직면한 딜레마이다. 햄릿은 유령이 자신을 속여 죄를 범하도록 유혹하는 "악마"(2.2.599)일지도 모른다고 생각하면서 유령의 정체성을 의심한다. 또한 사적인 복수 행위는 엘리자베스 시대의 윤리적 관점에서 명백한 범죄행위에 해당한다(Bowers, "Hamlet as Minister and Scourge" 744).

유령을 두고 여기서 햄릿이 보여주고 있는 태도는 엘리자베스 시대에 실제로 존재했다. 사실 햄릿의 행동은 유령이 진술한 내용의 진실성 여부가 판가름나고, 클로디어스의 범죄가 확실히 드러나기 전까지는 지연이라고 할 수 없을지도 모른다. 햄릿은 클로디어스의 범죄를 확증하고 행동하기 위한 근거를 얻기 위해 극중극을 사용한다. 극중극은 아버지의 살해 장면과 유사한 사건을 다룬 '쥐덫'(The Mousetrap)이란 극으로, 클로디어스의 양심을 포착하려는 덫이며 유령이 진술한 내용의 신빙성을 테스트하기 위한 장치이이다. 극중극에서 루시아너스(Lucianus)가 잠자는 자의 귀에 독약을 부어 넣는데, 이 장면에서 클로디어스는 일어나 황급히 나가 버린다. 그 순간 햄릿은 클로디어스의 범죄를 확신하고 복수를 결심하고 다음과 같이 말한다. "이제 나는 뜨거운 피를 마시고, 낮이 보게 된다면 사지를 떨만한 무시무시한 소행을 저지를 수 있을 것 같다"(3.2.390-92). 클로디어스가 범죄의 증거를 드러내는 이 장면은 극 전체의 절정 부분으로, 이 장면 이후 햄릿의 행동은 논란의 여지를 남긴다. 햄릿은 여전히 행동하지 않기 때문이다.

3막 3장에서 햄릿은 클로디어스가 기도하고 있을 때 그를 죽일 수 있는 절호의 기회를 얻지만 죽이지 않는다. 기도할 때 클로디어스를 죽이는 것은 그를 천국으로 보내주는 행위이고, 이는 "복수가 아니라 품삯을 받고 일을 해 주는"(3.3.79) 행동이 될 것이라고 생각하기 때문이다. 그러나 클로디어스 자신의 말에 드러나듯이 그의 기도행위에 구원의 기미는 드러나지 않는다. "내 말은 허공으로 날아가고, 생각은 땅 아래 남는구나! 생각이 담기지 않은 빈 말이 하늘에 닿을 리 없지"(3.3.97-98). 햄릿의 자기변명은 자신의 행동 지연에 대한 적절한 답이 될 수 없다. 이 시점에서 햄릿은 "자신의 기준에 따른 복수와 삶"의 이상적 모형을 설정하고 복수 자체가 아니라 복수의 방법을 고려한다(Rose 132-33). 햄릿은 행동하지 않고 무엇인가를 생각하고 기다리며, 이 기다림은 이 극을 이해하는 핵심이다. 『햄릿』은 무엇인가를 기다리고 또 기다리는 한 인간에 대한 이야기이다. 햄릿이 기다리는 것은 양심에 저촉되지 않고 하나님에게도 인정받을 수 있는 공적인 정의이고 공적인 복수이다. 유령의 진술이 사실로 드러났다 해도 햄릿은 행동하지 않는다. 복수하라는 유령의 명령은 당대의 관점에서 볼 때 여전히 윤리적, 종교적 문제를 안고 있기 때문이다.

Ⅱ

엘리자베스 시대의 법은 사적인 복수를 금지하고 사적인 복수를 행한 자를 처벌했다. 교회의 가르침이나 윤리적 관점에서는 어떤 상황에서 행해진 어떤 형태의 개인적 복수도 비난을 면치 못했다. 이는 정신과 영혼의 타락 행위이며 법에 대한 저항으로 간주되었기 때문이다(Prosser 5). 튜더왕조 시대에는 전반적으로 사적 복수에 대한 혐오감이 만연했고, 사적인 복수가 무질서의 순환으로 이어질 수 있다는 인식과 두려움이 팽배했다. 엘리자베스 시대의 윤리적 종교적 가르침에서도 복수는 분명한 정죄의 대상이었다. 도덕주의자들은 사적인 복수를 "비합법적, 신성 모독적, 비도덕적, 비이성적인, 부자연스런, 그리고 불건전한" 행동으로 간주하고 그 죄를 물었다. 그들은 어떠한 경우라도 복수는 "정의를 불가능하게 하는 것"이며, 복수를 행하는 자는 자신의 영혼을 더럽히고 위험에 빠뜨려 영원한 저주로 몰고 간다고 가르쳤다(Prosser 7-10). 성경에서는 복수가 사람에게 속한 것이 아니라 하나님께 속한 일이라고 하면서 사적인 복수가 하나님을 향한 신성모독죄라고 밝히고 있다. "너희가 친히 원수를 갚지 말고 진노하심에 맡기라"(로마서12:19)는 가르침과 "원수 갚는 것이 내게 있으니 내가 갚으리라"(히브리서10:30)는 말씀은 엘리자베스 시대의 교훈적 작품들뿐만 아니라 모든 문학작품에 반영된 중요한 가르침이다(Campbell 283-84, Prosser 6).

셰익스피어와 동시대인인 라티에(Latimer) 주교는, 사적인 복수를 행하도록 우리를 유혹하는 것은 마귀이니 친족의 복수를 금하라고 가르쳤다. "내게 잘못을 행한 사람, 내 삶을 앗아간 자 또는 내 이름을 더럽힌 자가 있다. 마귀는 나로 하여금 그에게 앙갚음하고, 다른 악을 행하고, 직접 복수하라고 하면서 대적하도록 나를 동요하게 만든다. 내 마음속에 그와 같은 움직임이 일어날 때 나는 저항해야 한다. 분투해야 한다. 하나님께서 '나로 복수하게 하라'(*Mihi vindicta*), 그리고 '내가 그의 잘못을 심판하리라'(*Ego Retribuam*)고 하신 말씀을 생각해야 한다"(qtd. Frye 23). 사적인 복수 문제와 관련된 르네상스 시대 최고의 진술 중 하나는 1594년 출판된 『인간의 영혼과 육체에 관하여』(*Concerning the Soule and Body of Man*)에 나오는 다음과 같은 내용이다.

> 하나님께서 원수 갚는 일을 자신에게 속한 것으로 간주하셨고 친히 갚으시겠다고 약속하셨기에, 그 누구라도 원수를 갚으려고 마음먹는 것은 옳지 못한 일이며 실제로 원수를 갚을 수도 없다. 다른 사람에게 해를 입히는 것은 그 사람의 영혼이며 몸은 마음의 도구에 불과하기 때문이다. …… 오직 하나님만이 살인자의 영혼을 두고 복수하실 수 있으며 몸과 함께 능히 그 영혼을 지옥 불에 던지실 수 있는 분이시다. …… 그러므로 모든 사적인 복수가 악한 것이며, 악으로 악을 갚지 말고 선으로 악을 갚으라고 명령하신 하나님께서 친히 복수를 금지한 것이라는 결론을 내릴 수 있다. (qtd. Campbell 287-88)

복수에 관련된 거의 모든 엘리자베스 시대 문서들이 개인적 복수에 동의하지 않았다는 것은 의심의 여지가 없으며, 엘리자베스 시대 도덕가들과 사제들은 "금욕주의적 인내심과 기독교적 참을성"을 다음과 같이 가르쳤다. "상처가 아무리 고통스럽다 해도, 기독교인이라면 사람, 자연, 또는 운명에 의한 곤경을 받아들여야 하고, 곤경을 겪는 것이 불가피하다는 걸 인식해야 한다. 또한 이에 대한 치유가 신의 손에 주어져있다는 것을 이해해야 한다"(Prosser 12). 엘리자베스 시대의 윤리와 법률기관과 교회를 포함한 대부분의 공적 기관들은 모두 사적인 복수를 정죄했다. 그럼에도 불구하고 이러한 공식적 규약은 도전 받는다. 바우어즈의 주장에 따르면, 엘리자베스 시대의 일반인들은 "사적인 복수를 정죄하는 그 시대의 윤리적 종교적 견해에 동의하지 않았고, 자신들에게 가해진 어떤 해에 대한 개인적 복수를 명예롭게 여기는 더 강력한 관습"을 따르는 것을 의무라고 느꼈다. 또한 "적절한 법적 증거의 부족으로 법이 다룰 수 없는 비열한 살인자"를 두고 아들이 복수했다고 해서 그것을 나무라는 일반인들은 거의 없었다(*Elizabethan* 37, 40).

햄릿은 가치 없는 조그만 땅덩어리를 얻기 위해 폴란드로 가는 포틴브라스(Fortinbras)의 군대를 보면서 다음과 같이 말한다.

> 달걀껍질만한 땅덩어리를 얻기 위해 진군하는구나.
> 진정으로 위대한 행위란 큰 명분 없이는 쉽사리 동하지 않지만,
> 명예라는 것이 걸려 있을 때는 지푸라기 하나를 두고서라도
> 죽음을 건 싸움을 벌이는 법. 그런데 난 무얼 하고 있단 말인가?
> 그놈은 내 아버님을 살해하고, 내 어머님을 더럽히고,
> 그리하여 난, 이성과 격정을 폭발시킬만한 충분한 이유를 가지고서도
> 이 모든 것들을 잠재우고 있으니. (4.4.53-59)

햄릿은 하찮은 명분을 가지고 원정길에 오른 포틴브라스를 보면서 충분한 명분을 갖고서도 행동하지 않는 자신을 비난한다. 당대의 관객들은 사적인 복수를 "하나님에게 대적하는 범죄라기보다는 미덕이며 명예로운 의무"라고 생각했다(Prosser 13). 사실 명예에 대한 일반인의 관례와 엘리자베스 시대의 규

범 사이에는 모순이 존재했다. 일반인들은 사적 복수를 명예로운 일로 간주하기도 했지만, 모든 공적인 제도들은 사적인 복수를 죄로 규정하고 엄격하게 금지했기 때문이다.

공적 영역에서는 "복수에 대한 만장일치에 가까운 정죄"가 기정사실이 되었음에도 불구하고, 일반 관객들의 취향에 호소하는 많은 복수극들이 엘리자베스 시대에 나타났으며, 복수는 무대 위에서 대단히 인기 있는 주제였다(Goddard 334-35, Prosser 23). 사적인 복수가 공적인 영역에서는 허용되지 않았지만, 엘리자베스 시대의 일반인들은 여전히 친족의 억울한 죽음을 복수하는 사람 편을 들었다. 사적인 복수를 인정하지 않은 많은 설교문과 문학작품들조차도 어떤 특수한 상황 아래 죽임을 당한 아버지나 친척의 복수를 두고는 일반인들의 강력한 공감대가 있었음을 시사하고 있다(Quinn 684).

중세부터 이어져 내려오는 전통적 도덕 사상에 의하면, 아버지를 위한 아들의 복수는 반박의 여지가 없는 신성한 의무였다(Bradley 82). 엘리자베스 시대의 일반인들은 햄릿이 아버지의 죽음에 대해 복수해야 한다고 믿었으며, 햄릿의 복수를 신성한 의무로 받아들였다. 햄릿은 연극의 목적이 "자연에 거울을 들이대어" 비추고 "그 시대의 참다운 모습과 양상을 그대로" 보여주는 것이라고 말한 바 있다(3.2.21-24). 햄릿은 자신이 그 시대의 거울이 되어 아버지의 죽음을 복수하려고 한다. 그러나 그 복수의 대상은 권력을 가진 왕이며 계부인 클로디어스이다. 이것이 햄릿의 복수를 대단히 어렵게 만든다.

프로서의 지적을 따르면 아들이 아버지의 죽음을 복수해야 한다고 믿었던 엘리자베스 시대 일반인들에게는 오랜 기간을 통해 형성된 "복수를 승인하는 일반적 통념"이, 복수를 정죄한 그 시대의 공식적인 규약이나 법보다 더 큰 영향력 있었다. 그러므로 복수극을 관람하는 엘리자베스 시대의 관객들은 아마 자신들이 배워온 것과 실제로 느끼는 것 사이의 딜레마에 빠져 곤란한 상태를 체험했을 것이다. 사실 이 시대의 많은 문서들은, 피의 복수를 정죄하는 공식적 규약과 아버지를 위한 아들의 복수를 허용하는 명예의 관례 사이에서의 갈등이나 "사람들이 하기 원하는 것과 행한 것 그리고 해야만 하는 것" 사이의 갈등을 보여주고 있다(Prosser 4, 24).

Ⅲ

벤틀리(Eric Bentley)의 주장에 따르면 『햄릿』에서 복수 주제와 관련된 모호성은 극 자체의 것일 뿐 아니라 "어느 쪽으로도 분명히 결정될 수 없는 삼중의 기준—용서에 대한 설교, 정의에 대한 믿음, 복수의 실행—을 가지고 있는 그 시대 전체의 모호성"이다(331). 엘리자베스 시대의 사람들은 햄릿의 개인적 복수에는 공감하지만 복수심에 불타는 무자비한 복수에는 동의하지 않았을 것이다. 그리하여 그들은 도덕적 딜레마에 빠지게 되었을 것이며, 이는 곧 햄릿의 딜레마이다. 햄릿이란 인물은 복수를 두고 고뇌하며 무자비한 복수를 행하지 않기 위해 무진 애를 쓴다. 당대의 관객들은 그 시대 다른 복수극의 주인공들이 보여주었던 관례적인 피의 복수를 피하려는 햄릿을 보면서, 그의 행동이 잘못이라고 느끼지는 않았을 것이다. 셰익스피어는 햄릿을 재현하면서 복수라는 관례뿐만 아니라 엘리자베스 시대의 법과 규범을 결코 망각하지 않았다. 그는 복수극을 즐기는 관객의 본성에 호소하려고 했지만, 동시에 햄릿을 그 시대의 도덕적 가르침을 잊어버린 잔인한 복수자로 만들고 싶지는 않았다. 그런데 이는 셰익스피어나 그의 주인공 햄릿이 직면한 딜레마였다. 그러나 셰익스피어가 클로디어스의 범죄를 만천하에 드러내면서 햄릿을 공적 복수를 행하는 자 또는 신의 손을 통해 정의를 실행하는 대리인으로 만들었을 때, 그 딜레마는 해결된다. 이를 통해 셰익스피어는 엘리자베스 시대 관객들의 강력한 공감을 이끌어낸다. 무자비한 복수를 삼가려는 햄릿의 행동은 관객들의 도덕적 판단을 깨뜨리지 않으면서 정서적 승인을 얻어 낼 수 있었다고 볼 수 있기 때문이다.

3막 4장에서 어머니 거트루드와 대화하던 햄릿은 숨어서 엿듣던 폴로니어스를 죽이는데, 햄릿은 폴로니어스의 죽음을 두고 다음과 같이 겸허하게 말한다.

> 이 영감을 죽인 것은 유감으로 생각합니다.
> 하지만 이는 하느님의 뜻. 이 사람을 살해함으로써
> 하느님은 저를 벌주시고, 나로 하여금 그를 처벌하게 하셨죠.
> 저는 하느님의 응징의 도구이자 대리인이죠. (3.4.172-75)

햄릿은 자신을 "응징의 도구"(scourge)인 동시에 하느님의 "대리인"(minister)이라고 말하는데, 여기서 "응징의 도구"는 "대리인"과 대비되는 개념이다. 프로서에 따르면 응징의 도구는 저주받을 죄인으로 생각되었고 하나님의 대리인은 "신성한 대리인"으로 간주되었다(199). 이 지점에서 햄릿은 폴로니어스에 대한 자신의 행위를 공적 복수의 일환으로 여긴다. 한편 햄릿은 자신을 "응징의 도구"로 인식하고, 이를 자신에게 주어진 벌로 받아들인다(Skulsky 85). 햄릿은 무고한 폴로니어스를 죽인 자신이 결코 용서받을 수 없으리라는 것을 깨닫는다.

"응징의 도구와 대리인"은 바우어즈의 주장에 의하면 대단히 중요한 단어이다. "응징의 도구는 악을 행하는" 존재이며, 그 도구는 자신이 행한 악으로 인해 고통 받고 저주를 받는다. 반면 "대리인"은 악으로부터 자유로운 존재이다. "사적으로 복수하는 응징의 도구 또는 공적으로 복수하는 대리인"라는 햄릿 자신의 선언은 햄릿의 행동을 두고 판단을 내리려는 관객들로 하여금 갈피를 잡지 못하게 만든다. 만약 햄릿이 응징의 도구라면 그는 "죄를 짓는 사적인 복수자"가 될 것이며 그의 손은 악과 범죄로 얼룩지게 될 것이다. 만약 그가 대리인이라면 하나님에 의해 적절한 복수 기회가 제공될 것이며, 그는 공적 복수의 대리자가 될 것이다(Bowers, "Hamlet" 743-45)

당대의 종교적 관점에서 응징의 도구는 "보복적 정의의 대행자"로 간주되었다(Dent 83). 응징의 도구로 행동하든 대리인으로 행동하든 햄릿은 레어티즈(Laertes)와는 다른 인물이다. 햄릿이 정의를 위한 하나님의 도구라면, 레어티즈는 악한 클로디어스의 도구이다. 두 사람 모두 아버지의 원수를 갚으려 하지만 그들의 행동 양상은 판이하게 다르다. 햄릿은 다른 복수극에서 복수하는 자들보다 훨씬 수동적이고 도구적인 인물이며, 복수에 관련된 그의 역할은 본질적으로 "기다리는 역할"이다(Gardner 145). 생각하고 기다리고 지연하는 것은 햄릿 성격의 일부이다. 햄릿은 자신의 행동이 그 자신이 아니라 하느님에 의해서 결정된다고 믿으며, 하나님이 자신을 "하나님의 뜻을 성취하기 위한 도구"가 되게 하려고 준비하고 있다는 것을 깨닫는다. 햄릿 자신의 손이 아니라 오직 하나님의 뜻에 의해 악이 덴마크 왕국에서 악이 제거될 것이다(Shafer 30).

영국으로 가던 도중 다시 덴마크로 돌아오면서 햄릿은 더 이상 자신이 개인적 존재가 아니라는 걸 깨닫는다. 그는 자신이 아버지의 뒤를 이어 적법한 덴마크 왕이 될 존재라는 것을 인식하고, "나는 덴마크의 왕자 햄릿"(5.1.258)이라고 선언한다. 뿐만 아니라 햄릿은 덴마크의 왕자로서, 클로디어스가 어지럽힌 왕국의 도덕적 질서를 회복시킬 의무가 있으며, 악의 실체인 클로디어스를 제거해야 할 공적인 의무가 있음을 깨닫고 다음과 같이 말한다.

> 자넨 나의 의무라고 생각하지 않는가?

내 아버질 죽이고, 내 어머닐 간음하고,
불쑥 끼어들어 내가 왕이 되는 희망을 깨어버린 놈!
나의 생명을 낚으려고 낚시를 드리우는 등,
이루 말할 수 없을 정도로 가지가지 속임수를 쓴 놈!
그런 놈을 내 손으로 처단하는 것은 당연한 일이 아니겠는가?
이런 암적 존재를 방치해 세상에서 더 큰 악을 범하도록 한다면,
그야말로 저주받은 일이 아니겠는가? (5.2.63-70)

햄릿의 말은 의문형으로 제시되고 있다. 그러나 그는 클로디어스가 "암적 존재"이며 악 그 자체라고 확신한다. 햄릿의 행동은 클로디어스가 오염시킨 덴마크에 유익한 결과를 가져올 것이기에 공적인 복수가 될 것이다. 그러나 복수하느냐 마느냐는 햄릿 자신의 손이 아니라 하나님의 손에 달려 있다.

햄릿은 친구 호레이쇼(Horatio)에게 "인간의 생명이란 어차피 하나를 셀 틈도 없을 만큼 짧은 것"(5.2.74)이라고 말하고, "그 어느 누구도 사후의 일을 알 수 없는데, 세상을 일찍 떠난들 아쉬울 것이 뭐 있겠나?"(5.2.223-24)라고 말한다. 햄릿은 이제 자살을 망설이게 하고 복수를 주저하게 하는 그 "미지의 세계"를 더 이상 두려워하지 않는다(Hallett 215). 햄릿은 악의 왕국을 구제하고 왕국의 질서를 바로 세워야 한다는 심적 부담을 지고 있지만, 이제 그는 모든 것이 자신의 뜻이 아니라 하느님의 손에 달려있음을 인식하고 다음과 같이 말한다. "우리 인간들이 대충 일을 벌여 놓는다 해도 그걸 말끔하게 마무리하시는 하느님의 뜻이 있다"(5.2.10-11). 이는 햄릿이 하느님의 뜻을 분명히 인식하고 있다는 것을 보여준다. 이제 햄릿은 복수의 문제로부터 분리된 사람처럼 보인다(Rose 142). 그러나 작품 전반부의 햄릿의 모습은 이와는 다르다.

사실 햄릿은 복수에 집착하며 "노도같이 밀려드는 재앙" 속에 살았다. 복수를 통해 자식의 의무를 다하려는 햄릿의 열망은 이성으로 자신의 열정을 통제

하려는 소망과 대립한다. 햄릿은 과도한 열정으로부터 자유롭게 되기를 원하며 자신의 자아를 스스로 다스릴 수 있는 자가 되기를 갈망한다(Rose 134). 그러나 유령의 명령에 묶인 또 다른 쪽의 햄릿은 아버지의 복수를 갈망하여 격정적인 인물이 될 것이다. 아버지의 급작스런 죽음과 어머니의 성급한 재혼으로 염세적인 인물이 된 햄릿은 모든 여성을 혐오한다. 그리하여 어머니에게 "약한 자여! 그대 이름은 여자니라"(1.2.146)라고 외치고, 오필리어(Ophilia)에게 "수녀원으로 가라"고 외친다(3.1.129). 나아가 햄릿은 주위의 모든 인물들을 혐오하며, 특히 사악한 클로디어스와 클로디어스 주위에 있는 모든 위선자들을 혐오한다. 그리하여 햄릿은 삶의 모든 기쁨을 잃었으며 아름다운 우주는 영원히 사라졌다고 말한다. "아름답고 훌륭한 대지도 바다로 튀어나온 황량한 바위 덩어리로 보인다"(2.2.298-99)고 했던 햄릿은 인간을 두고 다음과 같이 말한다.

> 인간이란 그 얼마나 멋들어진 걸작인가! 그 이성은 얼마나
> 고매하고, 그 능력은 얼마나 무한한가? 그 자태와 거동은 얼마나
> 우아하고 경탄할 만한가? 그 행동은 천사와 같고,
> 이해력은 얼마나 신에 필적할만한가? 이 세상의 아름다움이요,
> 만물의 영장이 아니던가? 그런데 나에게는 인간이
> 한낱 진토(塵土)로밖에 보이질 않다니! (2.2.303-308)

"인간이란 그 얼마나 멋들어진 걸작인가"를 두고 감탄하던 햄릿은 갑자기 인간 본성과 우주에 관해 염세적으로 반응하며 "인간이 한낱 진토로밖에 보이지 않아"라고 외친다. 여기서 그의 염세주의는 아버지의 갑작스런 죽음, 어머니와 숙부의 근친상간적인 결혼, 연인인 오필리어의 배신, 친구인 로전크랜츠와 길든스턴의 배신에 연유한다. 햄릿은 아버지의 죽음, 어머니의 재혼, 그리고 친구와 연인의 배신으로 인해 고통 받았다. 아버지는 알 수 없는 이유로 돌

아가시고, 어머니는 아버지가 돌아가신지 한 달도 지나지 않아 기름기가 도는 숙부의 침상으로 들어가고, 친구들은 자신을 정탐하고, 연인이었던 오필리어도 폴로니어스의 사주를 받아 햄릿을 정탐한다. 아버지의 상실과 이상적인 어머니의 상실, 그리고 친구와 연인의 상실은 햄릿을 절망으로 몰아넣는다. 3막 1장의 다음 독백은 햄릿의 이런 심경을 잘 대변하고 있다.

> 참느냐, 마느냐. 그것이 문제로구나.
> 이 포악한 운명의 돌팔매와 화살을
> 참고 견디는 것이 고상한 일인가? 아니면,
> 무기를 들어 밀려오는 고난의 바다에 대항해
> 이를 근절시키는 것이 더 고상한 일인가?
> 죽는다, 잠든다, 그뿐이다. 잠듦으로써
> 육신이 받는 온갖 고통과 번뇌를 끝장낼 수 있다면,
> 이는 우리가 바라는 삶의 극치가 아니겠는가?
> 죽는다, 잠든다. 잠들 뿐이다.
> 그러면 꿈을 꾸겠지. 아, 그게 문제로구나.
> 우리가 이 삶의 굴레를 벗어났을 때,
> 죽음과도 같은 잠 속에서 어떤 꿈을 꾸게 될 것인지가,
> 우리를 망설이게 하는구나. 그것이 바로
> 이 기나긴 인생을 불행하게 만드는 이유가 아니겠는가? (3.1.55-68)

햄릿은 이어 "죽음 뒤에 닥쳐 올 그 무엇에 대한 두려움과 나그네 한 번 가면 다시는 돌아 올 수 없는 미지의 세계"가 햄릿 자신의 결심을 망설이게 하고, 미지의 세계로 날아가느니 차라리 현세에서 당하는 번뇌를 참고 견디도록 한다고 말한다. 햄릿 자신의 분석에 따르면 분별심이 자신을 겁쟁이로 만들어 행동력을 상실해버리고 말았다. 사실 햄릿은 분별력을 잃고 격정의 노예가 되는

것을 무엇보다도 두려워한다. 격정의 노예가 되는 것이 악의 지름길이라고 생각하기 때문이다. 격정에 사로잡히는 것을 두려워하는 햄릿은 이성과 감정이 적절한 균형을 이룬 호레이쇼를 다음과 같이 칭찬한다.

> 자넨 온갖 고통을 겪으면서도 아무렇지도 않은 양,
> 운명이 주는 고통이든 은총이든,
> 이 둘을 똑같이 감사하는 마음으로 받아들인 사람이었지.
> 감정과 이성이 멋지게 조화를 이루어,
> 운명의 여신의 손가락 끝에서 놀아나지 않고,
> 그녀가 원하는 피리소리가 아니라
> 자신의 소리를 낼 수 있는 사람은 축복받은 사람이지.
> 격정의 노예가 아닌 사람이 있다면 내게 소개해 주게.
> 나는 내 마음속 한 가운데 그를 간직하겠네.
> 내가 자네를 대할 때처럼 말일세. (3.2.65-74)

햄릿은 자신을 무자비한 복수를 수행하는 자가 되도록 이끄는 격정의 노예가 되기를 꺼린다. 햄릿은 "격정의 노예"가 되지 않기 위해, 운명의 여신의 손가락에서 놀아나는 피리 같은 신세가 되지 않기 위해 분투한다. 사실 햄릿은 결코 "자신의 것이 아닌 곡조"나 "관습적인 복수자의 격정적 음악소리"를 내지 않는다(Rose 135). 엘리자베스 시대의 개념에 따르면 격정이란 인간을 악과 죄로 이끄는 치명적인 기질이다. 그러나 이성을 통해 끊임없이 격정을 억누르려고 노력하는 햄릿은 격정의 노예가 되지는 않을 것이다. 오필리어는 햄릿을 그 시대의 도덕성과 종교적 가르침이 체화된 이상적 남성으로 묘사한다. 그녀의 말처럼 햄릿은 "예의범절의 귀감이며 모든 이가 존경했던 분"(3.2.153-54)으로 결코 격정의 노예가 되어 죄를 짓지는 않을 것이다. 셰익스피어 또한 햄릿을 제어할 수 없을 만큼 복수를 갈망하는 잔인한 복수자로 만들지는 않았을 것이다. 도덕적인 인간인 햄릿에게 부도덕한 사회에서의 갈등은 불가피하다. 그럼에도 불구하고 극의 마지막 막에서, 햄릿은 더 이상 복수에 대해 연연하지 않으며, 더 이상 자신의 인생을 홀로 만들어 가려고 하지 않는다. 그리하여 햄릿은 공적 복수를 행하려는 명확한 계획조차 없는 인물처럼 보인다. 공적인 복수, 즉 정의 실현은 하나님에 의해 주어질 것이다. 햄릿은 자신의 행동을 다듬어 줄 뿐만 아니라 왕국에 정의를 가져올 하나님의 섭리를 기다린다.

햄릿은 레이터즈와의 검술경기 직전, 암울한 죽음의 그림자를 예감하지만 그 "전조"를 무시한다. "참새 한 마리가 떨어지는 데에도 하나님의 특별한 섭리가 있는 법"(5.2.219-20)이라는 햄릿의 대사는 그가 신의 뜻을 분명히 인식하고 있음을 보여주는 증거가 될 것이며, 또한 극의 실마리를 푸는 열쇠가 될 것이다. 햄릿은 자신을 참새로 간주하는데, 이는 신 앞에 겸허한 자세를 취한 햄릿의 모습을 보여준다. 햄릿은 또한 더 이상 자신의 의지로 왕국의 질서를 회복시키려는 오만한 왕자가 아니다. 이제 그는 세상만사에 대한 "금욕주의적 수용"을 보여준다. 또한 그는 본질적으로 비극적 존재인 인간의 한계를 인식한다 (Shafer 31-32). 마침내 햄릿은 모든 것이 하나님의 손에 달려 있고, 자신이 모든 걸 알 수는 없는 미약한 존재라는 것을 깨닫는다.

> 참새 한 마리가 떨어지는 데에도 하나님의 특별한 섭리가 있는 법.
> 죽음이란, 지금 오면 장차 오지 않을 것이고, 장차 오지 않으면
> 지금 올 것이 아닌가? 지금 오지 않더라도, 언젠가는 오고 마는 법.
> 마음의 준비가 제일이야. 그 어느 누구도 사후의 일을 알 수 없는데,
> 세상을 일찍 떠난들 아쉬울 것이 뭐 있겠나? 순리에 따르도록 하세.
> (5.2.219-24)

햄릿은 세상을 있는 그대로 받아들이며 인내심을 가지게 되고 영적으로 성숙하게 된다. 죽음을 직면하는 것을 더 이상 두려워하지 않으며 "자살을 반대하는 법을 정한 하나님"을 두고 더 이상 불평하지 않는다. 그가 "준비가 제일이야"라고 말할 때 햄릿의 지연은 "준비"로 변형되며, 그것은 '지연'에 대한 새로운 이유가 될 것이다. 그런데 이는 인간 세계에 정의를 가져오는 신의 뜻을 기다린다는 것을 함의한다. 햄릿은 "하나님의 뜻에 자신의 의지를 위탁하는 것"을 통해 딜레마에 대한 해결책을 찾는다. 할렛(Charles A. Hallett)의 주장을 따르면 햄릿의 딜레마는 "인간의 딜레마"이며, 그 유일한 해결책은 "인간이 그런 상황에 처해 있음을 인정하고 그것을 인간존재의 불가피한 조건의 일부"로 받아들이는 것이다(216-17).

햄릿이 과연 아버지의 복수 명령을 잊었을까? 그렇지는 않다. 햄릿은 여전히 클로디어스를 죽이기 원하지만 이제 그 방법을 찾으려고 애쓰지 않고 이에 대해 그리 큰 염려도 하지 않는다. 그는 사적인 피의 복수가 아니라 공적 복수와 정의를 추구하면서 하나님이 제공하는 적절한 순간을 기다리기 때문이다. 클로디어스가 햄릿을 죽이려는 악의적인 계획을 세웠을 때도 햄릿은 무자비한 방법으로 클로디어스를 죽이려고 하지 않는다. 그리고 그는 "피로 물든 부도덕한 범죄"로부터 자신을 구해줄 공적 정의의 실마리를 찾게 된다. 극의 마지막에 이르면, 클로디어스의 죄는 더 이상 자신만의 비밀이 아니다. 마침내 클로디어스의 배신행위는 물론, 술잔에 독을 타 햄릿을 독살하려고 했던 죄에다, 레어티즈를 통해 햄릿을 살해하려던 죄까지 만천하에 드러난다. 클로디어스가, 햄릿의 말처럼, "잔인하고 음탕한 악당! 잔혹하고, 음흉하고, 음탕하고, 해괴한 악당!"(2.2.580-81)이라는 것은 의심의 여지가 없다. 이제 햄릿은 다음과 같이 외치면서 클로디어스를 죽인다. "근친상간에다 살인까지 저지른 저주받을 놈, 이 독 잔을 비워라"(5.2.325-26). 클로디어스의 행위는 미리 계획된 것이었던 반면 이 지점에서 햄릿의 행동은 미리 계획된 것이 아니다.

셰익스피어는 햄릿 자신도 죽음을 면치 못하게 하여 햄릿을 타인의 피를 흘리게 한 죄로부터 면제시키고, 클로디어스를 공개적으로 처형함으로써 그것이 "정의의 대리인"으로서의 행위였음을 보여준다(Bowers, "Hamlet" 748-49). 가드너(Helen Gardner)는 공적으로 그 죄상이 만천하에 드러난 클로디어스를 죽이는 햄릿의 마지막 행동을 "암살자가 아니라 심판자"로서의 행동으로 간주하고(146), 리브너(Ribner)는 "공적 의무의 합법적 행위로, 하나님의 대리인으로서의 행위"로 간주한다(81). 당대의 관객들은 왕위 찬탈자요 살인자인 클로디어스를 죽인 햄릿의 행동을 정의로운 보복이요 공적 정의의 실현으로 받아들였을 것이다(Frye 30). 그리하여 엘리자베스 시대의 복수윤리에 대한 공식적 규범과 복수에 대한 일반인들의 관례 사이에 존재하는 모순과 불일치가 햄릿의 이 마지막 행동을 통해 허물어지고 있다고 해도 과언이 아니다.

Ⅳ

엘리자베스 시대 사람들은 복수극을 즐겼고 복수에 대한 법적 금지 조치가 도리어 "그 드라마에 향료로 첨가되어" 복수극을 한층 더 매력적인 장르가 되게 했다. 그들은 "금단의 열매를 먹었다." 복수극은 오늘날 스릴러 영화와 같은 것이며 복수는 "금지되어 있다는 바로 그 이유로 인해 무엇보다도 흥미로운" 주제였다(McGee 12). 셰익스피어는 무대 위에서 무엇이 인기가 있고 없는가를 잘 알고 있었던 극작가였다. 그가 엘리자베스 시대 복수극과 비슷한 극적 모티브와 관습 그리고 소재를 어느 정도 이용했다는 것은 부인할 수 없는 사실이다. 『햄릿』에는 복수하려는 주인공이 등장하고, 햄릿에게 복수하도록 지시하는 유령이 있으며, 권모술수를 쓰는 인물들이 등장한다. 또한 오필리어의 광증과 햄릿의 가장된 광증이 재현되며, 클로디어스의 죄의 증거를 포착하려는 극중극이 등장하고, 마지막 장면에서는 많은 사람들이 피를 흘리며 죽는다. 이 모든 것이 복수극의 특징이다. 그러나 셰익스피어는 그런 관습과 소재를 다른 극작가들처럼 무분별하게 사용하지는 않았다. 그는 "옛 재료들로 새로운 극"을 만들었다(Thorndike 218). 셰익스피어는 인간 존재의 불명확성을 인식하는 정도에서, 그 시대의 핵심적인 복수 윤리의 딜레마를 재현하는 능력에서, 그리고 무엇보다도 인간 본성과 인간의 한계에 대한 깊이 있는 묘사에서 그 어떤 다른 극작가보다 앞서 있다.

햄릿이 정의를 기다리며 무자비한 복수를 지연한 것을 두고 감히 누가 비난할 수 있겠는가? 그의 기다림은 부정적인 면이 아니라 긍정적인 측면을 부각시킨다. 복수를 꺼리고 지연하는 행위로 인해 햄릿은 당대의 단순한 관습적인 복수 주인공이 아니라 르네상스 시대의 휴머니스트로 남게 된다. 겁쟁이로 만드는 분별심을 두려워하지만 오히려 그 분별심이 햄릿을 르네상스 시대의 휴머니스트가 되게 한다. 복수를 지연하고 있는 자신을 꾸짖지만 정의에 대한 햄릿의 기다림은 오히려 그를 기독교적 휴머니스트가 되게 한다. 『햄릿』은 공적 정의를 기다리는 주인공을 등장시켜 엘리자베스 시대의 다른 복수극들의 수준을 뛰어 넘는다. 무자비한 복수를 자행하는 자가 되기를 거부하면서 햄릿은 인간의 존엄성을 잃지 않았고, 열정의 노예나 상황의 꼭두각시가 되기를 거부하면서 신성한 정의의 대리자가 되었다. 공적 정의를 기다리며 불의를 지연하는 행동은 햄릿의 핵심적 행동이며, 이는 기독교적 관점에서 보나 엘리자베스 시대의 윤리적 관점으로 보나 타당한 행동이다. 햄릿의 행동은 클로디어스의 죄가 만천하에 드러나게 될 때까지 표면적으로는 '지연'되지만, 이는 공적인 정의의 '기다림'이다. 셰익스피어는 『햄릿』에서 끊임없이 회의하고 자기 분열을 체험하고 있는 햄릿이란 한 도덕적 주인공의 행위를 통해 인간의 무한한 가능성을 믿고 인간을 긍정하였던 당대의 휴머니즘과 인간과 세계에 대한 회의주의적 시각 사이에서 갈등하는 시대정신을 보여주고 있을 뿐만 아니라, 복수윤리에 관련된 엘리자베스 시대 사람들의 딜레마를 표출한다.

■ 인용문헌

Battenhouse, Roy. "The Ghost in *Hamlet*: A Catholic Linchpin?" *Studies in Philology* 48 (1951): 161-92.

Bentley, Eric. *The Life of the Drama.* New York, 1964.

Bowers, Fredson. *Elizabethan Revenge Tragedy.* Princeton: Princeton UP, 1940.

_____. "Hamlet as Minister and Scourge." *PMLA* 70 (1955): 740-49.

Bradley, A. C. *Shakespearean Tragedy.* 1904. 3rd ed. London: Macmillan, 1992.

Campbell, Lily B. "Theories of Revenge in Renaissance England." *Modern Philology* 28 (1931): 281-96.

Dent, R. W. "Hamlet: Scourge and Minister." *SQ* 29 (1978): 82-4.

Frye, Roland Mushat. *The Renaissance Hamlet: Issues and Responses in 1600.* New Haven, N.J.: Princeton UP, 1984.

Gardner, Helen. "The Historical Approach to *Hamlet*." *Shakespeare: Hamlet.* Ed. John Jump. London: Macmillan, 1968. 137-50.

Goddard, Harold C. *The Meaning of Shakespeare.* Vol.1. Chicago: U of Chicago P, 1960.

Hallett, Charles A. and Elaine S. Hallett. *The Revenger's Madness: A Study of Revenge Tragedy Motifs.* Lincoln: U of Nebraska P, 1980.

Joseph, Sister Miriam. "'*Hamlet*,' a Christian Tragedy." *Studies in Philology* 59-2 (1962): 119-40.

McGee, Arthur. *The Elizabethan Hamlet.* New Haven: Yale UP, 1987.

Newell, Alex. *The Soliloquies in* Hamlet: *The Structural Design.* London: Associated UP, 1991.

Prosser, Eleanor. Hamlet *and Revenge.* Stanford: Stanford UP, 1967.

Quinn, Edward G, ed. *The Reader's Encyclopedia of Shakespeare.* New York: Thomas Y. Crowell, 1966.

Ribner, Irving. *Patterns in Shakespearean Tragedy.* London: Methuen, 1960.

Rose, Mark. "*Hamlet* and the Shape of Revenge." *English Literary Renaissance* 1 (1971): 132-43.

Shafer, Ronald. "Hamlet: Christian or Humanist?" *Studies in Humanities* 17-1 (1990): 21-35.

Shakespeare, William. *Hamlet*. The Riverside Shakespeare. Ed. G. B. Evans. Boston: Houghton Mifflin, 1974.

Skulsky, Harold. "Revenge, Honor, and Conscience in *Hamlet*." *PMLA* 85 (1970): 78-87.

Stoll, Elmer Edgar. *Art and Artifice in Shakespeare.* Cambridge: Cambridge UP, 1933.

Thorndike, A. H. "*Hamlet* and Contemporary Revenge Plays." *PMLA* 17 (1902): 125-220.

Wilson, J. Dover. *What Happens in* Hamlet? London: Cambridge UP, 1976. rpt.

■ 작품인용 원문

(4.4.53-59) Even for an egg-shell. Rightly to be great/ Is not to stir without great argument,/ But greatly to find quarrel in a straw/ When honor's at the stake. How stand I then,/ That have a father kill'd, a mother stain'd,/ Excitements of my reason and my blood,/ And let all sleep.

(3.4.172-75) For this same lord,/ I do repent; but heaven hath pleas'd it so,/ To punish me with this and this with me,/ That I must be their scourge and minister.

(5.2.63-70) Does it not, think thee, stand me now upon—/ He that hath kill'd my king and whored my mother,/ Popp'd in between the election and my hopes,/ Thrown out his angle for my proper life,/ And with such coz'nage—is't not perfect conscience,/ To quit him with this arm? And is't not to be damn'd,/ To let this canker of our nature come/ In further evil?

(2.2.303-308) What [a] piece of work is a man, how noble in reason, how infinite in faculty, in form and moving how express and admirable in action, how like an angel in apprehension, how like a god! the beauty of the world! the paragon of animals; and yet to me what is this quintessence of dust?

(3.1.55-68) To be, or not to be, that is the question:/ Whether 'tis nobler in the mind to suffer/ The slings and arrows of outrageous fortune,/ Or to take arms against a sea of troubles,/ And by opposing end them? To die: to sleep—/ No more, and by a sleep to say we end/ The heart-ache and the thousand natural shocks/ That flesh is heir to; 'tis a consummation/ Devoutly to be wish'd. To die, to sleep—/ To sleep: perchance to dream—ay, there's the rub,/ For in that sleep of death what dreams may come,/ When we have shuffled off this mortal coil,/ Must give us pause; there's the respect/ That makes calamity of so long life:

(3.2.65-74) [F]or thou hast been/ As one, in suff'ring all that suffers nothing,/ A man that Fortune's buffets and rewards/ Hast ta'en with equal thanks; and blest are those/ Whose blood and judgment are so well co-meddled,/ That they are not a pipe for Fortune's finger/ To sound what stop she please. Give me that man/ That is not passion's slave, and I will wear him/ In my heart's core, ay, in my heart of heart,/ As I do thee.

(5.2.219-24) There's a special providence in the fall of a sparrow. If it be [now], 'tis not to come; if it be not to come, it will be now; if it be not now, yet it [will] come—the readiness is all. Since no man, of aught he leaves, knows what is't to leave betimes, let be.

4. 이미지와 주제: 『맥베스』

『햄릿』이 부도덕한 사회에서의 도덕적 인간에 관한 탐구라면, 『맥베스』(*Macbeth*)는 "도덕적 우주에서의 부도덕한 인간"에 관한 탐구이다(Walker 218). 『맥베스』는 야심을 가진 부도덕한 인간 맥베스가 도덕적 세계의 질서를 어떻게 뒤흔드는지, 그리고 그가 유린한 도덕적 질서가 어떻게 회복되는지를 보여주는 상징적인 작품이고, 야심을 둘러싸고 진행되는 악행에 대한 성숙하고 심오한 성찰을 보여주는 작품이다. 셰익스피어는 이 작품에서 다양한 이미지를 통해 자신의 의도와 주제를 효과적으로 구현한다. 이 작품은 도덕적 무질서가 야기하는 어둠의 세계를 재현하고 있으며, 밝음과 어둠 사이의 대조적인 이미저리는 선과 악 그리고 삶과 죽음을 비추어낸다(Muir, "Introduction" 45). "암흑의 앞잡이"라고 알려진 마녀들은 맥베스(Macbeth)가 왕이 되도록 유혹하고, 검은 야심을 가진 맥베스는 칠흑 같은 어둠 속에서 던컨(Duncan) 왕을 살해한다. 죽음과 악과 관련된 암흑의 이미지는 작품의 전반부에서 가장 두드러진 이미지이며, 암흑의 이미지는 생명과 선을 상기시키는 빛의 이미지와 대조를 이룬다. 살해 이후 빈번하게 등장하는 선홍빛 피의 이미지 역시 죽음과 공포와 연관된 이미지이며, 죄의 흔적 또는 악의 결과로서 작용한다. 맥베스는 던컨 왕을 살해한 후 자신의 손에 묻은 피를 보고 공포에 질리고, 뱅코우(Banquo)를 살해한 후에는 피투성이가 된 머리채를 흔들어대는 뱅코우의 환영을 보고 공포에 사로잡힌다. 이처럼 살해와 관련된 피는 죄의 흔적으로 또는 공포를 환기시키는 이미지로 작용한다.

작품의 후반부에 자주 등장하는 질병에 관한 이미지 역시 악과 어두움, 그리고 죽음과 관련된 이미지이다. 맥베스 부인(Lady Macbeth)은 양심의 가책으로 인해 잠 못 이루고 마침내 몽유병에 걸린다. 맥베스도 불안한 심경으로 인해 잠 못 이룬다. 스코틀랜드라는 국가는 맥베스의 폭정으로 인해 병에 걸린 사람처럼 신음하고, 그 병은 맥베스가 자행하는 악이 멈춰질 때 비로소 치유된다. 그러므로 이 작품에 형상화되고 있는 주요 이미지는 모두 맥베스의 악행과 관련된 이미지들이다. 이 글은 선과 악, 그리고 삶과 죽음의 주제를 드러내는 "빛과 어둠"의 이미지, 외양과 실재의 주제를 부각시키고 있는 "맞지 않는 옷"의 이미지, 부자연스러움을 환기시키는 "마녀"의 이미지, 살해와 공포와 연관된 "피"의 이미지, 동정심과 인정을 지시하기도 하고 이와는 대조적으로 잔인성을 환기시키기도 하는 "갓 태어난 아이"의 이미지, 고통과 죽음과 관련된 "병"과 "불면(不眠)"의 이미지를 논의하면서 『맥베스』의 주제를 드러내려는 작업이다.

I

1막 1장에서 천둥번개가 치는 가운데 마녀들이 나타나 도덕적 무질서를 예고하고 앞으로 전개될 “혼란스런” 양상을 예고한다. 마녀들은 먼저 “아름다운 것은 추하고 추한 것은 아름답다. 안개와 더러운 대기를 뚫고 날아가자”(Fair is foul, and foul is fair,/ Hover through the fog and filthy air. 1.1.11-12)고 말한다. “아름다운 것은 추하고, 추한 것은 아름답다”는 대사는 외양과 내실의 구분은 모호하고, 선과 악, 정의와 불의의 경계가 모호해지리라는 것을 암시하면서 가치관의 전도를 드러내는 말이다. 또한 맥베스가 앞으로 겪게 될 도덕적 갈등과 무질서, 그리고 “도덕적 암흑”을 예고하는 말이다(Knights 122). 맥베스는 칠흑 같은 밤에 “더러운 대기” 속을 걸어가 “추한” 것을 “아름다운” 것처럼 형상화하면서 도덕적 가치를 훼손하고 전도시킬 것이다. 왜냐하면 맥베스는 던컨 왕을 암살하여 그 자신을 그럴싸한 존재로 위장하고 왕이 되기 때문이다. 그러므로 『맥베스』에서 암흑의 이미지는 인간의 도덕적 무질서를 반영한 하는 중요한 이미지이다.

마녀들을 만나기도 전에 맥베스는 혼란스런 날씨를 두고 “그토록 추하고도 아름다운 날을 본 적이 없다”(so foul and fair a day I have not seen. 1.3.38)고 말한다. 맥베스가 아직 마녀들을 만나지 않았다 해도, 그의 영혼은 이미 마녀들과 연결되어 있다. 그의 대사는 아이러니컬하게도 “아름다운 것은 추하고 추한 것은 아름답다”는 마녀들의 대사를 반향하고 있기 때문이다. 맥베스는 왕이라는 타이틀을 가지기를 갈망한다. 왕이 된다는 것은 겉으로는 “좋은” 것처럼 보이나 실은 “추한” 것이다. 그 타이틀은 적법한 군주인 던컨 왕을 시해하고 도덕적 질서를 파괴한 결과로 주어진 것이기 때문이다. 부자연스런 마녀들의 존재는 가치의 혼돈을 대변한다. 뱅코우의 묘사처럼 마녀들은 여성이지만 남성처럼 “수염”을 달고 있다. 부자연스럽고 비정상적인 마녀들은 맥베스에게 자연스럽지 못한 욕망과 사악한 야심을 불러일으킨다. 마녀들은 다음과 같은 말로 전쟁터에서 돌아오는 맥베스를 영접한다.

마녀 1: 맥베스 만세! 글래미스 영주 만세!
마녀 2: 맥베스 만세! 코오더 영주 만세!
마녀 3: 맥베스 만세! 앞으로 왕이 되실 분. (1.3.48-50)

드라이버(Tom F. Driver)의 지적처럼 마녀들은 맥베스의 상상력이 구체화된 상징적 존재이다(15). 『맥베스』에서 맥베스와 뱅코우를 제외하곤 그 어느 누구도 마녀들을 만나지 않는다. 상상력이 풍부한 맥베스는 마녀들에게 현혹되어 왕이 되겠다는 검은 야심을 구체화시키고 그 "암흑의 도구들"(instruments of darkness)을 신봉한다(1.3.124). 마녀들의 존재는 이 작품에서 악이 자행되는 암흑의 세계와 밀접한 연관을 맺고 있다. 커리(Curry)의 주장에 따르면 마녀들은 "암흑세계의 표상"이다(61). 그들은 무질서의 상징이고 암흑세계의 혼돈스런 힘이다. 왜냐하면 그들은 맥베스의 마음을 교란시켜 왕을 암살하고 자신이 왕이 되겠다는 흑심을 품도록 유혹하기 때문이다. 마녀들은 또한 맥베스 자신의 사악한 욕망의 실체를 증폭시켜 파멸에 이르게 하고 마침내는 "그림자"만 남은 맥베스의 미래를 보여주는 연극적 표상이며, "맥베스의 무의식이 예언적으로 투사된" 그림자이다(Aronson 99). 맥베스가 그림자처럼 자신의 무의식에 잠재하는 어두운 욕망을 구현하는 마녀들을 통해 자신의 사악한 욕망을 발견하고 구체화시키고 있기 때문이다. "암흑의 도구" 혹은 맥베스의 그림자로서 존재하는 마녀들은 맥베스의 영혼을 어지럽힐 뿐만 아니라 인간 세계의 도덕적 질서를 어지럽힌다. 마녀들의 예언을 믿고 맥베스는 왕을 살해하고, 뱅코우의 자손들이 왕이 될 것이라는 마녀의 예언에 두려움을 느껴 뱅코우 또한 살해한다. 살해의 궁극적인 책임이 맥베스에게 있는지, 아니면 마녀들에게 있는지에 대한 논란에 문제가 없는 것은 아니지만, 마녀들은 맥베스가 살인을 저지르도록 유혹했다는 책임으로부터 결코 자유롭지 못하다.

적을 무찌른 공으로 던컨 왕이 자신에게 코오더(Cawdor) 영주란 작위를 내렸다는 로스(Rosse)의 전갈을 받고, 맥베스는 마녀들의 예언이 실현되었음을 깨닫는다. 예언 중 나머지 하나는 맥베스가 왕이 된다는 것이다. 맥베스는 다음과 같이 혼자 중얼거린다. "두 가지는 맞았다. 왕을 주제로 한 연극의 좋은 서막이다"(1.3.127-29). 사실 맥베스는 "글라미스(Glamis) 영주"였고 지금은 "코오더 영주"이다. 맥베스는 이제 곧 왕이 될 것이다. 맥베스는 예언의 실현에 혼란스러워하면서 다음과 같이 읊조린다.

> 이 괴상한 징조는 나에게
> 나쁠 것도 없고, 그리 좋을 까닭도 없다.
> 만약 나쁜 징조라면, 왜 먼저 진실을 예언하여
> 내게 앞날의 영광을 확신시켜준단 말인가? 난 지금 코더 영주이다.
> 만약 좋은 징조라면, 왜 이렇게 날 흘리게 하여
> 그 섬뜩한 환영이 내 머리털을 곤두서게 한단 말인가?
> 왜 나의 평온했던 심장이, 자연의 섭리를 벗어나,
> 갈빗대를 방망이질하여 날 숨차게 한단 말인가?
> 현재의 두려움은 상상속의 공포에 비하면 별것 아니다.
> 시역은 아직 공상에 불과하지만,
> 그 공상으로 인해 내 마음의 평형은 깨어지고
> 온갖 억측으로 나의 분별력은 질식되어,
> 존재하지도 않는 환영만이 내 눈앞에 어른거리는구나. (1.3.130-42)

윌슨 나잇(G. W. Knight)의 논평처럼 이 방백은 왕의 시해를 통해 인간의 도덕적 질서를 파괴하는 맥베스의 정신적 상태를 보여준다(*The Wheel of Fire* 153). 맥베스는 자신이 "왕을 주제"로 한 웅대한 연극의 주인공이 될 수 있다고 생각하지만, 자연의 섭리를 벗어나 왕이 되겠다는 부자연스럽고 끔찍한 이미지는 그의 머리털을 곤두서게 하고, 시역이란 섬뜩한 환영은 그의 마음의 평형을 깨뜨리고 "분별력을 질식"시킨다. 즉 마음속에서 도덕적 질서가 깨진 맥베스는 스스로 두려움에 떨며 "마음의 평정"을 잃는다(Horwich 367). 맥베스의 상상 속에 진행되는 이 무시무시한 생각은 곧 잔인한 행동으로 이어진다.

뱅코우는 새로운 작위가 주어지자 혼란스러워 하는 맥베스에 대해 다음과 같이 언급한다. "새로운 영예가 그에게 내려졌으나, 어색한 옷(strange garments)처럼 몸에 잘 맞지 않는 모양이군. 하지만 입어서 몸에 익혀야지"(1.3.144-46). 여기서 "맞지 않는 옷"의 이미지는 왕위찬탈이라는 주제와 밀접한 관련을 맺는다. 살인으로 맥베스가 얻게 될 왕이란 타이틀은 맥베스에게 "맞지 않는 옷"과 같고(Spurgeon 324), "맞지 않는 옷"의 이미지는 맥베스를 헐렁한 옷을 입고 있는 부도덕한 도덕적 난쟁이로 형상화하고 있기 때문이다. 맥베스는 스스로 자신에게 주어진 새로운 칭호가 "빌린 옷"(borrowed robes)처럼 자연스럽지 못하다고 생각한다(1.3.109). 그러나 맥베스는 위선의 가면을 쓰고 맞지 않는 "어색한 옷"을 자신의 몸에 맞추려고 안간 힘을 쓴다. 던컨 왕을 살해함으로써, 맥베스는 상징적으로 "훔친 옷"(stolen garment)을 입게 된다(Brooks 34). 5막에서 전투 전에 앵거스(Angus)가 맥베스에 대해 다음과 같이 언급할 때, "맞지 않는 옷"의 이미지는 다시 한 번 등장한다.

> 이젠 그 자도 느낄 것이오.
> 남모르게 저지른 살인의 피가 두 손에 달라붙어 있음을.
> 시시각각으로 일어나는 반란은 그의 반역을 꾸짖고 있소.
> 그의 졸개들은 명령이 무서워 마지못해 움직일 뿐,
> 충성심이라곤 추호도 없소. 이제 분명히 느낄 것이오.
> 거인의 옷을 훔쳐 입은 난쟁이 도둑놈처럼
> 왕이란 칭호가 몸에 느슨하게 걸쳐 있다는 사실을. (5.2.16-22)

앵거스는 왕이라는 칭호가 "거인의 옷을 훔쳐 입은 난쟁이 도둑놈(a dwarfish thief)"에게 걸쳐진 옷처럼 맥베스에게 결코 맞지 않은 타이틀이라고 언급하고 있는 것이다. 맥베스가 던컨 왕으로부터 왕좌를 훔쳤다는 것을 알고 있기 때문이다. 이처럼 "맞지 않는 옷" 혹은 "훔친 옷"의 이미지는 왕위찬탈이란 맥베스의 비정상적이고 부도덕한 행동을 지시한다.[1] 나아가 의상에 관련된 이러한 이미지는 맥베스의 겉모습과 실재 사이의 불일치를 극명하게 드러낼 뿐만 아니라, 드러난 세상의 모습과 인간 내면세계의 불일치와 부조화를 상징적으로 드러낸다.

맥베스만이 왕이 되려는 욕망을 가진 것은 아니다. 도리어 그의 아내인 맥베스 부인이 그보다 더한 욕망을 갖고 있다. 맥베스는 아내에게 마녀들의 예언을 언급하는 편지를 보내고, 남편이 나약한 성격의 소유자임을 잘 알고 있는 맥베스 부인은 다음과 같이 말한다.

> 하지만 당신의 성품이 걱정이랍니다.
> 인정이란 달콤한 젖이 넘치는 당신은 손쉬운 지름길을 찾지 못해요.
> 위대한 인물이 되길 바라고, 야망이 없는 것도 아니지만,
> 그 뜻을 이루는 데 필요한 잔인한 짓은 하지 못하시죠.
> 무척이나 바라고 있지만, 그걸 점잖게 얻으려고 하시죠.
> 부정한 짓은 하지 않으려고 하면서, 부정한 걸 손에 넣으려 하시죠.
> 위대한 글래미스 영주님, 당신께서 바라는 것이 외치고 있어요.

---

1) 위의 인용에 드러난 비유의 요점은 "맥베스의 왜소함이나 옷의 크기에 있다기보다는 맥베스가 지금 걸치고 있는 옷이 맥베스 자신의 옷이 아니라는 사실"에 있다. 맥베스는 훔친 옷 속에 자신의 실체를 숨긴다. 즉 위선의 가면을 쓰고 행동하는 도덕적 난쟁이로 전락한 것이다. 이 작품에서 '옷'의 은유는 '가면'의 이미지들과 짝을 이룬다(Brooks 33-35). '옷'은 맥베스의 실체와 잘 어울리지 않고, 자신의 실체를 은폐하려는 맥베스는 수많은 가면을 뒤집어쓰고 위선적 행위를 마다하지 않기 때문이다.

그것을 원한다면, 이렇게 해야 한다고. (1.5.16-23)

맥베스 부인은 "인정이란 달콤한 젖이 넘쳐"(full o'th'milk of human kindness) 손쉬운 지름길을 택하지 못하는 남편의 유순한 성격을 잘 알고 있다. 사실 맥베스는 목적을 위해 모든 것을 희생할 정도로 잔인한 성격의 소유자는 아니다. 그러나 맥베스 부인은 야심을 이루기 위해서라면 남편에게 그 어떤 악행을 교사하는 것도 마다하지 않을 정도로 잔인한 인물이다. 그리하여 그녀는 다음과 같이 말한다. "당신 귀에 저의 정신을 불어넣어, 제 혀의 힘으로 쫓아버리겠어요. 당신의 머리에 씌우려고 하는 왕관을 방해하는 모든 것을"(1.5.26-28). 맥베스 부인은 자신이 원하는 것을 얻기 위해 어떤 행동도 마다하지 않는다. 그녀도 마녀들과 마찬가지로 맥베스의 야심을 부추기는 맥베스의 어두운 "그림자"이다(Aronson 99).

맥베스 부인은 목적을 달성하기 위해서라면 자신의 여성성을 거부할 정도로 잔인한 인물이다. 이는 던컨 왕이 곧 집으로 올 것이라는 소식을 전령이 전했을 때 그녀의 다음과 같은 반응에 잘 드러나고 있다.

오너라! 무시무시한 흉계를 일삼는 악령들아.
나로부터 여자의 마음을 없애고,
머리 꼭대기에서 발끝까지, 무시무시한 잔인성으로
가득 채워다오! 내 피를 탁하게 하여,
동정심의 입구와 통로를 막아다오.
그리하여 인간의 측은지심이 찾아와
내 잔인한 목표를 흔들어 놓지 않도록 해다오.
목표를 이룰 때까지는 그 어떤 것도 방해하지 못하도록 해다오!
오너라, 살인을 일삼는 악령들아! 내 가슴으로 찾아와,

달콤한 젖을 담즙으로 바꾸어라. 너희들은 모습을 감추고
자연의 재앙을 기다리는 자들이 아니냐! (1.5.40-50)

맥베스 부인은 "무시무시한 흉계를 일삼는 악령들"에게 "여자의 마음을 없애고(unsex me here), 머리 꼭대기에서 발끝까지, 무시무시한 잔인성"으로 가득 채워주기를 갈망하며, "내 가슴으로 찾아와, 달콤한 젖을 담즙으로 바꾸어 달라"고 요구한다. 젖은 전통적으로 "인간성, 부드러움, 동정, 자연스런 인간적 감정"과 연관된 이미지이다(Muir, "Image" 46). 맥베스 부인은 젖으로 지시되는 여성의 본성과 인간성, 그리고 부드러움을 부정하면서 던컨 왕의 살해를 준비한다.[2] 맥베스는 살해하는 것을 망설인다. 그러나 맥베스 부인은 맥베스에게 왕좌에 오를 수 있는 "지름길을 택하라"고 다그치며, 인간의 도리를 무시하고 손님으로 자신의 집에 머물고 있는 던컨 왕을 살해하도록 종용한다. 그녀는 "인정이란 달콤한 젖"을 "담즙"으로 바꾸어 자신의 여성성을 없애기를 갈구한다.

자신의 여성성과 인간성을 거부함으로써 맥베스 부인은 킴브로(Kimbrough)의 지적처럼 "삶을 부정하는 마녀"로 전락한다(181). 나아가 그녀는 맥베스에게 "순진한 꽃(th' innocent flower)처럼 보이되, 그 속에 숨은 뱀(serpent)"이 되라고 종용한다(1.5.64-65). 여기서 스스로 꽃 속에 숨은 음흉한 뱀이 되기를 마다하지 않는 맥베스 부인은 사탄의 이미지를 풍긴다. 그녀는 맥베스가 망설일 때마다 다그치지만, 맥베스는 던컨의 친척이고 신하이고 주인인 자신의 손에 던컨 왕의 피를 묻히는 것을 내켜하지 않는다.

2) 스스로 밤의 어두운 기운과 악령의 힘을 불러들이는 맥베스 부인은 마치 마녀처럼 보인다. 그녀는 젖으로 아이를 양육하는 것이 아니라 사악한 기운으로 악령들을 양육하고 자양분이 되는 담즙을 제공한다. 즉 그녀는 여성의 속성인 동정심 대신 잔인성으로 자신을 채우고, 피를 탁하게 하고, 동정심의 입구와 통로를 막아 재생의 기능을 멈추게 한다. 그녀 스스로 여성이 되기를 거부하며, 자신의 육체에서 재생을 담당하는 통로를 거부함으로써 모성의 기능은 폐지되며 마녀처럼 성의 구별이 모호해진다(Adelman 94).

그러니 그를 죽이면 그의 높은 덕망은,
나팔을 불고 오는 천사들처럼,
시역의 무도한 죄를 만천하에 호소할 것이다.
그리하여 동정심은 광풍을 걸터탄 갓 태어난 벌거숭이 아기처럼,
혹은 보이지 않는 하늘의 준마를 탄 아기 천사처럼,
그 몸서리치는 악행을 모든 사람들의 눈 속에 불어넣겠지.
그러면 넘쳐흐르는 눈물로 폭풍마저 누그러질 거야. (1.7.18-24)

맥베스는 여기서 자신에게 살해될 던컨에 대한 동정심을 "광풍을 걸터탄 갓 태어난 벌거숭이 아기"(a naked new-born babe)와 "하늘의 준마를 탄 아기 천사"에 비유한다. 갓 태어난 벌거숭이 아기는 그 어떤 상황에도 대처할 수 없는 무력한 존재이고 이는 던컨 왕으로 비유되면서 동정심을 유발한다(Brooks 29). 던컨에 대한 동정심을 갖고 있는 맥베스는 검은 야심에 "박차를 가할 수도 없고, 다만 있는 것은 날뛰는 야심뿐"이라고 고백한다(1.7.25-27). 그러나 동정심과 관련된 "갓 태어난 아기"의 이미지는 맥베스 부인에 이르러서는 동정심과는 너무나 거리가 먼 인간의 잔인성을 강화시키는 이미지로 변모한다. 그녀는 맥베스가 행동하기를 망설일 때마다 계속 던컨 왕을 죽이라고 다그치면서, 야심을 이루기 위해서라면 자신의 얼굴을 보며 젖을 빨고 웃고 있는 갓난아이의 대갈통이라도 박살냈을 것이라고 말한다.

전 갓난아이에게 젖을 먹여 본 일이 있어요.
그래서 젖을 빠는 아기가 얼마나 사랑스런지를 잘 알고 있죠.
하지만 내가 당신처럼 이 일을 하겠다고 맹세했다면,
아이가 내 얼굴을 보며 웃음 짓고 있을지라도,
난 그 부드러운 잇몸에서 젖꼭지를 뽑아내고
대갈통을 박살냈을 것입니다. (1.7.54-59)

맥베스 부인에겐 아이가 없다. 그러나 젖을 빨고 웃고 있는 갓난아이의 대갈통을 박살낼 수 있을 것이라고 말한다. 아이를 키워 본 적이 있는 어미가 어찌 이런 잔인한 말을 입에 담을 수 있을까? "갓 태어난 벌거숭이 아기 같은" 동정심이란 대사에 드러난 것처럼, 아기는 "동정심, 순진성, 사랑"에 관련된 전통적인 심상이다(Diehl 198). 그러나 맥베스 부인은 왕관을 얻기 위해서라면 자신의 아기라도 죽일 수 있을 정도로 잔인하다. 그녀는 남성답지 못하게 행동하는 아이 같은 남편 맥베스를 계속 질책하며, 계획한 것을 이루기 위해 자신의 여성성을 포기하겠다는 '어른스런' 행동을 한다(Brooks 43). 맥베스 부인은 어머니로서의 본성을 부정하면서 냉혹한 인간으로 전락하고, 성의 질서뿐만 아니라 인간성과 양심을 파괴한다. 맥베스 역시 부인의 자극으로 인해 왕을 살해할 정도로 잔인한 인간으로 전락한다. 그리하여 자신의 친족이자 손님일 뿐만 아니라 군주인 던컨을 살해함으로써, 맥베스는 인간관계의 자연스런 유대 고리를 끊어버린다.

Ⅱ

도덕적 질서와 인간성의 파괴는 대부분 컴컴한 밤에 이루어진다. 암흑의 이미지는 흑심을 품고 잔인한 행위를 하는 맥베스를 지시하는 지배적인 이미지이다. "도덕적 가치를 전복시키는 어둠의 힘"은 암흑 속에서 작동한다(Muir, "Image" 51). 어둠 속에서 맥베스에 대한 유혹과 자극이 진행되고, 어둠 속에서 맥베스는 왕을 살해한다. 맥베스가 던컨 왕이 자신의 집에 올 것이라는 소식을 듣고, 맥베스는 다음과 같이 어둠의 힘을 불러들인다.

별들아, 빛을 감추어라!
그 빛이 검고 깊은 나의 이 야망을 비추지 마라.
눈이여, 손이 하는 짓을 못 본 체해라. 하지만 반드시 해치워야 해.
눈이 보게 되면 질겁할 일이라도. (1.4.50-53)

맥베스는 시커먼 야심을 숨기기 위해 암흑의 힘을 불러들인다. 맥베스도 그의 부인도 살해의 시행을 용이하게 위해서이든 살해를 은폐하기 위해서이든 암흑의 도움을 필요로 한다. 선과 생명의 이미지와 대조를 이루는 암흑의 이미지가 지배적인 가운데 악이 잉태되고 악이 실천되고 있는 것이다. 맥베스 부인도 1막 5장에서 자신들의 사악한 행동을 실천하고 감추기 위해 다음과 같이 암흑의 힘을 불러들인다.

오너라, 시커먼 밤이여!
검고 검은 지옥의 연기 속에 그 모습을 감추어,
날카로운 내 칼날이 만드는 상처를 보지 못하게 하고,
하늘이 암흑의 장막 사이로 그 얼굴을 내밀어,
"그만, 이제 그만!"이라고 외치지 못하도록 하라. (1.5.50-54)

맥베스 부부는 자신들의 흑심을 구체화하기 위해 정신적인 암흑뿐만 아니라 악행을 은폐할 수 있는 물리적 암흑도 필요로 한다. 시커먼 야심의 성취를 위해 맥베스는 칠흑처럼 어두운 밤에 '어린 아이' 같은 던컨 왕을 살해함으로써 자신을 파괴하고 나아가 인간계의 도덕적 질서를 어지럽힌다. 암흑의 심상은 악과 살해와 연관되고, 살해와 죄는 피의 심상과 연결된다. 왕을 살해하기 직전, 맥베스는 혼란스런 가운데 피 묻은 단도의 환영을 본다. 그것은 맥베스의 불안한 마음에 나타난 환영이지만, 이는 맥베스를 혼란스럽게 하고 그를 정신적 암흑세계로 몰아넣는다.

> 눈앞에 보이는 이것은 단도가 아닌가,
> 칼자루가 내 손 쪽을 향해 있군? 그럼 한번 잡아보자.
> 아직도 눈앞에 보이는데 잡을 수가 없구나.
> 살인을 일삼는 환영이여!
> 눈에는 보이는데, 어찌하여 잡을 수 없단 말이냐?
> 이건 열에 들뜬 머리에서 생겨난 헛된 환영이고,
> 마음속의 단도에 지나지 않는다는 말인가?
> [··]
> 다른 모든 감각기관이 내 눈을 조롱하고 있든지,
> 다른 감각은 마비되고 눈만이 온전하든, 둘 중 하나겠지?
> 아직도 보이는군. 지금까진 없었는데, 칼날과 칼자루에
> 굵은 핏방울이 엉켜 있구나. 이런 것이 있을 까닭이 없어.
> 마음속에 피비린내 나는 일을 품고 있으니
> 이런 것이 내 눈앞에 나타나는 거야. (2.1.33-49)

여기서 피는 공포의 상징이다. 맥베스가 본 단도는 "열에 들뜬 머리"(heat-oppressed brain)에 생긴 "환영"(false creation)이며, 이 피 묻은 단도는 맥베스의 혼란스런 마음을 반영한다. 이는 또한 앞으로 다가올 왕의 살해를 암시한다. 2막 2장의 칠흑 같은 어둠 속에서 던컨의 살해가 진행되고 맥베스의 손은 피로 범벅이 된다. 왕을 시해한 후 맥베스는 자신의 손에 묻은 피를 보고 두려움에 떨면서 다음과 같이 말한다.

> 이 손이 뭐지? 아! 보기만 해도 눈알이 튀어나올 것 같구나.
> 위대한 넵튠이 다스리는 온 바다의 물을 다 퍼부으면

나의 이 손에서 피를 깨끗이 씻어 낼 수 있을까?
아니야. 도리어 이 손이 넓고 넓은 바다를 피로 물들여,
바닷물의 푸른빛을 주홍빛으로 바꿔 놓고 말 거야. (2.2.56-60)

여기서 피는 죄의 흔적이고 그 결과이다. 그러므로 맥베스는 물로 죄의 흔적인 피를 씻어내고 싶다. 그러나 "거대한 넵튠의 바닷물"조차도 죄의 흔적인 그 피를 씻어 낼 수 없다. 도리어 맥베스는 자신의 손에 묻은 피가 온 "바닷물의 푸른빛을 주홍빛"으로 물들여 놓을 것이라고 상상한다. 맥베스의 상상력은 뛰어나고 그 상상력으로 인해 공포는 증폭된다. 그리하여 그는 던컨을 죽인 순간 자신의 잠을 죽여 버렸다고 절규한다. 사실 맥베스는 살해 후 더 이상 편하게 잠을 잘 수가 없다. 잔인한 살해 이후 공포에 사로잡혀 끊임없이 마음의 고통을 겪게 되기 때문이다. 살해에 사용한 단도를 들고 온 맥베스에게 맥베스 부인은 단도를 다시 가져가 잠든 시종들 몸에 피를 칠해 두라고 하고 "물을 가져다가 더러운 죄의 증거를 말끔히 씻어버리라"고 종용한다(2.2.43-47). 그러나 맥베스는 자신이 "저지른 일을 생각만 해도 몸서리가 나서" 도저히 그럴 수가 없다고 하고, 이에 맥베스 부인은 다음과 같이 말한다.

칼을 이리 주세요. 잠든 자와 죽은 자는
그림이나 마찬가지. 어린애가 아니고서야
어느 누가 그림으로 그려진 악마를 두려워하겠어요.
아직도 피를 흘리고 있다면 그 피를 시종들
얼굴에 칠해 놓고, 죄를 그들에게 뒤집어씌워야죠. (2.2.50-54)

맥베스 부인은 던컨 왕의 침소를 지키는 시종들에게 피를 칠해놓으라고 종용하고 있는데, 이는 살해의 죄를 타인에게 전가하기 위함이다. 이처럼 피는

이 작품에서 죄의 흔적으로 또는 공포를 환기시키는 상징으로 작용한다. 피 묻은 단도를 보고 두려워하는 맥베스이지만, 그 스스로가 공포를 환기시키는 인물이다. 던컨에게 전황을 보고하는 장교는 "살해의 피비린내로 김이 서린 칼을 휘두르며 적진을 뚫고 들어가는" 맥베스를 두고 다음과 같이 말한다.

> 용감한 맥베스 장군은 (그 명성에 걸맞게),
> 운명의 여신 따위는 아랑곳하지 않고,
> 살해의 피비린내로 김이 서린 칼을 휘두르며
> 용맹의 총아처럼 적진을 뚫고 들어가
> 그 비열한 역적 놈과 맞서게 되었지요.
> 그리고는 작별 인사도 없이
> 놈의 배꼽에서 턱까지 실밥을 단칼에 잘라버리고,
> 그놈의 모가지를 우리 성벽 위에 걸어 놓았죠. (1.2.16-23)

여기서 맥베스는 적에게 공포를 야기하는 무서운 인물이다. 적의 "배꼽에서 턱주가리까지의 실밥을 단칼에 잘라버리고" 자른 목을 성벽에 걸어두는 무서운 인물이다. 잔인성과 파괴의 양상은 이후 계속되는 피의 이미지에 의해 강화된다. 던컨의 아들인 도널베인(Donalbain)은 다음과 같이 말한다. "사람의 미소에도 칼날이 있다. 핏줄이 가까울수록 피를 볼 가능성이 더욱 많다"(2.3.140-41). "핏줄이 가까울수록 피를 볼 가능성이 더욱 많은" 부자연스런 상황이 계속되는데, 로스(Rosse)는 자연계에서의 비정상적인 사건들을 두고 다음과 같이 언급한다.

> 보시다시피, 인간이 저지른 일로 고통스러워 보이는 하늘이,
> 세상이라는 피비린내 나는 무대를 위협하고 있소.

> 시간은 분명 대낮인데, 시커먼 밤이 태양 빛을 가리고 있소.
> 태양 빛이 대지를 비춰야 할 시간인데, 짙은 어둠이 대지의
> 얼굴을 뒤덮고 있으니, 낮이 부끄럼 타는 것인지,
> 밤의 세력에 맥추지 못하는 것인지를 알 수가 없소. (2.4.5-10)

던컨의 시역 사건 이후에도 암흑의 이미지는 지배적이다. 시간을 보면 분명 대낮인데, 시커먼 밤이 태양 빛을 가리고 있고, "태양 빛이 대지를 비춰야 할 시간인데도, 짙은 어둠이 대지의 얼굴을 뒤덮고 있다." "올빼미는 하늘을 높이 날던 매를 덮쳐 죽였고" "아름답고 날쌘 준마"가 마구간을 부수고 뛰쳐나왔다 (2.4.12-18). 나중에 맥베스 부인의 의사 말대로 맥베스의 "비정상적인 행동"이 "비정상적인 문제"로 이어지는데(5.1.71-72), 이는 "물리적 자연(physical nature)이 정신적 자연(spiritual nature)의 거울"이기 때문이다(Speaight 48). "물리적 자연" 혹은 대우주에서의 혼란은 "정신적 자연" 혹은 인간계라는 소우주에서의 무질서를 반영하는 거울로 작용하고 있는 것이다.

맥베스는 왕이 되었지만, 뱅코우의 후손이 왕이 될 것이라는 마녀들의 예언 때문에 뱅코우를 두려워하고 그를 죽이기로 결심한다. 뱅코우의 살해 또한 어둠 속에서 이루어진다. 맥베스는 뱅코우를 죽이기 전에 다시 어둠의 힘을 불러들인다.

> 오너라! 눈을 가리는 밤의 장막이여!
> 자비로운 낮의 부드러운 눈을 덮어 가리고,
> 보이지 않는 네 잔인한 손으로,
> 나를 겁에 질리게 하는 크나큰 생명의 증서를 취소하고
> 갈기갈기 찢어버려라! 날은 어두워지고
> 까마귀는 날개를 펴 숲 속의 보금자리로 돌아간다.

낮의 선한 존재들이 머리를 수그린 채 졸고 있고,
밤의 시커먼 무리들은 먹이를 찾아 고개를 쳐들고 있다. (3.2.46-53)

맥베스는 악을 자행하기 위해 어둠의 힘을 끌어들인다. 그 자신의 말처럼 맥베스는 또 다른 살해를 통해 악으로 시작한 일을 악으로 끝내려고 한다. 어둠의 이미지는 빛의 이미지와의 대조를 통해 강렬하게 투사되는데, 이 작품에서 빛은 선 혹은 "아름다운" 것을 상징하는 반면, 어둠은 악 혹은 "추한" 것을 지시한다. 던컨 왕이 어두운 밤에 살해된 것처럼, 뱅코우도 밤에 살해된다. 맥베스는 던컨 왕을 죽이기를 망설였지만, 뱅코우를 죽이는 것은 더 이상 망설이지 않는다. 맥베스는 "악으로 시작한 일은 악의 힘으로 강해져야 한다"고 믿으면서(3.2.55), 더 이상의 주저나 죄의식 없이 악을 수행한다.

던컨 왕의 암살 후 피의 이미지가 지배적이었던 것처럼, 뱅코우가 살해된 후에도 많은 피의 이미지가 등장한다. 맥베스는 자신의 상상 속에서 피투성이가 된 머리채를 흔드는 뱅코우의 유령을 보고 "이 흉측한 그림자야! 이 헛된 환영아!"(3.4.105-106)라고 외친다. 맥베스 말고는 아무도 유령을 보지 못한다. 비정상적인 살해 행위로 극도로 혼란스러워진 맥베스만이 뱅코우의 "피투성이가 된 머리채"를 본다. 맥베스 부인이 언급하듯 사실 그것은 "맥베스의 두려움이 낳은 환상"(3.4.60)이다. 맥베스는 "피는 피를 낳을 것"(blood will have blood)이라고 말하는데, 맥베스에게 피는 "악과 죄의 상징"으로 작용한다(Jorgensen 84). 또한 피는 맥베스의 마음속에 잠재된 두려움을 지시하는 상징적 이미지이다. 던컨 왕과 뱅코우를 살해한 것에 대한 두려움 때문에 더 이상 편하게 잠을 이룰 수 없는 맥베스는 다음과 같이 말한다. "어차피 나는 피비린내 나는 일에 너무 깊이 발을 들여 놓았으니 이 이상 더 건너지 않으려 해도,. 돌아서 오는 것이 건너는 것보다 더 어렵게 되었다"(3.4.135-37). 마침내 맥베스는 자신을 위해 어떤 짓이라도 마다하지 않기로 마음먹고 자신의 운명을 알기 위해 다시 마녀들을 찾아간다.

맥베스가 자신의 운명을 물으러 마녀들에게 갔을 때, 천둥이 치는 가운데 세 개의 형상, 즉 "무장한 머리, 피투성이의 아이, 손에 나무를 들고 왕관을 쓴 아이"가 나타난다. 첫 번째 환영은 "맥베스! 맥베스! 맥더프를 조심하라"(4.1.71)고 외치고, 두 번째 환영은 "잔인하고, 대담하게, 결단성 있게 행동하라. 인간의 힘 따윈 무시하라. 여자 몸에서 태어난 그 누구도 맥베스를 해치지 못할 것"(4.1.79-81)이라고 외친다. 세 번째 환영은 "버남의 거대한 숲이 던시네인의 높은 언덕으로 움직여 맥베스를 향해 공격해 올 때까지는 맥베스에게 패배란 있을 수 없다"(4.1.92-94)고 외친다. 윌슨 나잇(G.W. Knight)은 첫 번째 환영을 "죽음의 상징"으로, 두 번째를 "죽음에서 태어난 삶의 상징"으로, 세 번째를 "승리한 삶의 상징"으로 간주한다(*Shakespearian Tempest* 192-93). 그러나 맥베스는 이러한 환영들의 출현을 자신의 욕망에 따라 해석한다. 자신의 패배를 결코 상상할 수 없는 맥베스는 "피투성이의 아이"가 "제왕절개로 태어난 아이의 상징"이 될 수 있다고 결코 상상하지 않는다(Diehl 200). 그러나 사실 "피투성이 아이"는 "제왕절개로 태어난" 맥더프(Macduff)의 상징이다. 맥다프는 또한 살해될 위기를 피해 도망쳤다가 나중에 맥베스를 죽이기 때문에 "죽음에서 태어난 삶의 상징"도 될 수 있다. 세 번째 환영인 "왕관을 쓴 아이"는 질서를 복원시키는 "승리한 삶의 상징"인 맬컴(Malcolm)으로, 병사들이 등에 나뭇가지를 꼽고 "버남의 거대한 숲"이 움직여 진군하는 것처럼 보이게 하여 맥베스를 패배하게 만든 장본인이다. 그리하여 맥베스에게는 동정심을 자아내는 이미지로 사용되고 맥베스 부인의 잔인성을 환기시키는 이미지로 사용되었던 '아이' 또는 '아기'의 이미지는 4막에 이르러 삶을 환기시키는 이미지로 변모한다.

Ⅲ

패배를 앞둔 맥베스와 그의 부인은 자신들이 저지른 죄로 인해 혼란스럽다. 저지른 죄로 인해 정신이상과 몽유병을 겪고 있는 맥베스 부인은 밤이고 낮이고 잠을 이룰 수 없다. 잠자는 덩컨을 죽였던 맥베스가 번민으로 인해 잠을 이룰 수 없었던 것처럼, 그녀 역시 죄로 인해 잠들지 못한다. 의사의 말대로, 부자연스런 문제를 낳은 것은 바로 덩컨 살해를 사주했던 그녀의 "부자연스런 행동"이다(5.1.71-72). 몽유병에 걸린 맥베스 부인은 마음의 어둠을 밝히려는 듯 항상 불을 켜두고, 마음속의 피 얼룩을 지우려는 듯 항상 손을 문지르면서 다음과 같이 외친다.

> 없어져라, 저주받은 흔적아! 사라지라니까! 하나, 둘. 자, 이젠 해치워야 할 시간이다. 지옥은 너무나 컴컴하구나. 아니, 폐하, 뭐죠! 용감한 무사께서 겁먹었나요? 아무도 우리 권세에 감히 맞설 자가 없는데, 누가 알까봐 겁낼 필요가 있어요? 하지만 누가 저 늙은이의 몸에 그리도 많은 피가 있으리라고 생각했겠어요? (5.1.35-40)

맥베스 부인은 맥베스에게 살인을 교사할 정도로 잔인한 성격의 소유자였지만, 지금 그녀는 실성했고, 죄의식을 느끼며 두려움에 떤다. "아라비아의 모든 향수"(5.1.47-48)조차도 그녀의 마음속에 있는 피비린내를 향긋하게 만들 수 없고, 환히 타오르는 그 어떤 양초도 마음의 어둠을 밝힐 수 없다. 양심을 저버리고 도덕적 질서를 파괴한 것에 대한 대가는 바로 죽음일 것이다. 맥베스 부인 그리고 맥베스와 관련된 불면(不眠)의 이미지는 바로 죄를 지은 인간의 부자연스럽고도 혼란스런 상태와 관련되어 있다. 불면의 상황은 던컨 왕을 죽인 후 맥베스가 부인과 나누었던 대화에서 이미 예견되었다.

어디선가 이렇게 외치는 소리가 들렸소. "더 이상 잠들 수 없어!
맥베스는 잠을 죽여 버렸어." 그 죄 없는 잠을,
명주타래처럼 얽히고설킨 근심을 풀어주는 잠,
하루하루 삶의 종착역이고, 고달픈 노동의 피로를 씻어주는
목욕물이고, 상처 난 마음을 달래주는 향유이고, 대자연이 베푸는
맛좋은 음식이고, 인생의 향연에서 으뜸가는 자양분인 잠을. (2.2.32-37)

맥베스와 맥베스 부인은 자신의 검은 야심을 구체화하여 권좌에 오름으로써 좋아진 것처럼 보이지만, 실제로 그들은 대단히 좋지 못한 상태에 이르게 된다. 그들은 끊임없이 정신적 고통을 겪으면서 시달리고, 삶을 재충전하고 활기 있게 만들어 주는 편한 잠을 이룰 수 없다. 심적인 고통을 겪고 있는 맥베스는 무덤에서 잘 자고 있을 던컨 왕에 대해 다음과 같이 언급한다.

마음의 평화를 위해, 내가 무덤 속의 평화로
보내버린 던컨처럼 이 세상을 하직하는 것이 낫겠소.
던컨은 무덤 속에 잠들어 있소.
인생의 발작적인 열병을 치른 후 고이 잠들어 있소.
반역이란 죄악의 재난도 이제 다 지나가 버렸고,
그 어떤 칼날도, 독약도, 내란도, 외국의 침략 행위도
그를 더 이상 괴롭힐 수 없을 것이오. (3.2.19-26)

과거의 악행과 현재의 공포로 극심한 고통을 겪고 있는 맥베스는 자신이 죽인 던컨의 상태를 부러워하기에 이른다. 죽은 던컨이 살아있는 맥베스보다 행복할 것이라는 상황은 이 작품의 주요 주제 중의 하나인 외양과 실재의 괴리라는 주제를 부각시켜 주는 또 하나의 장치이다. 마녀의 언급처럼 좋아 보이는 것은 그리 좋은 것만이 아니고, 좋지 않은 것이 그리 좋지 않은 것만도 아니다.

맥베스가 살해를 통해 권좌에 오른 것이 좋아 보이지만 결코 좋은 것이 아니다. 맥베스도 그의 부인도 권좌에 오르고 난 후 한 번도 편한 잠을 이룬 적이 없고, 마음의 고통과 번민과 공포로부터 벗어난 적이 없기 때문이다. 이러한 상황은 불면이라는 이미지를 통해 대단히 효과적으로 형상화되고 있다. 맥베스는 무고한 사람을 살해하고 자신의 잠을 죽이며 결국은 삶의 의미를 상실한다.

병의 이미지는 극의 후반부에 지배적인데, 병은 사회와 국가의 무질서를 반영한다. 무질서를 초래한 맥베스는 자신의 권좌를 지키기 위해 거듭 악행을 저지른다. 그래하여 스코틀랜드라는 국가 전체가 그의 폭정에 시달리게 되고, 이는 병의 이미지로 표출된다. 맥베스의 칼날을 피해 영국으로 도망친 맥더프는 맬컴에게 다음과 같이 말한다. "매일 아침마다 새로 생긴 과부들이 울부짖고, 새로 생긴 고아들이 울부짖고 있고, 새로운 비탄의 소리 또한 하늘을 찌르고 있소."(4.3.4-6). 그는 이어서 다음과 같이 말한다. "피를 흘려라. 피를. 불쌍한 조국아! 무서운 폭군아! 너의 기반이나 튼튼히 해놓아라"(4.3.31-32). 맥베스의 폭정은 스코틀랜드가 병이 들게 하고 국민들이 고통을 겪게 만드는데, 그 병은 찬탈자인 맥베스의 죽음으로만 치유될 수 있다. 병과 죽음의 이미지는 다음 로스의 대사에 더욱 분명하게 드러난다.

> 아, 가련한 나의 조국이여!
> 그 형편이 어떤지를 알기가 무서울 지경입니다. 모국이 아니라
> 차라리 무덤이라 하는 것이 좋겠죠. 그 곳에서 어떤 일이 일어나고
> 있는지 모르는 바보 외엔 그 어느 누구도 웃음 짓지 않습니다.
> 한숨소리, 신음소리, 대기를 채우는 비명소리가 들려도,
> 아무도 거들떠보지 않는 곳이죠. 큰 슬픔도 일상의 감정처럼
> 느껴지는 곳이죠. 사람의 죽음을 알리는 조종이 울려도
> 누가 죽였는지 물어보는 사람조차 없는 곳입니다. 그곳은 선한

> 사람들의 목숨도 모자에 꽂고 다니는 꽃보다도 먼저 시들어,
> 병이 들기도 전에 죽어버리는 이상한 곳이지요. (4.3.164-73)

로스는 맬컴에게 스코틀랜드의 상황이 점점 악화되고 있다고 전한다. 그는 스코틀랜드의 백성들이 맥베스의 폭정이란 병으로 고통 받고 있다고 말하며, 국토는 죽음을 앞둔 백성들 전체가 묻힐 커다란 묘지라고 말한다. 병과 죽음의 이미지는 맥베스에 의해 야기된 스코틀랜드의 고통스런 상황을 지시한다. 조국이 "피눈물을 흘리고 있으며, 매일 상처에 상처가 더해진다"(4.3.40-41)는 사실을 알고 있는 맬컴 왕자는 조국을 폭군에게서 구하기 위해 맥베스와 싸우기로 결심한다.

맬컴은 맥더프와 일단의 군사들을 데리고 버남 숲(Birnam wood)에 도착해, 병사들에게 나뭇가지를 잘라 위장을 하고 던시네인(Dunsinane) 쪽으로 진군하도록 명령한다. "버넘 숲이 던시네인의 언덕까지 공격해 오지 않는 한 맥베스는 결코 정복되지 않을 것"(4.1.92-94)이라는 마녀의 예언을 믿고 있던 맥베스에게 버넘 숲이 던시네인 언덕으로 오고 있다는 소식이 보고된다. 또한 맥베스는 "달이 차기 전에 어머니의 배를 가르고 나와서"(5.8.15-16) 마치 "여자가 낳은 자"가 아닌 것 같은 맥더프와 싸우게 되고, 마침내 패배한다. 그리하여 맥베스의 폭정은 종식되고 스코틀랜드의 병은 치유된다.

Ⅳ

"암흑의 앞잡이"인 마녀들의 유혹으로 맥베스의 검은 야심은 실체를 드러내고, 맥베스 부인의 자극으로 맥베스의 검은 야심은 구체화되면서 맥베스는 던

컨 왕을 위시한 무고한 사람들을 살해하고 권좌에 오른다. 암흑은 이러한 맥베스의 여정에 강력한 배경을 형성한다. 암흑은 맥베스가 자신의 비밀스런 살인 행각들을 은폐하는데 필요하다. 맥베스의 마음에 도사리고 있는 암흑의 힘은 마녀와 맥베스 부인의 자극으로 추진력을 얻어 인간의 양심과 도덕적 질서를 파괴한다. 악의 주제를 드러내는 "어둠"의 이미지가 이 작품에서 지배적인 이미지로 작용하고 있지만, 죽음과 공포 그리고 고통과 연관된 "피"와 "병"의 이미지와, 외양과 실재의 주제를 부각시키고 있는 "맞지 않는 옷"의 이미지 또한 빈번하게 등장하며, 동정심을 환기시키는 "아이"의 이미지 또한 등장한다.

맥베스의 살해에 뒤따르는 피의 이미지는 인간의 사악성과 공포를 반영한다. 피의 이미지는 또한 죄의 흔적으로 또는 죄의 결과로 작용한다. 질병의 이미지는 맥베스의 악행으로 고통당하는 사람들의 상태를 반영할 뿐만 아니라, 맥베스의 폭정으로 얼룩진 암울한 스코틀랜드의 상황을 반영한다. 질병의 이미지는 자신이 저지른 죄의 고통에서 벗어나지 못해 잠 못 이루는 맥베스와 그의 부인과도 관련되며, 불면의 이미지는 또한 고통과 죽음과 관련된다. 죽은 던컨이 살아있는 맥베스보다 더 편한 잠을 누리기 때문이다. 자신에게 맞지 않는 왕관을 쓰고 권력을 탐했던 맥베스는 난장이가 거인의 옷을 걸친 형상이다. 동정심과 연약함을 상징하는 아이의 이미지는 맥베스 부인과 결부되면서 그녀의 잔인한 속성을 부각시키는 장치로 활용된다. 피투성이 아이의 모습으로 나타난 환영은 "죽음에서 태어난 삶의 상징"이며, 손에 나무를 들고 왕관을 쓴 아이의 모습으로 나타난 환영은 "승리한 삶의 상징"으로 맥베스에게 승리를 거두고 어지럽혀진 스코틀랜드의 질서를 회복하는 맬컴을 지칭한다. 이처럼 셰익스피어는 『맥베스』에서 다양한 이미지를 통해 주제와 인물의 성격을 효과적으로 드러낸다.

■ 인용문헌

Adelman, Janet. "Born of Woman: Fantasies of Maternal Power in *Macbeth.*" *Cannibals, Witches, and Divorce: Estranging the Renaissance.* Ed. Marjorie Garber. Baltimore: John Hopkins UP, 1987. 90-121.

Aronson, Alex. *Psyche and Symbol in Shakespeare*. Bloomington: Indiana UP, 1972.

Brooks, Cleanth. "The Naked Babe and the Cloak of Manliness." *The Well Wrought Urn: Studies in the Structure of Poetry*. 1947. New York: Harcourt Brace Jovanovich, 1956. 21-46.

Curry, Walter Clyde. *Shakespeare's Philosophical Patterns*. Baton Louge: Louisiana State UP, 1959.

Diehl, Huston. "Horrid Image, Sorry Sight, Fatal Vision: The Vidual Rhetoric of *Macbeth*." *Shakespeare Studies* 16 (1983): 191-204.

Driver, Tom F. *The Sense of History in Greek and Shakespearean Drama.* New York: Columbia UP, 1960.

Horwich, Richard. "Integrity in *Macbeth*: The Search for the 'Single State of Man.'" *SQ* 29 (1978): 365-73.

Jorgensen, Paul A. *Our Naked Frailties: Sensational Art and Meaning in* Macbeth. Berkeley: U of California P, 1971.

Kimbrough, Robert. "Macbeth: The Prisoner of Gender." *Shakespeare Studies* 16 (1983): 175-90.

Knight, G. Wilson. *The Shakespearean Tempest.* London: Methuen, 1953.

_____. *The Wheel of Fire: Interpretations Shakespearian Tragedy.* 1947. New York: Barnes and Nobles, 1965.

Knights, L. C. *Some Shakespearean Themes*. London: Chatto and Windus, 1959.

Muir, Kenneth. "Image and Symbol in *Macbeth*." *Shakespeare Survey* 19 (1966): 45-54.

_____. "Introduction." *Macbeth* by W. Shakespeare. London: Methuen, 1977.

11-65.

Shakespeare, William. *Macbeth*. The Riverside Shakespeare. Ed. G. B. Evans. Boston: Houghton Mifflin, 1974.

Speaight, Robert. *Nature in Shakespearian Tragedy*. London: Holis and Carter, 1955.

Spurgeon, Caroline F. E. *Shakespeare's Imagery and what It Tells Us*. New York: Macmillan, 1936.

Walker, Roy. *The Time Is Free: A Study of Macbeth*. London: Andrew Dakers, 1949.

■ 작품인용 원문

(1.3.48-50) *1 Witch*. All hail, Macbeth, hail to thee, Thane of Glamis!/ *2 Witch*. All hail, Macbeth, hail to thee, Thane of Cawdor!/ *3 Witch*. All hail, Macbeth, that shalt be King hereafter.

(1.3.130-42) This supernatural soliciting/ Cannot be ill; cannot be good. If ill,/ Why hath it given me earnest of success,/ Commencing in a truth? I am Thane of Cawdor./ If good, why do I yield to that suggestion/ Whose horrid image doth unfix my hair/ And make my seated heart knock at my ribs,/ Against the use of nature? Present fears/ Are less than horrible imaginings:/ My thoughts, whose murther yet is but fantastical,/ Shakes so my single state of man that function/ Is smother'd on surmise, and nothing is/ But what is not.

(5.2.16-22) Now does he feel/ His secret murthers sticking on his hands;/ Now minutely revolts upbraid his faith-breach;/ Those he commands move only in command,/ Nothing in love. Now does he feel his title/ Hang loose about him, like a giant's robe/ Upon a dwarfish thief.

(1.5.16-23) Yet do I fear thy nature,/ It is too full o'th'milk of human kindness,/ To catch the nearest way. Thou wouldst be great,/ Art not without ambition, but without/ The illness should attend it. What thou wouldst highly./ That wouldst thou holily; wouldst not play false,/ And yet wouldst wrongly win. Thou'ldst have, great Glamis,/ That which cries, "Thou must do," if thou have it.

(1.5.40-50) Come, you spirits/ That tend on mortal thoughts, unsex me here,/ And fill me, from the crown to the toe topfull/ Of direst cruelty! Make thick my blood,/ Stop up th'access and passage to remorse,/ That no compunctious visiting of nature/ Shake my fell purpose, nor keep peace between/ Th' effect and [it]! Come to my woman's breasts,/ And take my milk for gall, you murth'ring ministers,/ Wherever in your sightless substances/ You wait on nature's mischief!

(1.7.18-24) So clear in his great office, that his virtues/ Will plead like angels, trumpet-tongu'd, against/ The deep damnation of his taking-off;/ And pity, like a naked new-born babe,/ Striding the blast, or heaven's cherubim, hors'd/ Upon the sightless couriers of the air,/ Shall blow the horrid deed in every eye,/ That tears shall drown the wind.

(1.7.54-59) I have given suck, and know/ How tender 'tis to love the babe that milks me;/ I would, while it was smiling in my face,/ Have pluck'd my nipple form his boneless gums,/ And dash'd the brains out, had I so sworn as you/ Have done to his.

(1.4.50-53) Stars, hide you fires,/ Let no light see my black and deep desires;/ The eye wink at the hand; yet let that be,/ Which the eye fears, when it is done, to see.

(1.5.50-54) Come, thick Night,/ And pall thee in the dunnest smoke of hell,/ That my keen knife see not the wound it makes,/ Nor heaven peep through the blanket of the dark/ To cry, "Hold, hold!"

(2.1.33-39, 44-49) Is this a dagger, which I see before me,/ The handle toward my hand? Come, let me clutch thee:/ I have thee not, and yet I see thee still./ Are thou not, fatal vision, sensible/ To feeling, as to sight? or art thou but/ A dagger of the mind, a false creation,/ Proceeding form the heat-oppressed brain? [⋯]/ Mine eyes are made the fools o'th'other senses,/ Or else worth all the rest. I see thee still;/ And on thy blade, and dudgeon gouts of blood,/ Which was not so before. There is no such thing./ It is the bloody business which informs/ Thus to mine eyes.

(2.2.56-60) What hands are here? Hah! they pluck out mine eyes./ Will all great Neptune's ocean wash this blood/ Clean from my hand? No; this my hand will rather/ The multitudinous seas in incarnadine,/ Making the green one red.

(2.2.50-54) Give me the daggers. The sleeping and the dead/ Are but as pictures; 'tis the eye of childhood/ That fears a painted devil. If he do bleed,/ I'll gild the faces of the grooms withal;/ For it must seem their guilt.

(1.2.16-23) [B]rave Macbeth(well he deserves that name)/ Disdaining Fortune, with his brandish'd steel,/ Which smok'd with bloody execution,/(Like valour's minion) carv'd out his passage/ Till he fac'd the slave;/ Which ne'er shook hands, nor bade farewell to him,/ Till he unseam'd him from th' nave to the chops,/ And fix'd his head upon our battlements.

(2.4.5-10) Thou seest the heavens, as troubled with man's act,/ Threatens his bloody stage. By th' clock 'tis day,/ And yet dark night strangles the travelling lamp./ It't night's predominance, or the days' shame,/ That darkness does the face of earth entomb,/ When living light should kiss it?

(3.2.46-53) Come, seeling night,/ Scarf up the tender eye of pitiful day,/ And with bloody and invisible hand/ Cancel and tear to pieces that great bond/ Which keeps me pale! Light thickens, and the crow/ Makes wing to th' rooky wood;/ Good things of Day begin to droop and drowse,/ Whiles Night's black agents to their preys do rouse.

(5.1.35-40) Out, damn'd spot! out, I say! One—two—why, then 'tis time to do't. Hell is murky. Fie, my Lord, fie, a soldier, and afeard? What need we fear who knows it, when none can tell our power to accompt? Yet who would have thought the old man to have had so much blood in him?

(2.2.32-37) I heard a voice cry, "Sleep no more!/ Macbeth does murther Sleep"—the innocent sleep,/ Sleep that knits up the ravell'd sleave of care,/ The death of each day's life, sore labour's bath,/ Balm of hurt minds, great nature's second course,/ Chief nourisher in life's feast.

(3.2.19-26) Better be with the dead,/ Whom we, to gain our peace, have sent to peace,/ Than on the torture of the mind to lie/ In restless ecstasy. Duncan is in his grave;/ After life's fitful fever he sleeps well./ Treason has done his worst; nor steel, nor poison,/ Malice domestic, foreign levy, nothing/ Can touch him further.

(4.3.164-73) Alas, poor country,/ Almost afraid to know itself! If cannot/ Be call'd our mother, but our grave; where nothing,/ But who knows nothing, is once seen to smile;/ Where sights, and groans, and shrieks that rent the air/ Are made not mark'd; where violent sorrow seems/ A modern ecstasy. The dead man's knell/ Is there scarce ask'd for who, and good men's lives/ Expire before the flowers in their caps,/ Dying or ere they sicken.

5. 외양과 실재의 괴리와 인식과정: 『리어 왕』

외양과 실재의 괴리는 『리어 왕』(*King Lear*)에서 중요한 주제이며, 셰익스피어는 '현명한 바보'와 '우둔한 왕'의 대조를 통해 이를 드러내고 있다. 이 극에서 바보(the Fool)는 어리석은 리어 왕의 선생으로 행동하고, 이는 아이러니를 창출한다. 셰익스피어는 아첨과 진실, 어리석음과 지혜, 육체적 양상과 내적 양상의 대조를 통해 외양과 실재의 괴리라는 주제를 드러내며, 전자와 후자의 불일치는 극중에서 아이러니를 창출한다. 위선적인 딸들의 본성을 파악하지 못한 리어 왕은 비극적인 실수를 범한다. 그러나 '바보광대'라는 이름의 등장인물은 외양과 실재 사이의 차이뿐만 아니라 어느 인물이 옳고 그른지, 무엇이 진실이고 무엇이 거짓인지, 그리고 누가 위선적이고 누가 정직한지까지도 판단할 수는 있는 현자이다. 그는 또한 자신이 처한 현실과 진실을 직시할 줄아는 현명한 인물이다. 왕이 어리석고 '바보광대'가 자신이 모시는 상전보다 지혜롭다는 것은 매우 역설적이다. 세상의 실제 모습과 자신의 정체성을 인식하지 못하는 리어 왕은 바보지만, '바보광대'는 겉으로 드러난 외양과 바보라는 이름에도 불구하고 매우 현명한 인물이다. 바로 이 바보광대와 주인 사이의 역할 전도에서 아이러니가 발생한다. 외양에 속아 실재를 인식하지 못하고 자신의 정체성을 인식하지 못하는 왕의 어리석음을 깨우쳐주는 자가 다름 아닌 바보광대이기 때문이다.

글로스터(Gloucester)와 아들 사이의 관계로 구성된 종 플롯에도 외양과 실재의 괴리라는 주제가 등장한다. 그리하여 종 플롯은 주 플롯의 주제를 단순히 반복하는 것이 아니라 극적 아이러니를 창출하면서 주제를 강화한다. 딸들의 실체에 무지한 리어 왕과 마찬가지로 글로스터 역시 아들들의 실체에 대해 무지하다. 주 플롯과 마찬가지로 종 플롯에서도 아버지는 악한 자식의 거짓 외양에 속고 선한 자식을 오해하는 잘못을 범한다. 글로스터가 외양과 실재의 괴리를 인식하고 지혜를 얻어 자기 자신을 인식하는 과정 역시 리어 왕의 인식 과정과 동일하다. 그러나 이 글이 다루는 범위는 주 플롯에 나타난 외양과 실재의 괴리 양상이다. 이 글은 현명한 바보와 그가 모시는 어리석은 주인인 리어 왕과의 관계, 그리고 리어 왕의 인식 과정에 초점을 맞추면서 외양과 실재의 괴리 또는 대립이란 주제를 드러내려는 작업이다.

I

리어 왕의 바보광대처럼 왕실에 살면서 왕을 즐겁게 했던 바보광대에 관한 전통은 서구에서 오랜 역사를 가지고 있다. 중세 때부터 영국의 왕과 영주들은 악령을 쫓거나 흥을 돋우기 위해 광대를 왕실에 상주시키고 그들을 후원했다. 이 광대들은 누구보다도 자유롭게 말하고 행동할 특권을 가졌고, 면책 특권을 누려 처벌이나 규제로부터 자유로웠다(Ostwald 22). 고대 이집트인들과 로마인들도 난쟁이 광대를 곁에 두곤 했다. 그 이유는 광대가 드러나지 않은 미래의 지식을 인식할 수 있는 존재로 생각되었고, 주인의 사후 여정에서 주인을 도와주는 인물로 간주되었기 때문이다. 또한 야유와 조롱을 통해 악령을 막을 수 있는 일종의 마스코트로 간주되었기 때문이다(Linn 11-14; Welsford 61-76, 114-16). 중세 왕궁에 광대가 등장한 것은 12세기쯤이다. 14세기에 이르자 광대들은 인기가 있었고, 15세기와 16세기 초에는 그 인기가 절정에 달했다. 영국과 프랑스의 왕궁에는 많은 바보광대들이 있었으며, 14세기 후반 이후 궁정광대를 위한 특수 복장으로 알록달록한 복장과 길이가 긴 페티코트가 유행하였다. 광대들은 흔히 알록달록한 옷과 종이 달린 고깔모자를 썼으며 나중에는 자유롭게 말할 수 있는 특권도 얻었다(Hotson 2-10).

무대에서 극중 역할을 맡는 직업적인 바보광대가 나타난 것은 엘리자베스 시대에 이르러서이다. 오스트왈드(Ostwald)의 주장에 따르면 엘리자베스 시대의 극에서 가장 훌륭한 자연적(natural) 바보광대는 아민(Armin)이 쓴 『모클랙의 두 하녀들』(*Two Maids of More-Clacke,* 1609)의 등장인물로 연기했던 존(Blue John)이다. 한편 영리한 인위적(artificial) 바보광대의 예로 롤리(Rowley)의 극 『당신이 날 보면 날 알게 될 거야』(*When You See Me You Know Me,* 1605)에 등장한 윌 소머스(Will Sommors)를 들 수 있다. 존은 미성숙하고 천진난만한 자연적 광대로 자신의 역할이 뭔지를 분명하게 의식할 수 있는 지력을 가지진 못했지만, 소머스는 자신의 어리석음이 단지 가면일 뿐이라는 사실을 분명히 인식했던 인위적 광대였다(Ostwald 20-24, 33). 핫슨(Hotson)은 바보광대들을 자신의 행동과 그 행동의 결과를 의식할 수 있는가 없는가에 따라 자연적 광대와 인위적 광대로 분류한다. 자연적 광대는 무의식적인 본능에 따라 행동하는 익살스런 광대이며, 반면 인위적인 광대는 의식적으로 익살을 부리는 광대이다. 자연적인 바보광대와 인위적 바보광대가 익살을 부린다는 점은 동일하지만 창출하는 효과는 상당히 다르다. 전자가 자신이 만들어내는 효과를 잘 알지 못한 채 본능적으로 행동하는 반면, 후자는 일부러 순진한척 행동하면서 의식적으로 연기하기 때문이다(96-97) 골드스미스(Robert M. Goldsmith)의 지적에 따르면, 이러한 인위적 바보광대는 환영받지 못할 진실이라도 감히 말할 수 있는 "공인된 비판자"(licensed critic)로 관중을 즐겁게 하는 단순한 예능인 이상의 존재가 되었다(7). 리어 왕의 바보광대는 바로 이러한 공인된 비판자의 역할을 수행하는 인물이다.

카이저(Walter Kaiser)에 따르면, 바보광대가 지혜(*sapientia*)를 가진 자라는 생각은 소크라테스 시대로 거슬러 올라가며, 바보의 지혜는 식자들의 지식(*scientia*)과는 대조되었다. 소크라테스는 자신의 무지를 깨달은 인간만이 지혜로운 존재가 될 수 있다고 주장했다. 이런 생각은 성서에서도 반복되는 내용이다. 성 바울은 "우리는 주님을 위한 바보"지만 우리는 주님 안에서 현명할 수 있다고 가르친다. 그리고 진실로 현명하길 원하는 자가 있다면 "지혜를 얻기 위해 바보가 되어야한다"고 가르친다. 왜냐하면 이 "세상의 지혜는 하느님이 보시기엔 어리석기 그지없는 것"이기 때문이다(고린도서 4:10, 3:18-20). 이런 바울의 생각은 기독교적 지혜와는 구별되는 세속적인 지혜가 별 가치가 없는 지혜라는 확신에 따른 것이다. 바보가 지혜롭다는 역설은 에라스무스(Erasmus)의 『바보 예찬』(*Moriae encomium,* 1509)에서도 계속된다. 『바보 예찬』은 서구 문학사에서 현명한 바보에 대한 가장 예리한 관찰을 담은 책이다. 『바보 예찬』의 등장인물 우신, 즉 어리석음의 여신은 이탈리아의 인본주의 사상과 북구의 기독교적 인본주의를 가장 잘 결합시켜 드러내는 인물이다. 그녀는 실재가 종종 바깥에 드러난 외양과는 반대로 작용할 수 있다는 사실을 보여주면서, 세속적인 학식의 허세를 조롱하고 인간의 어리석음을 파헤치는 인물이다. 우신은 겉보기에 현명한 사람들이 실제로 어리석을 수도 있고, 겉보기에 어리석은 사람들이 실제로 현명할 수도 있다고 믿는 사람이다. 에라스무스가 르네상스 시대에 만연하고 있던 세속적 지혜를 경멸하는 것은 다름 아닌 이 우신의 입을 통해서이다. 평자들은 현명한 바보광대가 "회의론의 그림자가 인본주의 사상과 우연히 맞닿을 때"인 16세기에 새로운 시대를 위한 대변인으로 등장했다고 평가한다(Kaiser, "Wisdom" 517-19; *Praise* 19-34).

바보에 관한 에라스무스의 개념을 구체화시킨 극중 인물이 바로 리어 왕의 바보광대이다. 다른 어떤 작품보다도 『리어 왕』에는 '현명한' 바보광대와 가치가 전도된 세상에 대한 역설적인 생각이 잘 드러나 있다. 셰익스피어 작품에 재현된 바보광대, 즉 『좋으실 대로』(*As You Like It*)의 터치스톤(Touchstone)과 『십이야』(*The Twelfth*)의 페스테(Feste)뿐만 아니라, 리어 왕의 바보광대는 바로 현명한 인위적 바보들이다. 『리어 왕』에서 바보광대는 천진난만하지만 공인된 비판자이다. 그는 번뜩이는 유머와 재치 있는 익살로 청중을 즐겁게 하면서 자유롭게 말할 수 있는 면책 특권을 갖고 있다. 게다가 리어의 바보광대는 왕이 깨닫지 못한 진실을 볼 수 있는 현자이다. 그는 왕을 가르치는 현명한 바보이며 주위의 사람들에게 어떤 것이라도 말할 수 있는 특권을 가진 공인된 비판자이다.

Ⅱ

리어 왕으로 하여금 자신이 행한 어리석은 행위를 깨닫게 하려고 노력하는 바보광대는 1막에서 리어의 선생으로 등장한다. 바보광대와 리어의 관계를 살펴보기 전에 먼저 소위 '사랑 고백 콘테스트'에서 리어가 어떤 우행을 저지르고 어떤 잘못을 범하는가를 살펴보는 것이 순서일 것이다. 1막 1장에서 노령의 리어 왕은 왕국을 삼등분하여 세 딸들에게 주고, "모든 걱정과 번거로운 일들을 털어버리고, 젊고 힘이 넘치는 이들에게 국사를 맡기고, 죽는 날까지 홀가분한 마음으로 여생"을 보내겠다는 의중을 밝힌다(1.1.38-41). 그러나 삼등분된 왕국이 딸들에게 거저 주어지는 것은 아니다. 딸들의 반응에 따라 그들의 몫은 달라질 것이다. 각자의 몫을 할당하기 전에 리어는 세 딸들의 사랑을 저울질한다. 리어는 사랑의 무게와 진실이 '말'로 전해질 수 있다고 믿는 어리석고 순진한 사람이다. 그리하여 '사랑 고백 콘테스트'에서 리어는 "누가 날 가장 사랑한다고 말하겠느냐? 과인은 짐에 대한 효심이 가장 지극한 딸에게 효심에 합당한 후한 상을 주겠다"는 어리석기 그지없는 질문을 던진다(1.1.51-53). 이에 첫째 딸 거너릴(Goneril)은 "어떤 말로도 표현할 수 없을 만큼 사랑합니다. …… 말로는 감히 다 표현할 수 없는 사랑으로, 그 어떤 것과도 비교할 수 없는 사랑"으로 리어를 사랑한다고 아첨한다(1.1.55-61). 사랑은 사실 그 어떤 "말로도 감히 다 표현할 수 없는" 성질의 것이다. 이어서 둘째 딸 리건(Regan)은 언니의 사랑 고백이 너무 짧다고 말한 후 "인간의 어떤 귀한 감각이 누리는 기쁨도 아버님에 대한 제 사랑의 적으로 삼아 물리칠 것"을 고백하고, "폐하의 사랑 안에서만 행복할 수 있다는 걸" 고백한다(1.1.70-75). 그러나 막내 딸 코델리어(Cordelia)는 "자식 된 도리로" 순종하고 사랑할 뿐 그 외에는 "드릴 말씀이 아무 것도 없다"고 짤막하게 답한다.

> 코델리어: 드릴 말씀이 아무 것도 없습니다, 폐하.
> 리　　어: 없어?

코델리어: 없습니다.
리　　어: 말할 게 없으면 아무 것도 받을 게 없을 거다. 다시 말해봐라.
코델리어: 불행하게도 전 제 마음을 입에 담을 수 없습니다.
　　　　　전 자식 된 도리로 아버님을 사랑합니다.
　　　　　더도 아니고 덜도 아닙니다.
리　　어: 아니 어찌 된 거냐. 코델리어! 달리 말해봐라.
　　　　　그래야 너도 받을 것이 있을 게 아니냐. (1.1.87-95)

'무(無)'(nothing)는『리어 왕』전편에 울려 퍼지는 가장 중요한 주제라고 하여도 과언이 아니다(Elton 179). 리어 왕은 "드릴 말씀이 아무 것도 없다"(Nothing)는 코델리어의 말에 "말할 게 없으면 아무 것도 받을 게 없을 것"(Nothing will come of nothing)이니 다시 말해보라고 한다. 그러나 코델리어는 자식으로서 아버지를 사랑할 뿐 다른 "드릴 말씀이 없다"는 말만을 반복한다. 딸의 말에 분노한 리어는 혈육의 정을 거부하고 코델리어를 영원히 남으로 생각하겠다면서 성급하게 분노를 드러낸다. 코델리어의 마음과 말은 과거나 현재나 미래나 변함이 없지만, 이 지점에서 리어는 외양에 현혹되어 진실에 눈을 감는다. 그러나 허위와 위선이 우세한 세상에서도 시간은 언젠가는 진리를 드러내고 증명할 것이다. 시간의 흐름 속에서는 감추려는 그 어떤 것도 감추어지지 않는다. 그러므로 이 작품에서 시간은 진리의 대행자이다(Tuner 5). 위선적인 두 언니와 작별하면서 코델리어는 "때가 되면 가면은 벗겨지기 마련이고, 나쁜 일은 아무리 감춘다고 해도 때가 되면 언젠가는 드러나는 법"(1.1.280-81)이라고 말한다. 그녀의 말처럼 시간은 언젠가 외양과 내실의 괴리를 드러낼 것이다. 사악한 두 딸들의 본성은 1막 3장과 2막 4장에 이르자 곧 드러나게 된다.

노령의 리어는 우둔하게도 스스로 왕국의 질서를 파괴한다. 왕국 분할이라는 리어의 어리석은 행위는 곧 비극적 파국으로 전개될 것이다. 여기서 리어는 외양과 내실의 괴리를 파악하지 못한 채 외양에만 이끌려 잘못을 범하는 비극적 결함을 드러낸다. 리어는 온갖 미사여구로 자신의 비위를 맞추고 있는 거너릴과 리건의 외양에 속아 분할한 왕국을 넘겨준다. 그러나 코델리어는 미사여구로 치장한 두 언니보다 실제로는 훨씬 더 효성스런 딸이다. 충신 켄트(Kent)는 리어 왕의 어리석은 판단과 부당한 행위를 비판하지만, 그의 충언은 받아들여지지 않고 오히려 추방당한다. 이 와중에서 바보광대는 다음과 같이 말한다.

> 바보광대: 자, 내 고깔을 받아요. 그런데 말이야, 저 사람은 두 딸을 쫓아버리고 셋째 딸에게는 마음에도 없는 축복을 내렸지. 당신이 저 사람을 따라다니려면 내 고깔을 써야 할 거야. 어때요. 아저씨! 고깔 두 개와 딸 둘만 있었으면 좋겠는데.
> 리　　어: 왜 그러냐?
> 바보광대: 내 재산 모두를 두 딸에게 준다 해도, 고깔은 남을 거니까요. 이건 내 것이니, 딸들에게 고깔 하나 달라고 애원해요. (1.4.101-109)

바보광대는 자신의 고깔모자가 리어 왕에게 더 잘 맞는다고 생각하고 그를 '아저씨'라고 부르면서 리어 왕을 초라하게 만든다. 여기서 왕의 역할과 바보광대의 역할이 전도되면서 아이러니가 발생한다. 바보광대가 주인으로 하여금 현실을 깨닫도록 하고 있기 때문이다. 바보광대는 도발적인 조롱으로 왕을 바보로 만들고, 제스처를 쓰면서 그에게 바보고깔을 준다. 로젠버그(Marvin Rosenberg)에 따르면, 바보광대의 고깔과 리어 왕의 왕관은 바로 이 장면에서 은유적으로 교환된다. 바보광대는 리어 왕에게 왕관으로 고깔을 주고 리어로부터 왕관을 받는데, 이러한 은유적 맞바꿈은 리어의 어리석음을 드러내는 한편, 바보의 지혜를 효과적으로 드러낸다(110).

바보광대의 연설과 노래의 주제는 항상 주인의 어리석음인데, 리어의 어리석음은 이른바 '사랑 고백 콘테스트'에서 리어가 딸들에게 보여준 반응과 스스로 퇴위하여 왕으로서의 권위를 포기할 때 명백하게 드러난다. 바보광대는 위선적인 리건과 거너릴을 믿고 있는 왕의 어리석음을 지적하고, 다음과 같은 노래를 통해 리어로 하여금 외양과 실재의 차이를 직시하도록 자극한다.

> 보여준 것보다는 더 많이 갖고 있고,
> 아는 것보다는 덜 말해야 하고,
> 가진 것보다는 덜 빌려주어야 해.
> 걷기보다는 말을 타고 가고,
> 듣는 것 모두를 믿지는 말고,
> 가진 것 모두를 단 한판에 걸지 말고 (1.4.118-23)

바보광대는 모든 걸 스스로 포기한 리어의 현재 상황에 대한 통찰력을 보여주고 있고, 리어에 대한 그의 충고는 매우 현실적이다. 바보광대는 리어에게 "당신은 입맛 쓴 광대와 달콤한 광대의 차이를 알기나 해?"하고 묻는다(1.4.137-38). 이에 리어는 "모른다, 이놈, 가르쳐 다오"(139)라고 답한다. 바보광대는 현실에 대해 무지한 리어를 바보라고 생각하고, 왕으로서의 권력을 스스로 포기하는 것이 고통의 근원이 될 것임을 거듭 강조한다. "왕관을 주었으니 당신의 그 대머리 골통 속에 지혜라곤 거의 없어"(1.4.162-63)라고 말하는 바보광대는 아이러니컬하게도 자신의 주인인 리어 왕의 선생이 된다. 광대는 계속해서 "아저씨, 쓸데없는 거라고 아무 쓰임새도 없을까?"(1.4.130-31)라고 질문하고, 이에 리어는 "이놈, 안되고말고. 쓸데없는 건 쓸데없는 것에 불과해"(133)라고 대답한다.

바보광대는 스스로 퇴위하여 왕국의 무질서를 초래한 리어의 '쓸데없는' 짓을 조롱한다. 여기서 리어는 1막 1장의 대사를 되풀이한다. 코델리어에게 "말할게 없으면 받을 것도 없을 것"이라고 소리쳤던 그는 "쓸데없는 건 쓸데없는 것에 불과해"라고 바보광대에게 말한다. 리어는 진실을 말하고 있지만 퇴위 후 쓸모없는 존재로 전락한 자신의 현재 상태를 깨닫지 못한다. "쓸데없는 것"라고 외치는 리어가 "쓸데없는 존재"로 전락한 자신의 상태를 모른다는 것은 대단히 아이러니컬하다. 엘튼(W. R. Elton)은 "쓸데없는 것"의 함축적 의미와 "쓸데없는 것"이란 리어의 표현에서 생겨나는 아이러니를 주시하면서, "무와 실재"가 서로 대체 가능하고, "그림자와 실체" 그리고 "외양과 실재"의 모티프와 유사한 대립쌍임을 지적한다(179). 자신의 어리석은 행동으로 인해 리어는 "실체 없는 무"나 "그림자"의 상태로 전락하게 된다. 바보광대는 '무'를 언급하고, 이를 통해 리어의 상태를 언급한다. 그리고 바보광대의 말은 스스로 왕의 자리를 포기한 리어가 당면한 '무'의 상태를 인식하도록 자극한다. 그러나 이는 거저 주어지는 것이 아니다. 리어는 고통을 통해 현명해질 수 있고, 바보광대와 코델리어가 말하는 '무'의 진정한 의미를 파악하게 될 것이다. 또한 고통을 통해 리어는 '무'의 상태로 전락한 현재 자신의 처지를 인식하게 되는 계기를 가지게 될 것이다. 그런데 리어가 비참한 상태에서 자신의 정체성을 인식하고 외양을 넘어 실재를 인식하는 통찰력을 얻게 되는 것은 현명한 바보의 도움을 통해서이다.

'무'의 반향은 바보광대가 리어의 어리석음에 대해 풍자하는 부분에서 반복적으로 나타난다. 리어가 바보광대에게 언제부터 노래를 불렀느냐고 묻자, 그는 "연습을 했지, 아저씨. 아저씨가 딸들에게 회초리를 주고 스스로 바지를 내렸을 때부터"(1.4.172-74)라고 익살스럽게 응수하고 다음과 같이 말한다.

> 바보광대 노릇보단 차라리 딴 짓을 하는 게 좋겠어. 그래도 당신은 되지

> 않을래, 아저씨. 당신은 지혜의 양쪽을 잘라낸 나머지 이제 남은 게 없어. …… 딸이 우거지상을 하고 있어도 신경 쓸 필요가 없을 땐 아저씨가 멋진 사람이었는데. 이젠 아무 숫자도 없는 영이야. 지금 당신 신세보단 내가 낫지. 난 광대지만 당신은 아무것도 아니니까. (1.4.185-94)

바보광대는 리어가 자신의 현재 상태를 인식하도록 자극하고 스스로 왕권을 포기한 어리석은 행동을 인식하도록 하기 위해 '영' 또는 '무'라는 단어를 거듭 사용한다. 리어가 "아무 것도 아닌 존재"로 전락한 이유를 잘 알고 있는 바보광대는 리어로 하여금 사악한 딸들의 외양에 속아 그리 되었다는 것을 깨닫게 하려고 노력한다. 댄비(John F. Danby)의 언급에 따르면, 이 재치 있는 바보광대의 역할은 "시소게임"에서 균형을 잡아주는 일이고, 리어 왕 자신은 "어느 손에 물건이 있는가를 맞히는 먹국 놀이(handy-dandy)"의 참여자이다(103). 리어가 바보광대에게 자신을 바보라고 부르는 이유를 묻자, 그는 "다른 칭호는 모두 다 주어버렸고, 이제 남은 것은 당신이 가지고 태어난 것뿐이니까"라고 답한다(1.4.149-50). 이때 바보광대의 말 이면에 숨은 뜻을 파악한 켄트는 바보광대가 "완전히 광대 노릇만 하는 놈"은 아니라고 리어에게 말한다(1.4.151). 심지어 거너릴조차도 그를 "특허받은 광대"라고 부른다(1.4.201). 바보광대의 풍자는 리어 왕뿐만 아니라 바보짓을 하는 많은 고위 인사들에게까지 미친다. "그래, 고관대작들이 나만 바보짓을 하도록 내버려두질 않는단 말씀이야. 내가 전매특허를 독차지하려고 해도 그들도 한 몫 끼겠다는 거야. 귀부인들 역시 바보짓을 나 혼자만 하도록 그냥 내버려두질 않고 가로채 간다니까"(1.4.152-55). 바보광대는 왕이 진짜 바보라는 것을 끊임없이 암시한다. 바보광대라는 명칭은 단지 그가 외관상으로 바보라는 것을 나타낼 뿐이다. 사실 바보광대는 그 우스꽝스런 외양에도 불구하고 리어 왕보다 한층 더 현명한 존재이다. 그는 사악한 두 딸의 정체를 인식하고 있고, 딸들에게 권력을 나누어 준 리어의 어리석음을 알고 있고, 나아가 선한 코델리어의 실체를 파악하고 있기 때문이다. 거너릴의 잔인한 대우를 받은 이후, 리어는 그녀의 진짜 모습을 깨달을 뿐만 아니라 자신의 정체성을 찾으려는 노력을 시작한다. 비통에 찬 리어는 다음과 같이 묻는다.

> 여기 누가 날 아는가? 이건 리어가 아니야.
> 리어가 이렇게 걷는가? 이렇게 말하는가? 그의 눈은 어디 있지?
> 생각은 느려지고, 분별력은 혼수상태에 빠졌는가?
> 하! 정녕 내가 걷고 있는 것인가? 그렇지 않다.
> 내가 누구인지 누가 좀 말해다오. (1.4.226-230)

"내가 누구인지 말해줄 자 그 누구인가?"라는 리어의 질문은 자신의 정체성을 찾고자 하는 리어의 노력을 보여준다. 리어의 물음을 두고 바보광대는 당신은 "리어의 그림자"(1.4.231)라고 답하고, 사악한 딸들이 리어를 자신들에게 "복종하는 아버지"(235)로 만들 것이라고 조롱한다. 바보광대는 거듭 리어로 하여금 '무'와 '그림자'에 지나지 않는 존재로 전락했음을 인식시키려고 노력한다. 그리하여 리어는 자신의 정체성을 파악하기 시작하고, 타인들을 이해하기 시작하고, 거짓 외양에 속아 비참한 지경으로 전락한 자신의 현재 상태를 깨닫기 시작한다.

리어는 '사랑 고백 콘테스트'에서 자신에게 아첨하고 자신을 깊이 사랑하는 척했던 거너릴의 위선을 깨닫고, 나아가 자신이 코델리어에게 행한 잘못을 깨닫는다.

> 아, 너무나 작은 허물아, 넌 어찌하여

> 코델리어에게서는 그토록 추하게 보였던가!
> 그 허물은 마치 고문도구처럼, 내 타고난 본성을
> 마땅히 있어야할 자리에서 내몰았고,
> 내 가슴의 모든 사랑을 모두 뽑아낸 후 담즙만을 더해놓았구나.
> 아, 리어, 리어, 리어! 어리석음을 불러들이고 소중한 판단력을
> 내쫓았으니, 이 대문에다 머리통이나 부셔버려라! (1.4.266-72)

이 대사는 리어가 자신의 어리석음을 깨닫는 것처럼 보이게 하지만, 리어가 완전한 깨달음에 이른 것은 아니다. 우리는 리어가 자신의 딸들에 관해 계속 그릇된 판단을 하고 "나에게는 또 다른 딸이 있다. 그녀는 분명 나를 친절하게 대하고 편안하게 해줄 것이다"(1.4.305-06)라고 말할 때 극적 아이러니를 느끼게 된다. 리어가 말하는 "또 다른 딸"은 거너릴보다는 더 친절할 것으로 기대하는 리건이다. 그러나 관객은 리어의 "또 다른 딸"이 코델리어이며 그녀야말로 리어에게 효녀임을 잘 알고 있다. 리어에게는 온갖 아첨을 동원해 거리낌 없이 사랑을 고백하지 못했던 코델리어가 애정이 없는 딸로 보였겠지만, 그녀야말로 리어를 진정으로 사랑하는 유일한 딸이다(Clemen 178). 리어는 여전히 리건이 거너릴과는 다르다고 생각하지만, 기대와 달리 리건은 거너릴보다 더 잔인한 인물이다. 리어는 겉으로 보이는 것과 실재의 차이를 분간하지 못한다. 그리하여 리어가 의미하는 것과 "또 다른 딸"에 관한 리어의 언급 사이에 존재하는 불일치를 감지하는 관객들은 극적 아이러니를 체험한다.

바보광대는 계속해서 리어가 사악한 딸들의 실체를 인식할 수 있도록 자극한다. 바보광대는 "돌 사과 맛은 돌 사과 맛이듯 당신 딸도 그럴 거야" (1.5.18-19)라고 말한다. 바보광대는 리건이 거너릴만큼이나 잔인하다는 것을 잘 알고 있다. 실재에 대한 바보광대의 언급은 비록 익살맞기는 하지만, 리어를 좀 더 동정적으로 보이게 하고 좀 더 제 정신이 아닌 존재로 보이게 만든다. 리어는 미치게

될 것을 두려워한다. "아, 날 미치게 하지 마, 미치지 않게, 자비로운 하늘이시여! 날 온전히 있게 해 주시오. 난 미쳐버리고 싶지 않아!"(1.5.46-47). 리어의 어리석음에 대한 바보의 지적은 다소 신랄하지만, 리어의 어리석음에 대한 시험은, 콜리(R. L. Colie)의 지적에 의하면, 곧 "도덕적 인식, 도덕적 가치, 그리고 도덕적 행위"에 대한 시험이다(479). 사실 셰익스피어는 리어의 인식과정을 통해 도덕적 자각과정을 시험한다. 여기서 바보광대는 한편으로 "내적 목소리인 리어의 양심"으로, 그리고 또 다른 한편으로는 세속적인 방법으로 "리어를 가르치는 현명한 스승"으로 이해될 수 있다(Heilman 186). 리어 왕은 자신의 어리석음으로 인해 딸과 켄트에 대한 그릇된 판단을 내리고 도덕적으로 눈이 멀어버렸다. 현실에 대해 무지한 것은 바보광대가 아니라 리어 왕이며, 현실을 지혜롭게 인식하는 것은 리어가 아니라 바보광대이다. 리어 왕과 바보광대 사이의 역할 전도는 리어가 신체적인 고통과 정신적 고통을 겪은 후 실재를 인식하게 되면서 사라진다.

거너릴과 리건은 가신 중 몇 명을 계속 거느리려는 아버지의 기대를 좌절시킨다. 그러나 이때 리어는 자신이 "나이만큼 슬픔도 많고, 어느 쪽으로 보나 불쌍한 늙은이"(2.4.272-73)라는 것을 깨닫는다. 리어의 자기 인식이 드러나는 지점이다. 게다가 리어는 사악한 딸들에 대한 책임이 자신에게 있다는 걸 깨닫는다. 그는 사악한 딸들조차도 자신의 살이며 피라는 것을 인식하고 있기 때문이다. 깨달음의 순간 그의 정신은 이상해지기 시작한다. 딸들의 배은망덕이 초래한 리어의 정신이상은 견디기 힘든 정신적 고통이다. 정신이 오락가락하는 가운데 리어는 "미칠 것 같다"(2.4.286)고 외치면서 거친 폭풍이 몰아치는 광야로 떠난다. 폭풍 속에서 리어는 신체적 고통뿐만 아니라 극심한 정신적 고통을 겪는다. 리어는 황야의 폭풍 속에서 다음과 같이 소리 지른다. "바람아 불어라, 네 뺨이 터지도록! 세차게 불어라! …… 온 땅을 흔들어 대는 천둥이여, 두텁고 둥근 이 지구를 내리쳐 납작하게 만들어 버려라! 배은망덕한 인간을 생산하는 대자연의 틀을 깨어버리고 모든 씨앗을 당장 쓸어내 파괴해 버려라!"(3.2.1-9). 여기서 폭풍우는 "자연의 보편적 사나움과 잔인성의 일부지만 인간보다는 덜 잔인하다"(Knight 195). 폭풍우는 사악한 딸들의 "잔인한 폭력성과 리어의 소용돌이치는 마음"을 반영한다. 폭풍우는 또한 딸들이 자신을 지배하도록 하면서 리어가 초래한 "가족과 자연의 질서 교란"을 상징적으로 드러낸다(Spencer 136). 반면 리어 자신에게는 폭풍우가 사악한 인간을 벌하는 정의의 사자로 다가온다. 사나운 폭풍우 속에서 리어는 "불쌍하고, 연약하고, 힘없고, 천대받은 늙은이"(3.2.29)가 된 자신의 정체성을 깨닫고, 마침내 "내가 지은 죄보다 남이 내게 지은 죄가 더 많은" 인간이라고 절규한다(3.2.60).

정신이상자가 자신이 미쳤다고 깨닫는 것은 좀 이상한 현상이다. 그러나 리어는 자신이 미쳐가고 있다고 생각한다. 리어는 "돌아버릴 것 같다"(3.2.67)고 말하지만 자신의 현재 상태와 더불어 가엾은 사람들의 상황까지도 인식하기 시작한다. 그래서 그는 다음과 같이 말하면서 바보광대로 하여금 비바람을 피해 먼저 오두막으로 들어가게 한다. "이리 오너라. 얘야, 얘야, 어떠냐? 추우냐? …… 가자, 오두막으로! 불쌍한 바보광대 녀석아, 내 마음 한 구석에서 이제 네가 불쌍하다는 생각이 드는구나"(3.2.68-73). 리어는 자신이 헐벗고 고통스런 상태에서 처음으로 가엾고 헐벗은 사람들에 대한 동정심을 보여준다. 바보광대는 계속해서 리어에게 고통과 비참한 상태를 자신의 탓으로 돌리고 인내심을 가지라고 충고한다.

> 지혜를 아주 조금만 가진 자도,
> 　　바람이 불든 비가 오든, 얼씨구절씨구 하며
> 모든 걸 팔자 탓으로 돌리고 만족해야 해.
> 　　매일 같이 비만 내리고 있으니까. (3.2.74-77)

현명한 바보광대는 리어가 자신의 어리석음을 깨닫도록 계속 노력하고 어찌할 수 없는 상황은 참아 견디라고 충고한다. 상황이 점점 더 나빠지고 있지만 바보광대는 이를 체념하고 침착한 자세를 견지한다(Goldsmith 99). 고통스런 상황을 맛보기 전까지는 "가엾고 헐벗은 사람"에게 연민을 느끼지 않았던 리어는 이제, 고통 속에서 그들에 대해 진정한 연민을 느끼고 그들의 고통을 진정으로 이해한다. 황야의 끔찍한 폭풍우 속에서 바보광대에게 먼저 오두막에 들어가라고 했던 리어는 이제 예전의 리어가 아니다. 모든 "집 없고 불쌍한 자"에 대한 연민과 함께 리어의 영적 재생이 시작되는 것은 다음 대사를 읊조리는 지점이다.

> 불쌍하고 헐벗은 자들아. 지금 너희들이 어디에 있든
> 이 잔인한 폭풍을 참아 견뎌야 할 것이다.
> 머리를 눕힐 집도 없이, 허기진 배를 움켜잡고,
> 창문처럼 구멍이 난 누더기를 걸치고,
> 어찌 이런 고약한 날씨를 견디겠느냐? 아, 난 지금까지
> 이들에게 너무 무관심했어. 부귀영화를 누리는 자들아,
> 이를 약으로 삼고, 헐벗은 자들의 고통을 몸소 느껴보아라.
> 너희들에게 남는 것을 훌훌 털어내어
> 하늘이 좀 더 공평하다는 것을 보여주어라. (3.4.28-36)

이 지점은 극중 전환점이다. 이제 리어의 동정과 연민은 고통받는 모든 인간으로 확장된다. 리어가 비참한 상태에 이르러서야 비로소 "가엾고 헐벗은 비참한 자들"에 대한 인류애를 깨닫고 연민의 정을 갖는 것은 슬픈 진실이다. 운명의 수레바퀴 맨 밑바닥으로 떨어져서야 인간이 비로소 자신의 정체성을 깊이 인식하며 타인에 대한 깊은 연민을 가질 수 있다는 것은 어느 정도 사실이며,

이는 또한 슬픈 진실이다. 리어는 비참한 상태에 이르러 진실을 깨닫고 외양과 실재의 괴리를 파악하며 자신의 이기심을 극복한다. 그러므로 리어는 고통을 통해 현명해진다. 리어가 현명해지는 순간 바보광대는 더 이상 나타나지 않는다. 리어는 이제 더 이상 바보가 아니다. 아이러니컬하게도 리어는 가장 비참한 상태에서 모든 불행한 인간의 상태를 깨닫고 이 세상의 "가엾고 헐벗은" 인간들에 대한 깊은 연민과 동정을 보여준다. 리어의 이러한 영적 발전은 옷을 찢고 벗는 형태로 상징화되어 나타난다. 폭풍우 속에서 리어가 옷을 찢는 행위는 모든 가엾고 고통받는 사람들과 자신을 동일시하기 위한 상징적인 행동이다.[1)] 또한 이는 리어가 외양과 위선을 거부하게 될 거라는 것을 제시하는 상징적인 장치이다.

콜리지(S. T. Coleridge)는 폭풍우의 울부짖음을 "자의식적인 인간 목소리"로의 전환을 보여주는 것으로 간주한다(59). 폭풍우가 격렬하게 내려치는 가운데 리어는 인간과 자연에 대한 진정한 깨달음을 얻고 인간적인 양심을 회복할 뿐만 아니라, 고통스런 상황 속에서 모든 "불쌍하고 헐벗은 자"들에 대한 연민을 보여준다(Heilman 76). 리어는 옷처럼 사람들이 걸쳐 입은 아첨과 위선의 가면 이면을 보지 못했고, 현실을 통찰하지 못했고, 외양에 현혹되어 실재를 인식하지 못했다. 그러나 리어의 물질적 몰락은 영적 소생의 시발점이 된다. 리어의 외양이 하락하자 리어의 실재는 상승하고, 외양의 상승은 실재의 하락으로 이어진다. 리어는 외적으로 가진 것이 아무 것도 없는 비참한 지경에서 가장 왕다운, 가장 인간다운 모습을 보여주기 때문이다. 리어는 중반부 이후 극 초반부에서 보여주었던 허세를 더 이상 보여주지 않는다.

---

1) "넌 네 모습 그대로구나. 외관을 갖추지 않으면 인간은 단지 너처럼 가엾고 벌거벗은 두 발 짐승에 지나지 않아. 벗어, 벗어버려, 이 빌려 입은 옷들을! 자, 단추를 좀 끌러다오. 〔옷을 찢는다〕" (*King Lear* 2.4.106-109).

미친 리어와 눈먼 글로스터는 4막 6장의 황야에서 만난다. 리어는 들꽃으로 치장하고 들꽃 왕관을 쓴 미친 사람처럼 보이지만 다음 대사는 그가 점점 현실에 다가가고 있음을 보여준다.

> 하! 거너릴, 흰 수염을 달고! 그것들은 나에게 개처럼 아첨하고 나에게 미처 검은 수염도 나기 전이거늘 수염에 흰털이 났다고 했겠다. 내가 무슨 말을 하던 '예' '아니오'라고 맞장구를 쳤겠다! '예' '아니오'라는 것도 하늘의 이치에는 맞는 것이 아니지. 비가 와서 내 몸을 흠뻑 적시고, 바람이 불어 이가 덜덜 떨릴 때, 내가 명령을 해도 천둥이 도무지 수그러들려 하지 않을 때, 나는 그들의 정체를 눈치 채고, 속셈을 간파해냈다. 그만 둬라. 그것들은 그 말을 믿을 인간들이 못된다. 그것들은 내가 만능이라고들 했지만, 그것은 거짓말, 나도 학질은 면할 수가 없으니까. (4.6.96-105)

리어의 이야기가 비록 조리에 맞지 않지만, 이 대사는 그가 딸들의 아첨을 실재로 받아들인 자신의 과오를 깨닫고 있음을 보여준다. 리어는 다른 모든 사람들과 마찬가지로 자신도 "학질을 면할 수 없다"는 걸 알고 있다. 그는 정신이상과 정상 사이를 오락가락한다. 글로스터가 "국왕 폐하가 아니신지요?"(4.6.107)라고 묻자, 리어는 "그래, 어느 모로 보나 왕이지"(107)라고 답한다. 그러나 리어는 자신의 적자인 딸들이 자신에게 하는 것보다는 사생아 에드먼드(Edmund)가 글로스터에게 더 친절한 존재라고 말한다. 이는 리어가 아직 에드먼드의 실체를 파악하지 못했다는 말이고, 리어의 판단이 아직은 완전하지 못하다는 걸 드러내는 말이다. 실제로 에드먼드는 거너릴과 리건 못지않게 사악한 인물이다. 스스로 왕권을 포기하여 비참한 지경에 이른 리어는 이제 더 이상 왕이 아니다. 하지만 그는 "가엾고 헐벗은" 이들에 대한 연민과 동정심을 소유한 "어느 모로 보나 왕"인 사람처럼 보인다. 또한 그는 실재에 대한 왕다운 통찰력을 지닌 사람처럼 보인다. 미친 리어가 글로스터에게, "뭐라고? 미쳤구나! 눈 없이도 세상 돌아가는 것쯤은 볼 수 있어. 귀로 보거라"(4.6.150-151)라고 말하는 것은 아이러니컬한 반향을 불러일으킨다. 사실 글로스터는 눈이 먼 후 자신의 내적 통찰력을 통해 실재를 더 잘 보게 되기 때문이다. 리어뿐만 아니라 글로스터도 극단적인 고통을 통해 실재를 인식하는 법을 배우게 된 것이다. 눈과 귀의 기능을 바꿔보라는 리어의 말 속에는 현상의 외피를 꿰뚫고 진실을 투시하는 지혜가 엿보인다.

리어는 이성적인 상태와 정신이상 사이를 오간다. 그러나 그가 4막 6장에서 다음과 같이 말할 때, 그는 지극히 이성적이다. 그의 인식이 부패한 사회에 존재하는 악의 영역까지 확장되고 있음을 보여주기 때문이다.

> 그 거지가 개를 보고 달아나는 걸 본 적이 있지?
> 거기서 그대는 권위의 위대한 모습을 볼 수 있을 거야.
> 개도 감투를 쓰면 사람을 복종시킬 수 있지.
> 고약한 순경 놈아, 그 잔인한 손을 멈춰라!
> 왜 그 창녀를 매질하느냐? 네 놈 자신의 등이나 벗겨서 때려라.
> 그 창녀를 매질하고 있다만, 너도 그 창녀를 범하고 싶은 욕정을
> 불태우고 있지 않느냐? 고리대금업자가 사기꾼을 목매다는 격이지.
> 누더기 옷을 입으면 작은 악행도 드러나고
> 법관복과 모피로 만든 가운은 모든 걸 숨겨주는 법.
> 금으로 된 갑옷으로 감싼 죄는 정의의 강한 창도 맥없이 부러뜨리고
> 누더기로 감싼 죄는 난쟁이 지푸라기로도 뚫을 수가 있어.
> 그럼 죄짓는 사람은 아무도 없어. 아무도, 아무도 없다고 했다.
>
> (4.6.157-68)

죄가 있고 없음이 권력에 의해 좌지우지되는 세태의 어두운 모습을 간파하고 역설의 언어 속에 진실을 담아내는 리어는 전반부의 그와는 달리 깨달은 인간의 지혜를 보여준다. 극의 초반부에서 리어는 자신이 지닌 권력의 힘을 남용하는 부패한 모습을 보였다(Parker 159). 그러나 권력을 스스로 포기한 리어는 경험을 통해 이제 권력이 누구든지 복종시킬 수 있는 힘을 갖고 있고, 또한 권력자 앞에서 많은 사람들이 위선의 가면을 덮어쓰고 아첨한다는 것을 알게 되었다. 리어는 다른 사람들의 잘못뿐만 아니라 자신의 잘못까지도 잘 인식하고 있다. 이러한 리어를 보고 에드거는 "실성한 가운데서도 이치(Reason in Madness)"(4.6.175)가 있다고 말한다. 리어는 비록 미쳤지만 아이러니컬하게도 논리정연한 말을 내뱉는다. 그는 극 초반부에서 "제 정신인 상태에서 이성적이지 못한 모습"을 보였지만, 이제 "실성한 상태 속에서 이성적인 모습"을 보여준다. 즉 리어는 세상과 자신에 대한 이성적 판단을 내리고 외양과 실재 사이의 불일치가 곳곳에 존재한다는 사실을 알게 된다. 그는 외양을 넘어서 실재를 보게 되는 통찰력을 가지게 되었고 나아가 불완전한 세상의 현실을 인식한다. 또한 리어는 이 불완전한 세상에서 누가 어떤 사람에게 죄를 짓고 어떤 사람이 그 죄의 희생자가 되는지가 문제되는 것이 아니라, "문제는 죄를 지은 사람이든 희생되는 사람이든 모두가 용서가 필요한 사람들"이란 것을 깊이 깨닫는다(Smith 41).

이 대사에 이어지는 대사는 광기에 시달리고 있지만 인간 존재의 비극성을 간파하고 있는 리어의 모습을 다시 한 번 투사한다(Kott 132-33). 고통에 시달리는 글로스터에게 참아야 한다고 위로하고 봉사인 그에게 자신의 눈을 줄 수 있다고 말한다. "인간은 울면서 이 세상에 태어났고," 인간들은 태어날 때, "바보들만 있는 이 큰 무대"(this great stage of fools)에 나온 것이 슬퍼서 우는 것"(4.6.182-83)이고, 인간은 세상이라는 무대 위에서 자신의 의지와는 상관없이 주어진 역을 수행해야 한다는 리어의 대사는, 에드거의 언급처럼, "광기 속에서 이성"이 번득이고 있음을 보여준다. 리어는 광기 속에서 자신을 가둔 감옥으로부터 탈출하여 이성적으로 자신과 세상을 인식하기 시작하며 허위와 진실의 실체를 파악하기에 이른다.

이 작품에서 바보광대의 주된 역할은 리어가 자신의 어리석음과 정체성을 깨닫게 하고, 그로 하여금 진실을 직면하게 하는 일이다. 리어가 자신의 어리석음을 깨우치고 외양을 넘어 실재에 대한 통찰력을 가지게 된 후, 코델리어의 용서와 하느님의 축복을 필요로 할 때, 바보광대는 이를 제공할 수 있는 인물은 아니다. 그러므로 이 지점에서 바보의 역할이 끝났다고 보아도 무리가 없다 (Ostwald 171). 바보광대는 이제 "정오에 낮잠 자러 가는 것"(3.6.85)을 제외하고는 할 일이 없다. 이때부터 바보광대는 무대에 더 이상 등장하지 않는다.

마침내 전쟁터의 프랑스군 막사에서 리어와 코델리어의 화해가 진행된다. 고통으로 지친 리어가 잠을 자고 일어난 후 리어의 정신은 어느 정도 회복된다. 코델리어가 있는 것을 알아본 리어는 자신이 잘못을 범한 딸에게 죄책감을 느끼고 다음과 같이 말한다. "나를 무덤 속에서 끄집어내다니, 넌 나에게 몹쓸 짓을 하고 있어. 너야말로 축복받은 영혼이다. 그러나 난 지옥의 불 수레바퀴에 매인 몸이다. 내 눈에서 흘러내리는 눈물이 납을 녹여 흐르듯 내 볼을 태우는구나"(4.7.44-46). 하디슨(O. B. Hardison)에 따르면, 리어가 경험한 것은 익시온(Ixion)의 경험과 동일하다. 익시온 신화를 "무책임한 통치가 초래한 비참한 결과를 보여주고 있는 정치적 알레고리이자 배은망덕의 알레고리"로 해석하는 하디슨은 "난폭한 열정으로 인해 이성이 열정을 제어하지 못하는 인간이 묶여있는 운명의 수레바퀴" 이미지는 익시온에게서 뿐만 아니라 리어의 경험에서도 발견된다고 지적한다(232, 237). 자신이 저지른 죄로 인해 "불의 수레바퀴"에 묶여 고통스러워하는 익시온처럼, 리어 또한 "불의 수레바퀴"에 묶여 고통받아 왔다. 리어 자신의 어리석음과 사악한 딸들의 배은망덕 때문이다. 그러나 리어는 고통을 통해 스스로를 자각하고 자아인식에 이른다. 또한 고통을 통해 리어는 세상에 존재하는 위선과 아첨의 실재를 인식하고, 나아가 헐벗고 굶주린 천한 자들에 대한 연민을 갖게 되어 왕다운 인간성을 확보하게 된다. 육체적으로나 정신적으로나 가장 비참한 지경에 이르러 리어는 현명해지고 그의 인식은 깊어지며 인간 이해의 폭 또한 넓어진다.

리어는 비통하게 다음과 같이 자신에게 묻는다. "내가 어디에 있었더냐? 지금은 어디 있느냐?"(4.7.50). 그리고는 이내 리어는 자신을 "몹시 어리석고 망령든 노인"(59)이라고 고백한다. 리어의 자기인식을 보여주는 지점이다. 비록 리어 자신은 정신이 이상하다고 느끼지만, 고통 속에서의 자각과 코델리어와의 화해를 통해 리어는 온전한 정신을 회복한다. 자신의 무지와 잘못을 깨달은 리어는 코델리어에게 용서를 구하며 회개한다. 그러나 자신의 어리석음에 대한 깨달음과 인간과 세상의 실재에 대한 인식에도 불구하고 리어가 자신의 실제 상황에 대해서 여전히 눈이 먼 상태라는 것은 비극적 아이러니가 아닐 수 없다. 리어와 코델리어는 에드먼드가 지휘하는 군대에 체포되고 에드먼드의 밀령에 의해 곧 죽음을 당할 운명이다. 그러나 리어는 "자, 감옥으로 가자. 우리 둘이 새장 속의 새들처럼 노래 부르자"(5.3.8-9)고 말한다. 리어는 여전히 자신이 처한 운명에 대해 무지하다.

극의 후반부에서 모든 악한 인물들은 죽는다. 에드거는 에드먼드를 죽이고 거너릴은 리건을 독살하고 거너릴 자신도 자살한다. 배은망덕의 죄를 범한 두 사악한 자매들은 "자연의 법"을 어길 뿐만 아니라 사악한 에드먼드에 대한 욕정으로 인해 인간성마저 저버린다(Spencer 142-43). 그러나 무자비한 운명은 악한 자들만을 대상으로 하지 않는다. 무고한 코델리어도 사악한 힘의 희생자가 되기 때문이다. 리어는 짐승들도 목숨을 부지하는데, 왜 선한 코델리어가 죽어야 하는지를 이해할 수 없다. 그리하여 다음과 같이 울부짖으며 죽는다.

> 불쌍한 나의 바보광대는 교수형을 당했다! 없다, 없다, 없어, 생명이!
> 개도, 말도, 쥐도, 생명이 있거늘, 어찌하여 너는 숨을
> 쉬지 않는단 말이냐? 너는 두 번 다시 돌아오지 않을 것이다.
> 절대로, 절대로, 절대로, 절대로, 절대로!
> 제발 이 단추를 좀 벗겨다오. 고맙구나.
> 이것이 보이느냐? 이 애를 좀 보아라, 좀 봐, 이 아이 입술을,
> 저길 보아라, 저기를 좀 봐! [그는 죽는다.] (5.3.306-12)

리어의 세계는 무고한 인물조차도 파멸당하는 불합리한 세상이다. 리어는 세상과 신의 정의를 비관적으로 인식하고 슬픔에 잠겨 눈을 감는다. 리어는 4막에서 "나야말로 운명의 노리개 감으로 태어난 인간"이고(4.6.190-91), "태어날 때, 우리는 바보들만 득실대는 이 거대한 무대에 온 것이 슬퍼서 운다"고 말한 적이 있다(4.6.182-83). 사실 위선의 가면을 덮어쓴 인간을 믿은 죄로 고통스런 체험을 한 리어에게 이 세상은 부조리한 세상이며, 인간 모두는 "이 거대한 무대"에서 슬픈 역을 연기하는 "운명의 노리개"이다. 불합리한 세상에서 '시적정의'는 악한 인물의 죽음을 통해 부분적으로 작용한다. 그러나 선한 자의 죽음을 어떻게 보아야 할 것인가?

『리어 왕』의 세계는 부조리한 세계이다. 인간은 "파리 목숨"처럼 죽어가고 인간의 아픔을 어루만져 치유해 주는 자비로운 신은 존재하지 않는다. '시적정의'가 지켜지는 셰익스피어의 다른 비극 작품과는 달리 『리어 왕』의 결말은 어둡고 부조리한 세상을 제시하기 때문이다(Waller 137-50). 코델리어처럼 선한 사람들조차 무력하게 이 세상의 사악한 힘의 희생자로 전락하는 부조리한 세상이다. 온전한 인간관계를 볼 수 없는 상실의 세계이다. 리어 왕은 사악한

두 딸과 대립하며, 글로스터는 사악한 아들 에드먼드와 대립한다. 자식은 부모를 배반하고 부모는 자식을 저주하며 부모와 자식 간의 사랑은 부재한다. 노령의 두 아버지 리어와 글로스터 모두에게 과거의 영광은 이제 사라져버렸고, 미래의 희망은 보이질 않고, 삭막한 현재만이 남아 있다(Sypher 164).

Ⅲ

인식의 과정뿐만 아니라 고통을 통해 지혜에 이르는 리어의 경험은 단순한 개인의 경험을 넘어선다. 이는 모든 사람들이 겪고 공감할 수 있는 전형적인 영적 체험이다(Stampter 9; Mack 113). 리어와 글로스터라는 두 늙은이는 실재를 인식하지 못해 과오를 범하고 이로 인해 극단적인 고통을 맞본다. 그러나 아이러니컬하게도 그들은 고통을 통해 자신의 정체성을 인식하게 되고 마침내 실재에 대한 인식에 이르게 된다. 리어가 미친 상태에서 그리고 글로스터가 눈먼 상태에서 실재를 더 잘 보게 되는 것은 매우 아이러니컬한 현상이다. 『리어왕』의 세계는 외양과 실재의 패턴이 아이러니컬한 균형을 이루고 있는 "전도(轉倒)된 세상"이다(Black 35). 외양이 우위를 점할 때 실재는 추락하고, 외양이 추락할 때 실재는 상승하고 있기 때문이다. 이러한 아이러니컬한 움직임은 글로스터의 현실 인식뿐만 아니라 리어의 인식과정에서도 잘 나타난다. 전도된 세상의 양상은 바보광대와 주인인 리어 왕 사이에서도 드러난다. 거짓 외양에 속아 코델리어를 거부한 리어가 자신의 어리석음을 인식하지 못할 때, 또한 스스로 퇴위한 후 리어가 자신의 정체성과 실재를 알지 못할 때, 주인이 어리석음을 깨닫도록 가르치는 것은 바로 현명한 바보이기 때문이다.

젠킨스(R. Jenkins)가 지적하듯, 이 작품은 자신에 대한 무지에서 출발한 리어가 자신을 인식하게 되는 과정을 잘 보여주고 있다. 여기서 자기인식은 옳은 일을 행하는데 필수적인 '극기'와 '지혜,' 그리고 외양과 실재를 구별하는 통찰력을 포함한다. 소크라테스는 자신의 정체성에 대한 인식과 무지에 대한 인식이 현자가 되는 출발점이라고 믿었다. 리어에게도 자신의 어리석음과 정체성에 대한 인식이 지혜를 얻어가는 과정의 출발점이다(85-87). 극의 초반부에서 리어는 자신에 대해 너무나 무지한 존재이다. 그러나 거너릴이 자신을 잔인하게 대우한 이후 리어는 자신의 정체성에 대해 자문한다. "내가 누구인지 말해 줄 자 그 누구인가?"(1.4.230). 리어의 이 질문은 자신의 정체성을 인식하려는 노력을 보여주는 소크라테스적인 질문이다.

리어는 고통을 겪은 후 자신이 "가엾고 힘이 없는" 죄 많은 늙은이라는 걸 고백한다. 그는 폭풍우가 치는 황야에서 극도의 고통을 겪으면서 자신의 정체성을 깨달으며, 자신이 모든 "가엾고 헐벗은 자"들과 다를 바 없는 약한 인간임을, 다른 모든 이들과 마찬가지로 자신도 "학질을 면할 수" 없는 약한 존재라는 것을 깨닫는다. 마침내 리어는 외양과 실재 사이에 괴리를 인식하지 못해 어리석은 잘못을 범하고 어리석은 행동을 일삼았던 과거를 반성한다. 그리하여 자신이 코델리어에게 큰 잘못을 저지른 "어리석고 망령든 노인"이라는 것을 고백한다. 리어 왕은 마침내 극 종반에 들어 지혜를 얻고 자아와 세상에 대한 깊은 인식에 이르게 된다. 리어는 자신의 정체성과 어리석음을 깨닫고 용서를 구하고, 세상의 외양과 실재를 구별하는 눈을 가지게 되었으며, 고통받는 이들을 동정하고 인간성을 회복했기 때문이다. 왕의 권좌에서 물러난 리어는 겉으로는 초라해보여도, 이제 정신적인 면에서는 왕다운 권위를 획득한다. 그러나 최종적인 아이러니는 리어를 포함한 모든 인간이 항상 '너무 늦게' 깨닫는다는 점이고, 어느 누구도 극단적인 고통을 겪지 않고서는 쉽게 지혜에 이를 수 없다는 점이다.

■ 인용문헌

Black, James. "'*King Lear*': Art Upside-down." *Shakespeare Survey* 33 (1980): 35-42.

Clemen, Wolfgang. "*King Lear*" *The Development of Shakespeare's Imagery*. London: Methuen, 1972.

Coleridge, S. T. *Shakespearean Criticism*. Ed. R. M Raysor. London: Everyman's Library, 1964.

Colie, R. L. *Paradoxia Epidemica: The Renaissance Tradition of Paradox*. Princeton: Princeton UP, 1966.

Danby, John F. *Shakespeare's Doctrine of Nature. A Study in King Lear*. London: Faber & Faber, 1949.

Elton, William R. *King Lear and the Gods*. San Marino: Huntington Library, 1966.

Goldsmith, Robert H. *Wise Fools in Shakespeare*. Lansing: Michigan State UP, 1955.

Heilman, Robert B. *This Great Stage: Image and Structure in King Lear*. Baton Rouge: Lousiana State UP, 1948.

Hotson, Leslie. *Shakespeare's Motley*. New York: Haskell House, 1971.

Jenkins, Raymond. "The Socratic Imperative and *King Lear*." *Renaissance Papers*, 1963 (1964): 85-93.

Kaiser, Walter. *Praisers of Folly: Erasmus, Rabelais, Shakespeare*. Cambridge: Harvard UP, 1963.

_____. "Wisdom of the Fool." *Dictionary of the History of Ideas*. Vol.4. Ed. P. Wiener. New York: Charles Scribner's Sons, 1978.

Kott, Jan. *Shakespeare Our Contemporary*. Trans. B. Taborski. London: Methuen, 1965.

Knight, G. Wilson. *The Shakespearian Tempest*. 1940. London: Methuen, 1953.

Linn, Robert J. "The fool in Renaissance Drama." Diss., U of South Carolina, 1978.

Mack, Maynard. *King Lear in Our Time*. Berkeley: U of California P, 1966.

Ostwald, Barbara L. "Fool and Malcontent: the Dramatic Function of the Licensed

Commentator in Elizabethan Drama." Diss., Indiana Univ. 1977.
Parker, M. D. H. *The Slave of Life: A Study of Shakespeare and the Idea of Justice*. London: Chatto and Windus, 1955.
Rosenberg, Marvin. *The masks of King Lear*. Berkeley; London: California UP. 1972.
Shakespeare, William. *King Lear*. The Riverside Shakespeare. Ed. G. B. Evans. Boston: Houghton Mifflin, 1974.
Smith, M. B. *Dualities in Shakespeare*. Toronto: U of Toronto P; 1966.
Spencer, Theodore. *Shakespeare and the Nature of Man*. New York: Macmillan, 1942.
Stampfer, J. "The Catharsis of *King Lear*." *Shakespeare Survey* 13 (1960): 1-10.
Sypher, Wylie. *The Ethic of Time*. New York: Seabury P, 1976.
Tuner, Frederick. *Shakespeare and the Nature of Time*. London: Oxford UP, 1971.
Waller, G. H. *The Strong Necessity of Time*. Hague: Mouton, 1976.
Welsford, Enid. *The Fool: His Social and Literary History*. 1935. New York: Doubleday, 1961.

■ 작품인용 원문

(1.1.87-95) *Cordelia*. Nothing, my lord./ *Lear*. Nothing?/ *Cordelia*. Nothing./ *Lear*. Nothing will come of nothing, speak again./ *Cordelia*. Unhappy that I am, I cannot heave/ My heart into my mouth. I love your Majesty/ According to my bond; no more nor less./ *Lear*. How, how, Cordelia? Mend your speech a little,/ Lest it may mar your fortunes. *Cordelia*. Good my lord,

(1.4.101-109) *Fool*. There, take my coxcomb. Why, this fellow has banish'd two on 's daughters, and did the third a blessing against his will; if thou follow him, thou must needs wear my coxcomb.—How now, nuncle? Would I had two coxcombs and two daughters!/ *Lear*. Why, my boy?/ *Fool*. If I gave them all my living,

I'ld keep my coxcombs myself. There's mine; beg another of thy daughters.

(1.4.118-23) Have more than thou showest,/ Speak less than thou knowest,/ Lend less than thou owest,/ Ride more than thou goest,/ Learn more than thou trowest,/ Set less than thou throwest.

(1.4.185-94) I had rather be any kind o' thing than a Fool, and yet I would not be thee, nuncle: thou hast par'd thy wit o' both sides, and left nothing i' th' middle. […] / Thou wast a pretty fellow when thou hadst no need to care for her frowning, now thou art an O without a figure. I am better than thou art now, I am a fool, thou art nothing.

(1.4.226-230) Does any here know me? This is not Lear./ Does Lear walk thus? speak thus? Where are his eyes?/ Either his notion weakens, his discernings/ Are lethargied—Ha! waking? 'Tis not so./ Who is it that can tell me who I am?

(1.4.266-72) O most small fault,/ How ugly didst thou in Cordelia show!/ Which, like an engine, wrench'd my frame of nature/ From the fix'd place; drew from heart all love,/ And added to the gall. O Lear, Lear, Lear!/ Beat at this gate, that let thy folly in/ And thy dear judgment out!

(3.2.74-77) He that has and a little tiny wit—/ With heigh-ho, the wind and the rain—/ Must make content with his fortunes fit,/ Though the rain it raineth every day.

(3.4.28-36) Poor naked wretches, whereso'er you are,/ That bide the pelting of this pitiless storm,/ How shall your houseless heads and unfed sides,/ Your [loop'd] and window'd raggedness, defend you/ From seasons such as these? O, I have ta'en/ Too little care of this! Take physic, pomp,/ Expose thyself to feel what wretches feel,/ That thou mayst shake the superflux to them,/ And show the heavens more just.

(4.6.96-105) Ha! Goneril, with a white beard? They flattered me like a dog, and told me I had white hairs in my beard ere the black ones were there. To say "ay" and "no" to every thing that I said! "Ay" and "no" too was no good divinity. When the rain came to wet me once, and the wind to make me chatter, when the thunder would not peace at my bidding, there I found 'em, there I smelt 'em out. Go to, they are not men o' their words: they told me I was every thing. 'Tis a lie, I am not ague-proof.

(4.6.157-68) And the creature run from the cur? There thou mightst behold the great image of authority: a dog's obeyed in office./ Thou rascal beadle, hold thy bloody hand!/ Why dost thou lash that whore? Strip thine own back./ Thou hotly lusts to use her in that kind/ For which thou whipp'st her. The usurer hangs the cozener./ Through tattered clothes [small] vices do appear;/ Robes and furred gowns hide all. [Plate sin] with gold,/ And the strong lance of justice hurtless breaks;/ Arm it in rags, a pigmy's straw does pierce it./ None does offend, none, I say, none.

(5.3.306-12) And my poor fool is hang'd. No, no, no life?/ Why should a dog, a horse, a rat, have life,/ And thou no breath at all? Thou'lt come no more,/ Never, never, never, never, never./ Pray you, undo this button. Thank you, sir./ Do you see this? Look on her! Look, her lips,/ Look there, look there. (*He dies*)

6. 궁정연애 전통과 『로미오와 줄리엣』

궁정연애(courtly love)는 11세기 후반에서 12세기에 걸쳐 프랑스 남부 프로방스 지방에서 주로 활동했던 음유시인의 시에 나타난 중세적 연애관이다. 주로 귀족부인과 젊은 기사의 관계를 대상으로 하는 이 연애관은 연인들에게 대단히 형식화된 연애 예절을 준수하도록 요구한다. 래리 벤(Larry Ben) 교수에 따르면 궁정연애는 "특별히 자의식적인 사랑의 형태"이다(244). 사실 궁정연애는 일반적인 사랑의 형태와는 구분되는 양식화되고 형식화된 사랑의 형식이다. 연인은 겸양과 복종의 미덕을 보여줘야 하며, 예의범절을 지켜야 하고, 사랑에 있어서의 성실성과 지조를 지켜야 한다. 그리하여 루이스(C. S. Lewis)는 궁정연애의 특징을 "겸손, 예의, 간음, 종교적 사랑, 사랑의 성실성"이라는 카테고리에 요약하고 있다(12). 그러나 도날드슨(E. T. Donaldson)은 궁정연애가 실제 삶과 유리된 "비평적 신화"일뿐이라고 주장한다(154). 궁정연애는 대부분의 경우 젊은 기사와 귀족부인 또는 장군의 부인 사이의 사랑을 다루고 있어서, 궁정연애가 다루는 남녀의 관계는 근본적으로 불륜이다. 그러나 그 관계가 간음이라는 용어는 다소 지나친 감이 없지 않다. 중세 귀족사회의 결혼이 대체로 사랑보다는 신분적 계약에 의존했고, 귀족부인과 젊은 기사의 관계가 어느 정도 묵시적으로 허용되었기 때문이다. 간음 항목을 제외하면 궁정연애에 대한 루이스의 지적은 타당하다. 궁정연애에서 기사는 대체로 상전의 부인인 연인에게 항상 겸손한 자세를 취해야 하고, 연인의 평판을 보호하기 위해 비밀을 철저히 유지해야 한다. 남성은 흔히 오만한 애인의 변덕으로 인해 고통을 당하지만 그 변덕을 참아 견뎌야 하고 항상 헌신적이고 충실해야 하며 예법에 맞는 말씨를 사용하고 예절바르게 행동해야 한다. 나아가 연인을 이상화하고 우상화하며 절대 복종해야 한다(Abrams 34-35).

르네상스 시대에 들어 궁정연애의 전통이 약화되었지만 페트라르카(Petrarca)풍의 소네트에 그 특징의 일부가 여전히 남아 있었고,[1] 셰익스피어의 『로미오와 줄리엣』(*Romeo and Juliet*)에는 궁정연애 전통의 흔적이 강하게 남아 있다. 이 작품에서 로미오와 줄리엣의 관계는 불륜이 아니다. 그러나 그들에게는 원수 집안의 자식들이라는 불륜 이상의 장벽이 가로 놓여 있다. 원수 집안 자제들의 운명적 사랑을 다루는 이 작품은 사랑의 양상과 전개, 연인에 대한 태도 등에서 궁정연애의 특징들이 드러나고 있어, 궁정연애의 전통에 대한 이해가 없이는 이들 사랑의 모습이 온전하게 드러나지 않는다. 이 글은 먼저 궁정연애 전통의 주요한 특징과 원칙들을 살펴보고, 그 주요한 특징들이 『로미오와 줄리엣』에 어떻게 반영되어 있는가를 다룬다.

1) 영문학에서 이러한 궁정연애의 요소가 나타나는 것은 주로 중세영문학 작품인데, 특히 『가웨인 경과 녹색 기사』(*Sir Gawain and the Green Knight*)와 초서(G. Chaucer)의 『트로일러스 크레시다』(*Troilus and Criseyde*)는 궁정연애의 특징이 잘 반영된 작품들이다.

I

13세기 초 안드레아스 카펠라누스(Andreas Capellanus)는 『궁정연애술』(*The Art of Courtly Love*)이란 책에서 이 당시 궁정연애의 원칙과 특징을 기술하고 있는데, 연인들이 지켜야 할 주요한 규칙과 규범으로 다음 12개 항을 들고 있다(81-82). 1) 치명적인 역병 같은 탐욕을 피하고 절제해야 한다. 2) 사랑하는 연인을 위해 순결을 지켜야 한다. 3) 어떤 사람이 연루된 정당한 연애 사건을 의도적으로 깨뜨리려고 애써서는 안 된다. 4) 결혼하는 것이 부끄럽게 느껴질 사람을 사랑의 상대로 택하지 말아야 한다. 5) 거짓 행동을 피할 수 있도록 주의해야 한다. 6) 많은 사람이 정사(情事)를 알지 못하도록 비밀을 유지해야 한다. 7) 숙녀의 모든 명령에 순종하면서 사랑의 봉사에 헌신할 수 있도록 항상 노력해야 한다. 8) 사랑의 즐거움을 주고받으면서 항상 겸양의 미덕을 유지해야 한다. 9) 어떤 사악한 말도 입에 담지 말아야 한다. 10) 연애사건을 누설하지 말아야 한다. 11) 정중하고 예절바르게 행동해야 한다. 12) 사랑의 즐거움을 구하고 실천해도 좋지만 연인이 갈망하는 욕구의 정도를 넘어서는 아니 된다. 이러한 규칙과 특징 외에도 카펠라누스는 질투하지 않는 자는 사랑할 수 없으며, 질투는 항상 사랑의 감정을 강화시킨다고 주장하며, 쉽게 얻은 사랑은 가치가 없고 어렵게 얻은 사랑만이 보상을 받는다고 주장한다. 또한 그는 연인의 모든 행동은 연인에 대한 생각으로 시작하고 끝이 난다고 지적하며, 정사를 벌이는 연인들에게 사랑의 충족이란 존재하지 않으며 항상 갈증을 느낀다고 지적한다(Capellanus 184-85).

모트(Lewis Freeman Mott)는 중세문학에 나타난 궁정연애의 주요한 특징을 다음과 같이 지적하고 있다(6-16). 첫째, 사랑을 불러일으키는 근본적인 원인은 상대방의 아름다움이다. 눈을 통해 대상의 아름다움이 감지되고, 이는 상대의 가슴으로 침투해 들어가고 마침내 그곳에 자리 잡게 된다. 둘째, 사랑의 효과는 먼저 고통으로 나타나고, 그 고통은 점점 깊어져 병이 되어, 마침내 거의 죽을 것 같은 상황으로 치닫는다. 셋째, 그런 자신의 모습이 다른 누구에게 알려질까 두려워하며, 자신의 사랑과 고통에 대한 비밀을 유지하려고 갈망한다. 넷째, 상대에 대한 종교적 헌신을 바친다. 다섯째, 상대에 대한 절대적 헌신과 복종을 계속해서 맹세하며 절대적인 충실성을 유지해야 한다. 카펠라누스도 연인들의 고통, 두려움, 정사(情事)의 은폐성, 상대에 대한 복종과 헌신을 지적한 바 있다. 그러나 사랑의 효과가 고통이라는 모트의 주장과는 달리 그는 사랑 자체가 고통임을 지적하고 있다(28). 카펠라누스는 어떤 경우이든 고통 없는 사랑은 존재하지 않는다고 주장하며, 두려움이 동반되지 않은 사랑은 없다고 주장한다. 『로미오와 줄리엣』에 드러난 연인의 관계는 근본적으로 중세의 궁정연애 전통에 기초를 두고 있으며, 이 작품에는 모트와 카펠라누스, 앞서 언급한바 있는 루이스가 열거하고 있는 궁정연애의 특징 거의 대부분이 나타나고 있다.

Ⅱ

그럼 카펠라누스가 지적하고 있는 바와 같이 이 작품에서도 사랑 자체가 고통인가? 결론부터 말하자면 사랑은 혼돈스런 감정이다. 로미오(Romeo)가 1막 1장에서 말하고 있는 것처럼 사랑은 황홀하면서도 고통스런 감정이며 "납처럼 무거운 깃털이고, 밝은 연기이고, 차가운 불"과 같은 모순적인 감정이다. 이 작품은 상사병에 걸린 로미오의 모습을 보여주면서 시작한다. 로미오는 이루지 못한 사랑으로 한숨짓고 고통에 지쳐 마침내 거의 죽을 것 같은 상황으로 치닫는다. 로미오는 로잘라인(Rosaline)을 사랑하지만, 그녀는 로미오를 거들떠보지도 않는다. 그는 잠 못 이루고 홀로 방황하며 계속 로잘라인을 생각한다. 로잘라인에 대한 사랑으로 고통받는 로미오에게 사랑과 증오, 아름다움과 추함, 무거움과 가벼움 등 서로 이질적인 것이 함께 존재한다. 로미오는 1막 1장에서 사랑에 대해 다음과 같이 언급한다.

> 아, 싸우는 사랑! 아, 사랑하는 증오여!
> 아, 원래는 무에서 창조된 유!
> 아, 무겁고도 가벼운 것! 진실한 허영!
> 겉치레는 근사하나 꼴사나운 혼돈이여!
> 납처럼 무거운 솜털, 밝은 연기, 차디찬 불, 병든 건강!
> 실체 아닌 실체로 항상 깨어 있는 잠이여! 이게 내가 느끼는
> 사랑이지만, 이 혼돈 속에 어찌 사랑의 만족이 있겠나. (1.1.176-82)

여기서 상사병을 앓고 있는 로미오는 모순어법을 통해 버림받은 자신의 어지러운 마음을 표현하고 있다. "사랑하는 증오," "무거운 가벼움," "납처럼 무거운 깃털, 밝은 연기, 차가운 불, 병든 건강" 등의 모순어법을 구사하는 로미오는 페트라르카의 연애시 전통과 중세의 기사도 전통에서 볼 수 있는 연인과 유사하다(박우수 427). 로미오에게 사랑은 질병이고 전쟁이며 종교적인 숭배의 대상이며, 충족되지 못한 사랑은 "한숨으로 이루어진 연기"이고 "광증"이다(Mahood 60, 62). 로미오는 계속해서 자신의 감정을 다음과 같이 드러낸다.

> 사랑이란 한숨으로 이루어진 연기,
> 개이면 연인들의 눈 속에서 번쩍이는 불꽃이요,
> 흐리면 연인들의 눈물로 불어난 바다가 되지.

그 밖에 뭣이 있겠나? 그건 가장 분별 있는 광증이요, 숨 막히게 쓴 약인 동시에 활력을 주는 감로라고 할 수 있지. (1.1.190-94)

여기서 로미오의 말은 사랑의 모순성을 잘 드러내고 있다. 그에게 사랑은 질식하게 할 만큼 "쓴 약인 동시에 활력을 주는 감로"이다. 로미오는 1막 2장에서 자신을 "미치진 않았지만 미치광이 이상으로 꽁꽁 묶여 있는" 존재로 생각하고 "감옥에 갇혀 먹지도 못하고, 매를 맞고 고문당하고" 있는 존재로 묘사한다(1.2.54-56). 1막 1장과 2장의 로미오의 대사에 드러난 무수한 모순어법과 과장된 표현은 연애시의 전통에서 흔히 볼 수 있는 전형적인 표현들이다(Gajowski 27). 모트가 궁정연애에서 사랑의 효과는 먼저 고통으로 나타나고, 그 고통은 점점 깊어져 병이 된다고 지적한 것처럼, 로잘라인에 대한 로미오의 사랑은 고통으로 나타난다. 받아들여지지 못한 사랑이니 고통은 필연적이라고 하겠다.

2막 3장에서 로렌스 신부(Friar Lawrence)는 충족되지 못한 사랑이 얼마나 로미오를 고통스럽게 하는가를 잘 지적하고 있다. 로잘라인을 사랑하던 로미오가 갑자기 줄리엣과 사랑에 빠졌다는 소식을 전해들은 로렌스 신부는 로미오에게 다음과 같이 말한다.

기막힌 일이구나! 네가 로잘라인 때문에
얼마나 많은 눈물로 네 창백한 뺨을 씻었더란 말이냐,
맛없는 사랑에 간을 맞추기 위해
얼마나 많은 짜디짠 눈물을 헛되이 흘렸더란 말이냐.
아직도 태양은 한숨으로 생긴 구름을 하늘에서 거두지도 않았고,
네 신음소리가 아직도 늙은 내 귀에 쟁쟁 울리고 있어.
자, 보거라! 여기 자네의 볼에는

> 이전에 흘렸던 눈물 자국이 아직 씻기지 않고 남아 있어.
> 네가 이전의 너 자신이고, 그 고민들이 네 것이라면
> 너의 이러한 고민들은 모두 로잘라인 때문이었어. (2.3.69-78)

충족되지 못한 사랑의 고통은 "창백한 뺨" "짜디짠 눈물" "신음소리" 같은 단어의 사용에서 잘 드러나고 있다. 1막에서는 로잘라인에 대한 이루지 못한 사랑으로 괴로워하고 고통을 받는 로미오의 모습이 지배적이다. 그러나 사랑의 고통은 남녀를 차별하지 않는다. 1막 5장에서 로미오가 연회장을 빠져 나간 후, 로미오의 신분을 묻는 줄리엣(Juliet)에게 유모가 "불구대천 원수 집안의 외아들"임을 알려주자 줄리엣은 다음과 같이 한탄한다.

> 하나뿐인 내 사랑이 단 하나뿐인 증오에서 싹트다니!
> 알지도 못한 채 너무 일찍 보았고, 알고 보니 너무 늦었구나!
> 아, 불길한 사랑의 탄생이여!
> 가증스런 원수를 사랑하게 될 줄이야! (1.5.138-41)

줄리엣은 로미오를 본 순간 사랑하게 되지만 그녀는 불길한 사랑의 탄생을 절감하고 한탄한다. 그녀에게도 사랑은 고통이다. 로미오와 마찬가지로 그녀에게도 사랑은 황홀하면서도 고통스런 감정이다. 원수 집안의 자제를 사랑하는 고통은 로미오가 줄리엣의 사촌인 티볼트(Tybalt)를 살해하고 난후 더욱 깊어진다.

1막 5장에서 로미오가 줄리엣을 처음 보고 사랑에 빠지고, 줄리엣도 로미오를 첫 눈에 보고 사랑하기에 이른다. 그러나 줄리엣이 사랑하는 로미오는 원수 집안의 외아들이다. 2막의 서사에서 코러스는 이들의 사랑이 이루어질 수 없는 불운한 사랑임을 지적하고 로미오가 "원수로 여겨야 할 여인에게 사랑을

호소하고, 줄리엣도 위험한 낚싯바늘에서 달콤한 사랑의 미끼를 훔쳐야 하기에"(7-8), 그들의 사랑에 "크나큰 기쁨과 크나큰 고통"이 공존함을 지적한다. 사랑(*amor*)이란 단어는 원래 "사로잡거나 사로잡히는 낚싯바늘"을 의미하는 '*amus*'라는 단어에서 파생되었다(Capellanus 31). 어떤 이를 사랑하는 사람은 욕망의 사슬에 사로잡히고, 어떤 사람을 그의 낚싯바늘로 사로잡기를 바란다. 연애 전통에서 남성은 흔히 낚싯바늘의 미끼로 고기를 유인하여 잡으려는 낚시꾼으로 비유된다. 이 작품에서도 로미오는 "달콤한 사랑의 미끼"로 줄리엣을 낚으려는 낚시꾼으로 비유되고 있다. 그러나 사랑을 낚고 "달콤한 사랑의 미끼"를 훔친 두 연인들이 마냥 기쁜 것만은 아니다. 그들의 사랑은 처음부터 격렬한 고통을 수반한다. 로미오는 줄리엣이 캐풀럿(Capulet) 가문의 무남독녀라는 사실을 알게 되고, 몬태규(Montague) 가문과 캐풀럿 가문의 해묵은 원한 관계는 두 연인에게 극복하기 어려운 역경으로 작용한다. 그러나 두 연인은 이러한 장애를 개의치 않고 사랑하며, 이 장애는 도리어 두 연인을 더욱 강하게 묶어준다. 두 가문의 해묵은 원한 관계로 인해 로미오와 줄리엣은 비밀리에 만나 사랑을 나누게 되는데, 이들의 비밀스런 만남은 중세 로망스에서 기사와 유부녀의 비밀스런 만남을 연상시킨다.

1막 1장에서 로미오의 어머니가 로미오의 행방을 묻자 벤볼리오(Benvolio)는 다음과 같이 대답한다.

> 그런데 그토록 이른 시각에, 로미오가
> 이 도시 서편에 있는 우거진 단풍나무 숲 밑을
> 거닐고 있는 것을 보았습니다.
> 제가 가까이 가자 이를 눈치 챈 로미오는
> 슬그머니 숲 속으로 숨어 버렸지요.

제 경우에 비추어 형의 기분을 짐작했는데,
그런 사람은 권태로운 자신과 함께 있는 것조차 부담을 느끼고,
사람들 눈에 가장 뜨이기 힘든 곳을 찾아다니죠.
그래서 전 그의 의중을 떠보려고 하지 않고, 제 생각에 따라,
저를 피하려는 사람을 기꺼이 피해 주었습니다. (1.1.121-30)

모트와 카펠라누스 모두 연애 관계의 비밀 유지가 궁정연애의 가장 두드러진 특징 중의 하나임을 지적한 바 있다. 궁정연애의 전통에서 정사를 벌이는 연인들은 그들의 관계가 타인의 눈에 띄지 않도록 비밀을 유지하고 조심스럽게 행동한다. 여기서 로미오는 상사병에 걸려 고민하면서 사람들 눈을 피해 다니고, 로미오의 고통과 사랑의 은폐성을 이해하는 벤볼리오는 로미오에게 그의 심정을 캐묻지 않는다. 벤볼리오의 말에 로미오의 아버지 몬태규 경은 다음과 같이 말한다.

그 아이는 아침마다 여러 번 그곳에 나타나,
신선한 아침 이슬에 눈물을 뿌리고,
깊은 한숨을 지어 구름에 구름을 보탠다는구나.
그러나 만물에 생기를 주는 태양이
저 먼 동쪽 하늘 새벽 여신의 침상으로부터
검은 장막을 걷어내기 시작하면,
우울한 아들 놈은 밝은 빛을 피해 슬며시 돌아와
혼자 방안에 처박혀 있곤 했단다.
그 애는 창문을 닫아 찬란한 햇빛을 가로막아
자기 스스로 대낮을 억지도 밤으로 만들더구나. (1.1.131-40)

로미오가 "아침 이슬에 눈물을 뿌리고, 깊은 한숨을 짓고," 혼자 방안에 처

박혀 있고, 창문을 닫아걸고 홀로 고민하는 이유가 무엇인지를 벤볼리오가 묻자, 로미오의 아버지는 로미오가 "혼자만 비밀을 꾹 간직하고 있어" 그의 슬픔이 자라나는 곳이 어딘지를 알 수 없다고 대답한다(1.1.143-50). 벤볼리오와 로미오의 아버지 모두 로미오가 남의 눈을 피해 다닌다고 지적하고, 그가 혼자만의 비밀이 있다고 생각한다. 남몰래 고민하고, 자신의 의중을 은폐하려는 속성과 비밀을 유지하려는 성향은 궁정연애의 특징이다(Mott 12).

중세 로망스에서 불륜 관계의 연인들, 즉 청년 기사와 장군 또는 귀족의 부인은 그들의 관계가 타인의 눈에 띌까 항상 두려워하여 비밀스런 만남을 원한다. 로미오가 유부녀를 사랑하는 것은 아니지만, 그들의 만남은 '금지된' 만남이다. 로미오의 가문과 줄리엣의 가문이 원수지간이기 때문이다. 그리하여 로미오와 줄리엣은 컴컴한 밤에 비밀리에 만난다. 줄리엣은 3막 2장에서 칠흑 같은 밤을 두고 다음과 같이 호소한다.

> 사랑의 무대인 밤의 어둠아, 그대의 두터운 장막을 펼쳐 다오.
> 태양의 눈이 가려 로미오님이 남의 입에도 오르지 않고
> 남의 눈에도 안 띄고 이 팔 안으로 뛰어들 수 있도록.
> 연인들은 자신의 아름다움을 등불 삼아
> 사랑의 의식을 치르는 걸 볼 수 있는 법.
> 만약 사랑이 눈이 멀었다면, 거기엔 밤이 안성맞춤.
> 오너라! 점잖은 밤이여, 마님처럼 온통 검은 빛의
> 수수한 옷차림을 한 밤이여. 한 쌍의 티 없는 정조를 건
> 첫날밤 놀이에서 이기고도 지는 법을 내게 가르쳐 다오,
> 내 뺨에 퍼덕이는 끓어 오르는 피를
> 그대의 검은 망토로 가려다오. 수줍은 사랑이 대담해져
> 진정한 사랑의 행위를 예사롭게 생각할 수 있도록. 밤이여, 오너라!
> 로미오님, 어서 와요! 밤을 낮처럼 비추는 그대, 어서 오세요. (3.2.5-17)

타인의 눈에 뜨이지 않는 컴컴한 밤에 로미오와 줄리엣의 비밀스런 사랑은 무르익어가고 두 사람은 서로에게 "컴컴한 어둠 속의 빛"으로 나타난다(Clemen 74). 그러므로 『로미오와 줄리엣』에서 어둠은 두 사람의 사랑을 타인의 눈으로부터 숨겨주고 그 사랑을 자라게 해 주는 배경으로 작용한다.

그렇다면 연인을 고통스럽게 만드는 비밀스런 사랑은 어떻게 생겨나는가? 궁정연애의 전통에서 남성은 대개 구애하려는 여성을 첫 눈에 보고 반한다. 이러한 양상은 로미오가 줄리엣을 처음 보는 장면에서 바로 드러난다. 캐풀렛 가문의 연회에서 줄리엣을 처음 본 로미오는 1막 5장에서 다음과 같이 말한다.

> 아! 그녀는 횃불에게 더 밝게 타오르는 법을 가르쳐주고 있어.
> 밤의 뺨에 매달린 그녀의 모습은
> 에티오피아 흑인 여인의 귀에 달린 값진 보석 같아.
> 쓰자니 너무 값지고, 속세에 두기엔 너무 귀한 아름다움이구나!
> 친구들 틈에 섞여 아름다움으로 빛나는 저 여인은
> 까마귀 떼에 섞인 눈처럼 하얀 비둘기 같아.
> 춤이 끝나면, 그녀가 있는 곳을 잘 봐 두었다가
> 그녀의 손을 잡아, 내 거친 손이 축복을 받도록 해야지.
> 내가 지금까지 사랑을 했다고? 눈이여, 그걸 부정하라!
> 오늘밤 전까진 난 진짜 아름다운 여인을 본 적이 없었으니까. (1.5.44-53)

로미오는 줄리엣을 본 순간 사랑에 빠져든다. 그 이유는 위의 인용문에 기술된 것처럼 무엇과도 비할 데 없는 그녀의 아름다움이다. 로미오는 줄리엣을 보기 전에 로잘라인을 사랑하고 있었지만, 지금은 로잘라인의 존재를 잊어버리고 그의 가슴 속에 남아 있는 것은 온통 아름다운 줄리엣의 모습뿐이다. 사랑의 발생에 있어 시각의 중요성을 카펠라누스는 다음과 같이 강조한다. "보지 못하는 것은 사랑의 장애로 작용한다. 맹인에게는 그의 마음이 반영할 수 있는 그 무엇을 볼 수 없어서 사랑이란 감정이 생겨날 수 없다"(Capellanus 33). 이처럼 1막은 궁정연애의 여러 특징이 잘 드러나고 있는 부분이다.

2막 3장에서 로렌스 신부는 조금 전까지만 해도 로잘라인을 사랑하여 한숨짓고 잠 못 이루던 로미오가 갑자기 사랑의 대상을 바꾼 걸 보고 "젊은이들의 사랑이란 마음속에 있지 않고 눈 속"(2.3.67-68)에 있다고 꾸짖는다. 이미 언급한 것처럼 이렇게 첫눈에 반하는 사랑 또한 궁정연애의 특징이다. 그러나 줄리엣의 아름다움은 로미오의 눈만을 사로잡은 것이 아니다. 줄리엣의 아름다운 모습은 먼저 로미오의 눈을 사로잡고 그 아름다움은 마침내 마음속에서 숭배의 대상으로 자리 잡게 된다. 로미오는 줄리엣의 아름다움을 두고 감탄하는 것으로도 모자라, "속세에 두기엔 너무 귀한 아름다움"이라고 말하면서 그녀를 숭배하기에 이른다. 그리하여 줄리엣을 숭배하는 로미오의 언어는 종교적 차원으로 나아간다.

조금 전까지 로미오를 사랑하여 로미오에게 원수 집안의 성을 버리고 자신을 송두리째 가지라고 했던 줄리엣은 다시 로미오를 거절하겠다고 변덕을 부린다.

> 당신은 정말 절 사랑하시나요? 물론 "그렇다"고 말하시겠죠.
> 저도 그 말씀을 믿겠어요. 하지만 아무리 맹세를 해도
> 언젠가 거짓으로 밝혀질지도 모를 일이죠. 애인들의 거짓말은
> 제우스신께서도 웃어넘긴다고들 하죠. 아 그리운 로미오님!
> 사랑하신다면 솔직히 사랑한다고 말씀하세요.
> 절 너무 쉽게 손에 넣었다고 생각하시나요?
> 그럼 전 짜증을 내고 얼굴을 찌푸리며 당신을 거절하겠어요.
> 그럼 다시 구애를 하셔야 해요. (2.2.90-97)

자신을 너무 쉽게 손에 넣었다고 생각하면 "짜증을 내고 얼굴을 찌푸리며 당신을 거절하겠다"는 줄리엣의 변덕과 거절은 궁정연애의 특징이 드러난 또 하나의 예이다. 궁정연애의 전통에서 여인은 처음에는 남자를 쉽게 받아들이지 않고, 변덕스럽고 무정하게 보이는 것이 통례이다(Capellanus 204). 남성은 여성의 변덕 때문에 고통을 당하지만 그 변덕을 참고 항상 헌신적인 자세를 취해야 한다. 『로미오와 줄리엣』에서는 줄리엣만이 변덕스런 것은 아니다. 로미오의 감정 역시 변덕스럽다. 로미오는 1막 1장에서 로잘라인을 사랑하는 자신의 감정이 "밝은 연기, 차가운 불, 병든 건강"이라고 토로한 바 있다. 로미오는 줄리엣을 본 후 바로 로잘라인을 잊어버린다. 사랑이 변덕을 부리고 있는 셈이다. 사랑의 대상을 금방 바꾸어 버리는 로미오의 변덕과 경박스런 행동을 두고 로렌스 신부는 2막 3장에서 다음과 같이 언급한다.

> 이 무슨 변덕이람.
> 로잘라인은 네가 그렇게 열렬히 사랑했던 사람 아닌가?
> 그런데 그렇게 쉽게 저버릴 수가? 젊은이들의 사랑이란
> 마음속에 있지 않고 눈 속에 있나 보구나. (2.3.65-68)

로렌스 신부는 로잘라인을 사랑하여 한숨짓고 잠 못 이루던 로미오가 갑자기 줄리엣을 사랑한다는 말을 듣고 그의 변덕을 질책하고 있다. 궁정연애의 전통을 설명하면서 카플라누스는 사랑이란 항상 강해지거나 약해지는 동적인 것이며 연인에게 새로운 사랑이 생기면 옛날의 사랑은 가차없이 잊힌다고 지적한다(30). 지젝은 인간이 "진정으로 기대하고 원하는 것은 오로지 또 다른 새로운 시련, 또 한 번의 연기(delay)"라고 지적한 바 있는데(Žižek 96), 줄리엣의 거절은 로미오가 진정으로 자신을 원하도록 하기 위한 일종의 "연기(delay)"이

고 연기(演技)라고 할 수 있다. 줄리엣의 변덕은 진심이 아니며 자신의 주가를 높이는 일시적인 방편으로 작용한다. 줄리엣의 변덕 외에도 이 작품에서 원수 집안의 자제라는 점은 로미오의 욕망 성취가 구체적으로 "연기(delay)"되도록 하는 장벽이다.

이 작품에서 궁정연애의 또 다른 특징은 줄리엣에 대한 로미오의 헌신에 잘 드러나 있다. 로미오의 헌신적인 태도는 종교적인 언어와 결부되어 더욱 경건한 자세를 취하게 되는데, 이러한 요소는 로미오가 줄리엣을 처음보고 그녀의 아름다움에 매혹된 1막 5장의 연회장면에 잘 드러나고 있다.

> 로미오: [줄리엣에게] 천하고 천한 이 손으로
> 그 거룩한 성전 더럽혔다면, 그 점잖은 죄의 대가로
> 제 입술이 수줍은 두 순례자처럼 기다리고 있다가
> 부드러운 키스로 거친 손자국을 씻고자 하나이다.
> 줄리엣: 착한 순례자여, 당신 손을 너무 욕되이 하지 마세요.
> 당신 손은 그처럼 점잖게 신앙심을 보여주고 있잖아요.
> 성자의 손은 순례자가 만지기 위해 있는 것이고,
> 손바닥을 맞대는 건 거룩한 순례자의 입맞춤이죠. (1.5.93-100)

위의 인용에서 보는 것처럼 로미오는 줄리엣을 "성전"과 "성자"에 비유하고 줄리엣은 로미오를 그 성전을 방문하는 "순례자"에 비유한다. 로미오와 줄리엣은 사랑이란 종교를 신봉하고 사랑의 제식을 치르며 마침내 그 사랑의 종교를 위해 목숨을 바친다. 여성에 대한 헌신이 종교와 결합되는 양상 역시 궁정연애 전통의 한 특징이다(Mott 13).

2막 2장에서 줄리엣 앞에 등장한 로미오의 모습은 귀부인 앞에 무릎을 꿇고 겸손하게 자신을 낮추면서 여성을 정중하게 대하는 중세 로망스의 기사 모습

과 유사하다. 줄리엣이 자신의 비밀을 엿듣고 있는 당신은 누구냐고 묻자, 로미오는 “사랑하는 성녀님, 제 자신도 제 이름을 싫어합니다./ 그 이름이 당신 원수 집안의 이름이기 때문이죠./ 종이에 적혀 있다면 그 이름을 갈기갈기 찢어 버리고 싶소”(55-58)라고 말한다. 사랑이 무엇이기에 로미오는 자신의 성을 버리고, 즉 자신이 속한 가문의 정체성을 부정하고 원수 집안의 줄리엣을 “성녀”라고 부르면서 숭배하고 있는가?

중세 로망스의 주인공은 항상 자신의 연인을 그 무엇과도 비할 수 없는 존재로 생각하며 연인에 대한 절대적인 헌신을 보여준다. 귀부인을 사랑하는 젊은 기사는 또한 사랑을 성취하기 위해 그 어떤 모험도 마다하지 않는다(Mott 115). 어떻게 누구의 안내로 자신의 집을 찾아왔느냐는 줄리엣의 질문에 다음과 같이 대답하는 로미오의 모습 역시 중세 로망스에 등장하는 기사의 모습과 크게 다르지 않다.

> 사랑이 안내했지요. 처음에 찾으라고 날 재촉한 것도 사랑이고,
> 충고를 해 준 것도 사랑이죠. 난 사랑에게 눈만 빌려준 셈이죠.
> 난 뱃길잡이는 아니지만, 당신 같은 보배를 얻을 수 있다면,
> 먼 바다의 파도가 출렁이는 아득한 해변이라고 할지라도
> 거길 찾아 가겠소. 그 어떤 모험이라도 감수하고 말이오. (2.2.80-84)

원수 집안의 자제인 로미오가 몬태규 가문의 사람들에게 들키면 위험에 처하게 되리라는 것은 자명한 사실이다. 그러나 로미오는 사랑을 이루기 위해 그 어떤 모험도 감수하겠다고 말하면서 몬태규 가문의 집 담을 넘어 몰래 줄리엣을 만난다. 로미오는 또한 처음에는 티볼트의 모욕을 참아 견딘다. 티볼트가 그가 사랑하는 줄리엣의 사촌 오빠이기 때문이다. 로미오는 줄리엣을 “찬란한 태양”으로 비유한다. 로미오는 2막 2장 캐풀럿 집안의 정원에서 줄리엣을 두

고 다음과 같이 말한다.

> 저 창문을 터져 나오는 빛은 뭐지?
> 저기는 동쪽, 그럼 줄리엣은 태양이다. 찬란한 태양이여,
> 밝게 떠올라 시샘하는 달님을 죽여 버려라.
> 달의 시녀인 그대, 달보다 훨씬 더 아름답구려.
> 그래서 달은 슬픔으로 병들고 창백한 모습이오.
> 달이 시샘하고 있으니 달의 시녀노릇은 그만두시오. (2.2.2-7)

위의 대사에서 로미오는 대단히 세련되고 우아한 형식으로 연인의 아름다움을 찬미하고 있는데, 세련되고 우아한 사랑의 표현은 궁정연애 전통의 중요한 특징 중의 하나이다(Ben 243). 로미오에게 줄리엣의 두 눈은 어두운 창공을 비추는 "하늘에서 가장 아름다운 두 개의 별"이고, 그녀의 찬란한 볼은 창공의 별들을 무색하게 만드는 "태양의 빛"이다.

> 온 하늘에서 가장 아름다운 두 개의 별이,
> 어떤 볼일이 있어서, 저 여인의 두 눈에 간청하고 있어.
> 그들이 돌아올 때까지 그들 별자리에서 대신 반짝여 달라고 ……
> 만약 저 여인의 두 눈과 저 별이 자리를 바꾼다면 어떻게 될까?
> 저 여인의 찬란한 볼이 그 별들을 무색하게 할 거야.
> 햇빛이 등불을 무색하게 만드는 것처럼 ……
> 하늘로 간 저 여인의 두 눈이 창공을 빛나게 비추니
> 새들도 밤이 아닌 줄 알고 노래하게 될 거야.
> 저것 봐! 손으로 볼을 괴고 있는 모습을!
> 아! 내가 저 여인의 손에 낀 장갑이라면 얼마나 좋을까.
> 저 여인의 볼에 닿아 볼 수 있을 테니 …… (2.2.15-25)

사랑의 열정으로 끓어오른 로미오는 줄리엣의 손에 낀 장갑을 두고도 질투를 느낀다. 그 장갑은 사랑하는 줄리엣의 볼을 늘 어루만질 수 있기 때문이다. 로미오는 줄리엣을 사랑하는 것을 넘어 그녀를 숭배하기에 이른다. 로미오는 사랑의 신전에서 사랑의 제식을 올리고 줄리엣을 성녀로 추앙한다.

그러나 로미오와 줄리엣 사이에는 장벽이 가로 놓여 있다. 로미오의 몬태규 가문과 줄리엣의 캐플럿 가문이 서로 원수지간이라는 점이 바로 그것이다. 그러나 사랑하는 이들에게 원수지간인 집안의 자제들이라는 장애는 도리어 그들의 사랑을 강도 높게 만든다. 줄리엣은 로미오에게 로미오 몬태규란 이름을 버리고 자신을 송두리째 가지라고 말한다.

> 당신의 이름만이 내 원수지요.
> 몬태규란 이름이 아니라도 당신은 당신.
> 몬태규가 무엇이죠? 손도 발도 팔도 얼굴도 아니고,
> 사람의 신체 그 어느 부분도 아니지요.
> 제발 다른 이름을 택하세요. 도대체 이름이 뭐죠?
> 장미꽃을 다른 이름으로 불러도
> 그 향기는 그대로 남을 것이 아니겠어요?
> 그러니, 당신이 로미오란 이름으로 불리지 않아도,
> 당신의 본래 미덕은 그 이름과는 상관없이
> 그대로 남을 게 아닌가요? 로미오,
> 당신과 아무런 상관없는 그 이름을 버리시고
> 그 대신, 이 내 몸을 송두리째 가지세요. (2.2.39-49)

이 말에 로미오는 "날 연인이라고 불러주시오, 그럼 다시 세례를 받고, 지금부턴 로미오란 이름을 영영 버리겠다"(2.2.50-51)고 말하기에 이른다. 몬태규라는 성을 버리고 자신을 택하라는 줄리엣의 요청에 로미오는 주저하지 않고

자신이 속한 가문의 정체성을 포기하고 줄리엣을 숭배한다. 원수 집안의 자제라는 장벽도 사랑하는 이들에게는 아무런 소용이 없고, 도리어 이는 그들의 사랑에 불을 붙이는 역할을 하게 된다. 로미오는 줄리엣이 도달하기 어려운 곳에 자리를 잡고 있어 더욱 안절부절못한다. 즉 금지된 사랑이라는 측면이 로미오의 욕망을 더욱 부추기고 있는 것이다. 흔히 연인들은 성취하기 어려운 사랑에 더 집착하기 때문이다.

로미오와 줄리엣은 죽음까지 불사하면서 그들의 사랑을 지키려고 한다. 줄리엣은 아버지의 명을 어기고 비밀리에 결혼하고 로미오는 어떤 역경이 있더라도 사랑의 언약을 지키려고 노력한다. 두 사람 모두 그들의 사랑에 충실하다. 그리하여 그들에게 사랑은 종교가 되고, 베로나(Verona)는 사랑의 장소가 되고, 그들이 사랑을 나누는 줄리엣의 방과 정원은 사랑의 성전이 된다. 『로미오와 줄리엣』에서 베로나라는 도시는 로미오가 줄리엣의 사랑을 얻는 '사랑의 궁전'이다. 로미오가 티볼트를 죽이고 베로나로부터 추방당하게 되었을 때, 그는 로렌스 신부에게 다음과 같이 말하면서 절망한다.

> 베로나 성벽 밖에 세상이란 건 없어요.
> 연옥과 고문과 바로 지옥이 있을 뿐이지요.
> 이곳에서 "추방"된다는 건 세상에서 추방되는 것이고,
> 이 세상에서 추방되는 건 곧 죽는다는 말이지요.
> 그러니 "추방"이란 말은 죽음의 미명일 뿐이지요. (3.3.17-21)

로미오에게 사랑하는 줄리엣이 살고 있는 베로나의 캐풀렛 집안의 집과 정원은 '사랑의 성전'에 비유되는 천국이다. 그러므로 그에게 베로나에서 추방되는 것은 세상에서 추방되는 것이고 베로나 바깥의 세상은 곧 죽음이며 지옥이다. 로미오는 추방당한 자신의 처지가 줄리엣의 멋진 흰 손에 앉을 수도 있고,

그녀의 입술에서 축복을 훔쳐낼 수도 있는 파리만도 못한 처지라고 한탄한다. 사랑이란 종교에서 로미오는 성실하고 헌신적인 사랑의 신도이다.

캐플럿 가문의 선조들이 묻힌 납골당도 로미오와 줄리엣이 사랑의 제식을 마무리하는 성전처럼 보인다. 패리스(Paris) 백작과의 결혼을 피하기 위해 줄리엣은 로렌스 신부가 준 독약을 먹는다. 이 약은 잠시 동안 죽은 것처럼 보이게 하지만 시간이 지나면 원래의 상태로 돌아오게 하는 약이다. 그러나 이를 모르는 로미오는 줄리엣이 죽었다는 소식을 듣는 순간, 자신이 더 이상 살아가야 할 이유가 없다고 생각한다. 줄리엣이 묻힌 선조들의 납골당을 찾아간 로미오는 "꿀같이 달콤한 당신의 숨결을 빨아 마신 죽음의 신도 당신의 아름다움만은 어쩔 수가 없었고" 그 아름다움이 여전히 줄리엣의 입술과 볼에 남아있다고 말한다(5.3.92-95). 그리고 로미오는 다음과 같이 말한다.

> 아, 나는 이곳을
> 내 영원한 안식처로 삼겠소.
> 이 안식처에 남아 세상살이에 지친 이 육신으로부터
> 기구한 운명을 점지하는 별들의 멍에를 떨쳐버리겠소.
> 두 눈아, 마지막으로 보아라! 두 팔아, 마지막으로 포옹하라!
> 그리고 생명의 문인 두 입술이여, 정당한 키스로 도장을 찍어
> 모든 걸 독차지한 죽음의 신과 영원한 계약을 맺어라! (5.3.109-115)

로미오에게 죽음은 불운한 운명으로부터 자신을 해방시켜주는 안식처이고, 줄리엣의 입술은 그를 다시 부활하게 해 주는 생명의 문이다. 또한 줄리엣의 입김은 그를 소생하게 하는 생명의 숨결이다.

줄리엣의 자결 장면 또한 종교적 톤을 드러내고 있다. 로미오가 죽은 것을 본 줄리엣은 "혹 당신 입술에 아직 독약이 묻어 있어서 생명의 영약처럼 날

천당에 보내 줄지도 모르는 일이니까. 당신 입술이 따뜻하군요!"(5.3.165-67)라고 말하면서 로미오의 입술에 키스를 한다. 맥알린던(T. McAlindon)의 지적처럼 "셰익스피어의 비극에서 궁극적인 힘이 있다면 그것은 시간"일 것이다(15-16). 그녀는 마침내 "이 가슴이 그대의 칼집이다. 거기 박혀 날 죽게 해다오"(170)라고 말하면서 단도로 자신을 찌르고 로미오의 시체 위에 쓰러져 죽는다. 시간의 어긋남은 심각하다. 마침내 연인들이 "시간의 노리개(time's fool)"가 되어 죽어버렸기 때문이다. 카트멜(Deborah Cartmell)은 줄리엣의 이 자결 장면이 성행위를 내포하고 있고, 줄리엣이 사용한 단검은 남근을 나타내며, 줄리엣이 남기는 마지막 대사, 즉 "날 죽게 해다오"라는 대사는 "성적쾌감의 절정"을 의미한다고 주장한다(44-45). 정신분석적인 관점을 고려하면 나름대로 일리가 있는 해석이다. 그러나 줄리엣의 자결 장면은 종교적 경건성을 내포하고 있다. 이상옥 교수는 로미오와 줄리엣에게 "죽음 자체도 사랑의 제식의 일부"라고 생각한다(Lee 69). 이 사랑의 제식을 마무리하면서 줄리엣은 독약마저 "생명의 영약"으로 간주한다. 그 약을 먹고 로미오가 있는 천당으로 갈 수 있다고 믿기 때문이다. 로미오는 줄리엣에게 키스하면서 죽고, 줄리엣 또한 그에게 키스하면서 그의 가슴에 쓰러져 죽는다. 마침내 그들에게 사랑은 종교적 신앙의 대상이 되고, 연인들은 영원한 사랑을 통해 현세를 초월한다.

초월의 세계에서 삶과 죽음의 구분은 분명치 않다. 로미오와 줄리엣의 주검을 보고 그들의 안타까운 죽음을 애도하기 위해 양가는 베로나에 그들의 황금동상을 세우고자 한다. 이 기념비는 로미오와 줄리엣의 죽음을 통해 원수 집안이 서로 화합하는 평화의 상징으로 작용하며, 박우수 교수의 지적처럼 "짧은 순간의 영원한 기념물"인 황금동상은 "죽음으로써 죽음을 넘어서는 초월적인 젊은이들의 사랑"을 종교적인 차원으로 승화시킨다(433). 로렌스 신부는 "자연의 어머니인 대지는 자연의 무덤인 동시에, 자연의 무덤인 그 대지는 자연의 모태"(2.3.9-10)라고 말하면서 죽음은 또 다른 삶의 시작이라고 말한바 있다. 그의 말처럼 로미오와 줄리엣은 죽었지만 사랑이란 이름으로 영원히 결합한다. 그러므로 그들의 사랑은 종교와 유사한 형태의 사랑이며 이는 궁정연애의 큰 특징 중의 하나이다.

Ⅲ

궁정연애 전통에서 요구하는 대부분의 사항이 여성보다는 남성에게 주어져 있어 궁정연애는 여성 중심적 성향을 드러낸다고 할 수 있다. 여성과 남성의 관계가 마치 주인과 하인의 관계처럼 기술되고 있는 것은 여성의 신분이 주로 기사가 모시고 있는 영주의 아내라는 점에 기인한다. 궁정연애가 중세 봉건시대의 산물이란 점을 상기하면 귀부인과 기사의 관계가 주종관계처럼 그려지고 있는 것도 무리는 아니다.

『로미오와 줄리엣』에서 가장 초점이 되는 것은 죽음으로 종결되는 젊은 연인들의 열정적인 사랑이다. 연인들은 서로 첫눈에 반해 사랑하고, 고통을 당하고, 사랑의 비밀을 간직하고자 하며, 대상을 숭배하고 헌신하고 마침내 자결하기에 이른다. 궁정연애 전통에서 사랑은 예술이며 나름대로 지켜야 할 규칙이 있다. 이 작품에 반영된 궁정연애의 특징을 좀 더 구체적으로 요약하면 다음과 같다. 로미오에게 사랑은 고통이며 이 고통으로 인해 로미오는 한숨짓고, 잠 못 이루고, 방황한다. 그리고 충족되지 못한 사랑의 징후들은 로미오의 절망에 찬 말과 창백한 얼굴에 드러나고 있다. 로미오와 줄리엣은 서로를 처음 본 순간부터 상대의 아름다움에 매혹되어 사랑에 빠지게 된다. 로미오는 그의 사랑이 타인의 눈에 드러나는 것을 두려워하며, 연인들은 비밀의 유지를 위해 항상 어두운 밤에 만나 그들의 사랑을 속삭인다. 궁정연애의 전통에서 여성들의 특징인 '변덕'이 줄리엣에게도 드러나고 있으나, 이는 심각하지 않은 장애로 로미오의 욕망을 자극하는 요인으로 작용한다. 로미오와 줄리엣 사이에 가로 놓인 심각한 장애는 서로가 원수 집안의 자제들이라는 점이다. 그러나 이런 장애는 도리어 연인들의 더욱 자극하고 그들의 사랑을 강도 높게 만드는 요인으로 작용한다.

로미오는 중세의 기사처럼 예절이 바르며 겸양의 미덕을 소유하고 있다. 뿐만 아니라 줄리엣은 로미오에게 우상과 같은 존재이고 로미오는 사랑의 노예처럼 행동한다. 그는 줄리엣을 이상화하고, 찬미하고, 마침내 숭배하기에 이른다. 로미오는 아름다운 줄리엣을 성녀나 여신처럼 떠받들고 숭배한다. 사랑하는 이에 대한 로미오의 절대적인 헌신은 궁정연애에서 흔히 나타나는 것처럼 종교적 톤을 통해 재현되고 있으며, 죽음 이후의 결합을 믿는 로미오와 줄리엣의 현세 초월적 사랑은 종교적 차원으로 승화되고 있다.

■ 인용문헌

박우수. “사랑과 죽음의 이중성: 『로미오와 줄리엣』과 모순어법.” *Shakespeare Review* 41.3 (2005): 417-39.

Abrams, M. H. *A Glossary of Literary Terms*. 4th ed. New York: Holt, Rinehart and Winston, 1981.

Ben, Larry D. “Courtly Love and Chivalry in the Later Middle Ages.” *Fifteenth-century Studies: Recent Essays*. Ed. Robert F. Yeager. Hamden, Conn.: Archon Books, 1984. 237-57.

Capellanus, Andreas. *The Art of Courtly Love*. Trans. John Jay Parry. New York: Frederick Ungar Publishing, 1941.

Cartmell, Deborah. *Interpreting Shakespeare on Screen*. London: Macmillan, 2000.

Clemen, W. H. “*Romeo and Juliet*.” *Twentieth Century Interpretations of* Romeo and Juliet. Ed. Douglas Cole. Englewood Cliffs, N.J.: Prentice-Hall, 1970. 66-75.

Donaldson, E. Talbot. “The Myth of Courtly Love.” *Speaking of Chaucer*. New York: Norton, 1970. 154-63.

Gajowski, Evelyn. *The Art of Loving: Female Subjectivity and Male Discourse Traditions in Shakespeare's Tragedies*. Cranbury, NJ,: Associated UP, 1992.

Lee, Sangok. “The Courtly Love Elements in *Romeo and Juliet*.” *ELL* (Literary Society of Korea) 44 (1972): 59-70.

Lewis, C. S. *The Allegory of Love: A Study in Medieval Tradition*. London: Oxford UP, 1936.

Mahood, M. M. “Shakespeare's Wordplay.” *Romeo and Juliet: Critical Essays*. Ed. John F. Andrews. New York: Garland, 1993, 55-71.

McAlindon, T. *Shakespeare's Tragic Cosmos*. Cambridge: Cambridge UP, 1991.

Mott, Lewis Freeman. *The System of Courtly Love*. New York: Haskell House, 1965.

Shakespeare, William. *Romeo and Juliet*. The Riverside Shakespeare. Ed. G. B. Evans. Boston: Houghton Mifflin, 1974.

Žižek, Slavoj. *The Metastases of Enjoyment*. New York: Verso, 1994.

■ 작품인용 원문

(1.1.176-82) O brawling love! O loving hate!/ O any thing of nothing first create!/ O heavy lightness, serious vanity,/ Misshapen chaos of well-seeming forms!/ Feather of lead, bright smoke, cold fire, sick health,/ Still-waking sleep, that is not what it is!/ This love feel I, that feel no love in this.

(1.1.190-94) Love is a smoke made with the fume of sighs,/ Being purg'd, a fire sparkling in lovers' eyes,/ Being vex'd, a sea nourish'd with lovers' tears./ What is it else? a madness most discreet,/ A choking gall, and a preserving sweet.

(2.3.69-78) Jesu Maria, what a deal of brine/ Hath wash'd thy sallow cheeks for Rosaline!/ How much salt water thrown away in waste,/ To season love, that of it doth not taste!/ The sun not yet thy sighs from heaven clears,/ Thy old groans ring yet in my ancient ears;/ Lo here upon thy cheek the stain doth sit/ Of an old tear that is not wash'd off yet./ If e'er thou wast thyself and these woes thine,/ Thou and these woes were all for Rosaline.

(1.5.138-41) My only love sprung from my only hate!/ Too early seen unknown, and known too late!/ Prodigious birth of love it is to me,/ That I must love a loathed enemy.

(1.1.121-30) Where, underneath the grove of sycamore/ That westward rooteth from the city side,/ So early walking did I see your son./ Towards him I made; but he was ware of me,/ And stole into the covert of the wood./ I, measuring his affections by my own,/ Which then most sought where most might not be found,/ Being one too many by my weary self,/ Pursued my humor not pursuing his,/ And gladly shunn'd who gladly fled from me.

(1.1.131-40) Many a morning hath he there been seen,/ With tears augmenting the fresh morning's dew,/ Adding to clouds more clouds with his deep sighs,/ But all so soon as the all-cheering sun/ Should in the furthest east begin to draw/ The shady curtains from Aurora's bed,/ Away from light steals home my heavy son,/ And private in his chamber pens himself,/ Shuts up his windows, locks fair daylight out,/ And makes himself an artificial night.

(3.2.5-17) Spread thy close curtain, love-performing night,/ That [th'] runaway's eyes may wink, and Romeo/ Leap to these arms, untalk'd of and unseen!/ Lovers can see to do their amorous rites/ By their own beauties; or, if love be blind,/ It best agrees with night. Come, civil night,/ Thou sober-suited matron, all in black,/ And learn me how to lose a winning match,/ Play'd for a pair of stainless maidenhoods./ Hood my unmann'd blood, bating in my cheeks,/ With thy black mantle; till strange love, grown bold,/ Think true love acted simple modesty./ Come, night, come, Romeo, come, thou day in night.

(1.5.44-53) O, she doth teach the torches to burn bright!/ It seems she hangs upon the cheek of night/ As a rich jewel in an Ethiop's ear—/ Beauty too rich for use, for earth too dear!/ So shows a snowy dove trooping with crows,/ As yonder lady o'er her fellows shows./ The measure done, I'll watch her place of stand,/ And touching hers, make blessed my rude hand./ Did my heart love till now? Forswear it, sight!/ For I ne'er saw true beauty till this night.

(2.2.90-97) Dost thou love me? I know thou wilt say 'Ay,'/ And I will take thy word; yet, if thou swear'st,/ Thou mayst prove false: at lovers' perjuries/ They say Jove laughs. O gentle Romeo,/ If thou dost love, pronounce it faithfully;/ Or if thou thinkest I am too quickly won,/ I'll frown and be perverse, and say thee nay,/ So thou wilt woo, but else not for the world.

(2.3.65-68) [W]hat a change is here!/ Is Rosaline, that thou didst love so dear,/ So soon forsaken? Young men's love then lies/ Not truly in their hearts, but in their eyes.

(1.5.93-100) *Romeo*. (*To* JULIET.) If I profane with my unworthiest hand/ This holy shrine, the gentle sin is this, / My lips, two blushing pilgrims, ready stand/ To smooth that rough touch with a tender kiss./ *Juliet*. Good pilgrim, you do wrong your hand too much,/ Which mannerly devotion shows in this:/ For saints have hands that pilgrims' hands do touch,/ And palm to palm is holy palmers' kiss.

(2.2.80-84) By Love, that first did prompt me to inquire;/ He lent me counsel, and I lent him eyes./ I am no pilot, yet, wert thou as far/ As that vast shore [wash'd] with the furthest sea,/ I would adventure for such merchandise.

(2.2.2-7) [W]hat light through yonder window breaks?/ It is the east, and Juliet is the sun./ Arise, fair sun, and kill the envious moon,/ Who is already sick and pale with grief/ That thou, her maid, art far more fair than she./ Be not her maid, since she is envious.

(2.2.15-25) Two of the fairest stars in all the heaven,/ Having some business, [do] entreat her eyes/ To twinkle in their spheres till they return./ What if her eyes were there, they in her head?/ The brightness of her cheek would shame those stars,/ As daylight doth a lamp; her [eyes] in heaven/ Would through the airy region stream so bright/ That birds would sing and think it were not night./ See how she leans her cheek upon her hand,/ O! that I were a glove upon that hand,/ That I might touch that cheek!

(2.2.39-49) 'Tis but thy name that is my enemy;/ Thou art thyself, though not a Montague./ What's Montague? It is nor hand nor foot,/ Nor arm nor face, [nor any other part]/ Belonging to a man. O, be some other name!/ What's in a name? That which we call a rose/ By any other name would smell as sweet;/ So Romeo would, were he not Romeo call'd,/ Retain that dear perfection which he owes/ Without that title. Romeo, doff thy name,/ And for that name, which is no part of thee,/ Take all myself.

(3.3.17-21) There is no world without Verona walls,/ But purgatory, torture, hell itself./ Hence "banished" is banish'd from the world,/ And world's exile is death; then "banished,"/ Is death misterm'd.

(5.3.109-115) O, here/ Will I set up my everlasting rest,/ And shake the yoke of inauspicious stars/ From this world-wearied flesh. Eyes, look your last!/ Arms, take your last embrace! and, lips, O you/ The doors of breath, seal with a righteous kiss/ A dateless bargain to engrossing death!

7. 억압된 욕망과 여성혐오:『햄릿』

필자는 3장에서『햄릿』(*Hamlet*)을 엘리자베스 시대의 복수윤리와 연관지으면서 햄릿(Hamlet)의 복수지연을 논의한 바 있다. 역사비평에 따르면 햄릿의 '복수지연'은 당대 복수극의 관행과 이율배반적인 유령의 명령과 밀접하게 연관되어 있고, 복수를 둘러싼 햄릿의 딜레마는 곧 그 시대 관중들이 처한 도덕적 딜레마를 함축한다. 그러나 정신분석비평은 복수지연의 열쇠를 햄릿의 심리에서 찾는다. 극중극을 통해 클로디어스(Claudius)의 범죄를 확인한 햄릿은 금방이라도 복수를 단행할 것 같아 보인다. 그러나 햄릿은 클로디어스가 회개의 기도를 올리고 있을 때 죽이면 악당을 천당에 보내는 것이 되어 복수가 될 수 없다고 생각하고 그를 죽이지 않는다. 클로디어스의 부친 살해를 확인하고도 햄릿은 왜 복수하지 못하는가?[1] 정신분석비평에 따르면 이는 햄릿의 심리

이 글은 필자의 논문 "햄릿의 심리와 여성혐오"(신영어영문학 32호, 2005)를 다시 고쳐 쓴 글이다.

1) 성격비평의 선구자였던 콜리지는 햄릿이 어떤 일을 깊이 생각하는 성격으로 인해 복수를 지연한

에 있다. 클로디어스는 무의식의 영역에서 햄릿의 근친상간 욕구를 대변하는 인물로 존재하고 있어 햄릿이 그를 죽이기란 쉽지 않기 때문이다.

프로이드(Sigmund Freud)와 존스(Ernest Jones)는 복수지연의 열쇠를 햄릿의 오이디푸스 콤플렉스에서 찾는다. 프로이드는 인간의 정신 과정을 이드(Id), 자아(Ego), 초자아(Super-ego)로 구분하고, 이러한 정신과정의 대부분이 무의식이라고 전제한다. 초자아는 의식과 무의식의 영역에 걸쳐 있고, 이드의 본능적 충동을 억압하고 금지하는 "도덕원리"(morality principle)를 대변한다. 이드는 전적으로 무의식의 영역에 속하며 본능적 욕구에 따라서 움직이는 "쾌락원리"(pleasure principle)를 대변한다. 자아는 무의식과 "전의식"(잠재되었다가 의식으로 돌아올 수 있는 무의식) 사이에 위치하며, 본능적 충동이 파괴적인 형태로 방출되지 않도록 이드를 조정하는 "현실원리"(reality principle)를 대변한다(Freud, *New Introductory* 95-104). 홀런드(N. Holland)는 정신분석이론만이 모든 남아가 공유하는 오이디푸스 콤플렉스와 부친살해 감정과 모친에 대한 근친상간의 감정을 해명할 수 있고, 햄릿의 복수지연 동기를 심리적 관점에서 해명할 수 있다고 주장한다(*Shakespearean* 158). 정신분석비평의 역사는 20세기 초반의 프로이드와 존스의 비평으로 거슬러 올라가며, 이는 1970년대 이후 라캉(Jacques Lacan)의 작업으로 이어지고, 1980년대 이후에는 정신분석비평과 페미니스트 비평의 관점을 동시에 드러내는 아델만(Janet Adelman), 가버(Marjorie Garber) 등의 연구로 만개한다. 이 글은 이들 정신분석비평의 성과를 참조하여 햄릿의 여성혐오의 근거를 밝히고 복수지연의 문제를 논의하려는 작업이다. 결론부터 말하자면 어머니의 육체를 갈망하는 햄릿의 억압된 무의식적 욕망이 여성혐오의 근거이다. 가질 수 없는 대상에 대한 역 심리로 여성혐오가

다고 주장했고, 역사비평은 햄릿이 클로디어스를 죽이라는 유령의 복수 명령과 당대의 복수윤리 사이에서 갈등하면서 복수를 지연한다고 주장한다.

진행되었다고 볼 수 있기 때문이다.

I

햄릿의 심리를 읽을 수 있는 최초의 단서는 검은 상복을 입고 등장한 햄릿이 1막 2장에서 어머니 거트루드(Gertrude)에 대한 혐오감을 드러낼 때이다. 거트루드가 햄릿에게 이제 “그 어두운 상복을 벗어버리고 다정하게 폐하를 대하라”고 하면서 “어찌하여 너만 죽음을 흔치 않은 일로 생각하는 사람처럼 보이느냐”고 했을 때 햄릿은 다음과 같이 말한다. “그렇게 보이다니요? 전 ‘보이는’ 체하는 따위는 모릅니다. 어머니, 제 심중을 진실로 드러낼 수 있는 것은 제 이 검은 망토도, 의례적으로 입는 이 검은 상복도 아닙니다. 억지로 길게 내쉬는 한숨도 아니오, 넘치는 강물 같은 눈물도 아니오, 수심에 가득 찬 낙담의 표정도 아닙니다”(1.2.76-81). 햄릿은 자신이 걸친 상복도 “수심에 가득 찬 낙담의 표정”도 상실감에 빠진 자신의 “심정을 진실로 드러낼 수 있는 것”은 아니라고 말하고 있다. 아버지의 죽음을 애도하는 햄릿의 검은 상복은 겉치레가 아니다. 그러나 상복을 입고 아버지의 죽음을 애도하는 어머니의 모습은 겉치레이고 거짓이다. 햄릿의 말을 빌리자면, 어머니는 “아버님의 시신을 따라갈 때 신었던 그 신발이 미처 닳기도 전”에 너무나도 빨리 상복을 벗어버리고 근친상간의 이부자리로 들어갔기 때문이다. 거트루드와의 대화 이후 홀로 남은 햄릿은 자살하고 싶은 심경과 어머니에 대한 혐오감을 다음과 같은 독백에 담아낸다.

> 아, 너무나도 질긴 육신이여!

녹고 또 녹아 차라리 이슬이 되어 버려라.
하느님은 왜 자살을 금하는 법을 만드셨던가!
오! 하느님, 하느님!
세상만사가 나에겐 왜 이다지 지겹고,
맥 빠지고, 밋밋하고, 부질없어 보이는가!
아, 역겹구나! 역겨워! 이 세상은 잡초만 무성한 정원.
거기에선 무엇이든 막 자라 열매 맺고, 더럽고도
막 자란 잡초만이 가득하구나. 어찌 이 지경이 되었는가?
돌아가신지 이제 겨우 두 달! 아니, 두 달도 채 되기 전에 ……
(1.2.129-38)

이 제 1독백은 햄릿의 심리를 읽을 수 있는 몇 가지 단서를 제공한다. 햄릿의 자살 심리 근거, 두 아버지의 비교에서 드러나고 있는 아들의 심리, 전락한 모체에 대한 아들로서의 반감, 마지막으로 모든 여성으로 확장된 여성혐오 심리가 바로 그것이다. 햄릿은 "너무나도 질긴 육신"이 녹고 또 녹아 차라리 이슬이 되어 버리라고 하면서 자살을 갈구한다. 유령의 비밀스런 이야기를 통해 아버지의 살해 전모를 알기도 전부터 햄릿은 이미 인간에 대한, 특히 어머니로 대변되는 여성에 대한 환멸로 인해 깊은 우울증에 빠져 자살을 갈구한다. 햄릿에게 어머니 거트루드의 육신은 더러운 욕망이 판을 치는 "잡초 무성한 정원"이다. 햄릿이 이 세상만사가 부질없다고 느끼는 원인은 모체의 타락이며, 성모 마리아에 비유되는 "폐쇄된 정원"의 이미지는 거트루드의 더럽혀진 육신을 의미하는 잡초 우거진 정원의 이미지로 전락한다(Adelman 17). 잡초로 뒤덮인 이 정원은 상스럽고 천박한 욕정으로 가득 차 있다. 이 정원으로부터 햄릿의 아버지는 추방되었으며 잡초로 가득 찬 이 정원에서 클로디어스는 형수인 거트루드와 놀아난다. 햄릿은 이어지는 독백에서 야수 같은 시동생의 욕정에 놀아나 태양신 같은 남편을 배신한 여인의 '약함'을 다음과 같이 비난한다.

> 아버님과 숙부의 차이는 태양신과 야수의 차이만큼이나 커.
> 아버님은 어머니를 너무나도 사랑하여,
> 어머니 얼굴을 스치는 바람 한 점도 거칠세라 염려하시던 분.
> 천지신명이시여! 제가 이런 것까지 기억해야 하나요?
> 사랑을 받아먹으면 먹을수록 갈증이 더 커지듯,
> 어머닌 아버님께 꼭 매달리곤 했지.
> 그런데 한 달도 채 되기 전에 …… 생각하지 말아야지.
> 약한 자여! 그대 이름은 여자니라! (1.2.139-46)

햄릿은 클로디어스를 야수로 아버지를 태양신으로 비교하면서 클로디어스에 대한 반감을 드러내고 있지만 어머니에 대한 혐오감이 한층 더 크게 작용한다. 햄릿의 표면적인 혐오감은 클로디어스의 부친 살해에 향해 있지만, 보다 심층적으로는 어머니의 근친상간에 향해 있다는 말이다. 그러므로 숙부의 부친 살해보다는 어머니의 근친상간적인 재혼이 햄릿을 더욱 괴롭히는 사항으로 작용한다(Jones 61). 제 1독백에는 이와 같이 햄릿이란 주인공의 강박관념이 짙게 배어 있고, 이 강박관념의 실체에 대한 인식 없이는 이 작품의 이해에 무리가 따른다(Waldock 55-56). 그러나 이 강박관념의 실체는 쉽게 드러나지 않는다. 이는 햄릿의 무의식 속에서 작용하고 있기 때문이다.

인간의 정신 과정을 이드, 자아, 초자아로 구분했던 프로이드의 견해를 『햄릿』에 적용하면, 선왕인 유령은 햄릿의 본능적 충동, 즉 어머니에 대한 근친상간의 성적 충동을 억압하면서 도덕원리로 작용하는 초자아에 해당한다. 형수와 결혼한 현왕 클로디어스는 쾌락원리에 따라 움직이는 탐욕스럽고 통제 불가능한 이드의 투사라고 볼 수 있다. 주인공 햄릿은 도덕원리를 대변하는 선왕과 쾌락원리를 대변하는 현왕에게 구현된 두 힘 사이에서 갈등하는 자아를 대변한다. 따라서 햄릿은 두 힘의 조정자인 동시에 심리적으로 두 힘 사이에서 갈등하면서 현실원리에 따라 움직이는 존재이다. 햄릿 내부에서 이드는 햄릿을 근친상간의 본능적 욕망으로 몰아넣고, 초자아는 그런 욕망을 금지한다 (Freud, *New Introductory* 95-104).

햄릿의 복수지연 동기를 밝혀줄 오이디푸스 콤플렉스를 논의하기에 앞서 햄릿이 선왕과 현왕을 비교하는 장면을 살펴보기로 하자. 햄릿의 아버지가 서거한 후 클로디어스는 햄릿의 어머니 거트루드와 결혼한다. 그러나 햄릿은 다음과 같은 대사에 클로디어스에 대한 혐오감을 드러낸다. "숙질 이상의 관계가 되었지만, 부자지간이라니 말도 되지 않는 소리"(1.2.65). 이미 1막 2장의 제1독백에서 선왕과 현왕의 차이가 "태양신과 야수의 차이"만큼이나 크고, 용기와 지략이 뛰어난 헤라클레스와 햄릿 자신의 차이보다 더 크다고 말했던 햄릿은 3막 4장에서 선왕과 현왕인 클로디어스를 다음과 같이 비교한다.

> 여기 이 그림과 저 그림을 보십시오.
> 두 형제를 그대로 그린 초상화죠.
> 이 이마에 서린 당당한 기품을 보십시오.
> 태양신처럼 물결치는 머리카락, 주피터처럼 멋진 이마
> 군신(軍神)처럼 주위를 압도하는 눈빛,
> 하늘에 닿을 듯한 산정에 이제 막 내려온
> 신들의 사자 머큐리와 같은 자세,
> 모든 신들이 제각기 도장을 찍어
> 인간의 귀감임을 만천하에 보증하였고,
> 온 미덕을 한 몸에 지닌 조화의 화신과도 같았던 분.
> 이분이 바로 어머니의 전 남편이었습니다. (3.4.53-63)

여기서 "온 미덕을 한 몸에 지닌 조화의 화신"과도 같은 선왕은 아들인 햄릿에게 사랑과 존경의 대상으로 존재하며, 이는 햄릿이 자신과 동일시하려는 이상적인 아버지 상(像)이다. 초자아를 대변하는 선왕에 대해 기술할 때 햄릿은 "초자아적 언어"를 구사한다(Nuttall 130). 반면 어머니의 사랑을 두고 경쟁을 벌여야 하는 미운 아버지 상(像)으로 존재하는 클로디어스를 기술할 때 햄릿의 어조는 다음과 같이 달라진다.

> 자, 이제 이 초상화를 보시죠.
> 이 사람이 바로 어머니의 현재 남편이죠. 건장하던
> 자신의 형님을 말려 죽인 썩어 병든 이삭과도 같은 사람이죠.
> 눈 있으면 한번 보시죠. 어찌하여 이 아름다운 산기슭에서
> 풀을 뜯어먹는 걸 마다하고, 이 황무지에서 더러운 욕정을 탐하십니까?
> 제발 눈이 있으면 보시지요. 그걸 사랑이라 부르진 마십시오. (3.4.63-68)

햄릿은 선왕을 모든 "인간의 귀감"으로 "온 미덕을 한 몸에 지닌 조화의 화신"으로 칭송하는 반면 현왕은 극단적으로 혐오한다. 햄릿에게 현왕은 "썩어 병든 이삭과도 같은 사람"이고 더러운 욕정으로 가득 찬 "황무지"이다. 선왕과 현왕에게 투사된 이 두 부상(父像)은 주인공 햄릿의 "의식적, 무의식적 애증병존의 극적 투사"라고 볼 수 있다. 선왕은 의식적 차원의 이상, 즉 "도덕원리"를 실천하는 이상적 존재이며, 현왕은 무의식적 차원의 욕구, 즉 "쾌락원리"에 따라 움직이는 혐오스런 존재이다. 그리하여 햄릿은 선왕을 존경하는 반면, 현왕에게는 적개심을 드러낸다.

햄릿이 동일시하는 자아가 현왕이 아니라 죽은 자신의 아버지라면 햄릿이 행동을 주저할 필요는 없을 것이다. 그러나 햄릿은 의식과 무의식의 갈등 가운데 분열되어 있으며, 나아가 무의식적 애증병존의 갈등 가운데 분열되어 있다.

따라서 클로디어스에 대한 햄릿의 무의식적 반응은 복잡한 양상으로 전개된다. 선왕을 살해하고 어머니와 근친상간적 행위를 범한 현왕은 무의식적 차원에서 햄릿의 억압된 욕구를 실행하는 존재이기 때문이다. 햄릿은 한편으로는 클로디어스를 증오하고, 또 한편으로는 햄릿 자신의 부친 살해 욕구와 근친상간적 욕구를 대변하고 있는 그를 자신과 "동일시"한다. 이는 물론 의식적인 차원에서는 햄릿 자신이 알 수도 없고 해명할 수도 없는 심리이다. 따라서 햄릿은 현왕을 쉽게 죽일 수가 없다. 그를 죽이는 행위는 곧 심리적인 차원에서 자기 자신을 죽이는 행위와 다를 바 없기 때문이다(Jones 88-91, Guerin 126-27). 이는 햄릿의 무의식에서 진행되는 오이디푸스 콤플렉스의 내용이며, 이는 또한 프로이드로 대변되는 정신분석비평의 핵심적 내용이다.[2)]

자신의 무의식적 욕망을 이해할 수도 해명할 수도 없는 햄릿이 행동을 지연하는 것은 당연하다. 햄릿은 의식적 차원에서는 자신을 이상적 아버지인 선왕과 동일시하지만, 무의식적 차원에서는 오이디푸스적 욕망을 구현하는 클로디어스와 동일시하기 때문이다(Lupton 121-23). 의식과 무의식 사이에서 분열된 자아가 구체적 행동력을 상실하는 것은 흔한 일이다. 라캉은 햄릿이 "상상계"에 갇혀 있는 단계에서는 자신을 클로디어스와 동일시하기 때문에 행동을 지연한다고 설명한다. 그러나 라캉은 "상징계"에 진입한 햄릿이라면 그를 죽일 수도

---

2) 프로이드에 견해에 따르면 남자 아이에게 한동안 "어머니에 대한 애착"과 "아버지와의 동일시"가 나란히 진행되지만, 어느 시기를 지나게 되면 "어머니에 대한 성적 소망"이 보다 강렬해진다. 이 때 남아에게 아버지는 그러한 소망을 방해하는 장애물로 인식되며, 어머니의 사랑에 대한 경쟁자로 간주된다. 어머니와의 관계에서 아버지의 위치를 차지하기 위해 남아는 아버지를 제거하고 싶은 욕망을 갖게 되는데, 이때 남아는 오이디푸스 콤플렉스를 체험한다. 한동안은 아버지와 자신을 동일시했던 남아는 이제 아버지에 대해 "오이디푸스적 애증병존"(Oedipal ambivalence)의 상태에 돌입한다(Freud, *The Ego and the Id* 21-22). 이 상태에서 남아는 아버지의 법과 권위에 반항하지만, 거세공포를 느낀 남아가 아버지의 법을 받아들이면서 남아는 마침내 상징적 질서의 세계 속에 편입된다.

있다고 주장한다.

라캉은 "무의식도 언어처럼 구조되어 있다"는 명제로서 정신분석 이론을 시작하며, 햄릿의 무의식 구조를 해명한다. 그는 『햄릿』을 "욕망의 비극"으로 규정하며, 여기서 욕망은 "타자의 욕망"인 동시에 "타자에 대한 욕망"이다. 또한 이 극은 "오이디푸스 콤플렉스의 소멸"에 관한 극이다. 즉 "무의식 속에 억압된 남근(男根)"에 관한 이야기이다. 햄릿이란 주체는 먼저 어머니라는 타자의 욕망에 종속되어 있고, 또한 복수를 요구하는 아버지의 욕망에 종속되어 있다. "나는 내가 아닌 곳에서 생각한다. 그러므로 나는 내가 생각하지 않는 곳에서 존재한다"는 라캉의 명제처럼, 햄릿의 욕망은 햄릿 자신이 생각하지 못한 어머니라는 대상 즉 타자에 존재한다. 햄릿은 마지막까지 타자의 욕망과 타자의 시간에 머무르면서 복수를 지연한다. 상상계에서 남아는 자신의 욕망을 타자의 욕망에 종속시키고, 동시에 자신이 타자의 욕망 즉 어머니의 결핍을 충족시켜주는 남근이라고 상상한다. 햄릿의 아버지는 이미 지워진 타자이며, 아버지가 소유하고 있던 남근과 어머니의 욕망은 이제 클로디어스에게 넘어가 있다. "자기애적 상상계"에 갇힌 햄릿은 자신의 욕망을 계부(繼父)인 클로디어스의 욕망과 동일시하여 그를 죽이지 못한다. 햄릿이란 주체는 상상계와 상징계가 투쟁을 벌이는 장이다. 상상계에는 존재하지 않는 무의식이 상징계에서는 언어처럼 구조되어 있다. 주체가 남근 거세 위협에 직면하게 되면 오이디푸스 콤플렉스는 소멸된다. 거세의 상징이 될 수 있는 레어티즈(Laertes)의 독 칼에 맞기 전까지 햄릿은 "상상계"에 갇혀 있었지만, 그 이후 클로디어스가 구현하던 남근을 허상으로, 자신이 타자의 남근이라는 상상을 허구로 인식하는 순간 "아버지의 법"이 실행되는 "상징계"로 진입하게 되고 클로디어스를 공격할 수 있게 된다(Lacan 24-52; 권택영 28-30, 151-83). 프로이드는 복수지연의 원인을 햄릿이 처벌해야 하는 클로디어스와 햄릿 자신이 무의식의 영역에서 동일한 욕망을 갖고 있다는 점에서 찾는다. 그러나 라캉은 햄릿의 복수지연의 원인을 타자의 욕망과 시간에 종속되어 해명할 길 없는 햄릿의 수수께끼에서 찾는다.

가버는 햄릿에게 또 다른 강박관념으로 작용하는 유령이 '아버지의 이름'으로 햄릿에게 나타나고 있음을 주시한다. 유령은 완전히 죽은 것도 완전히 살아 있는 것도 아니다. 그의 존재는 희미하게 가려진 '남근'으로 나타나고 있기 때문이다. 희미하게 가려진 남근인 유령은 사라져버린 기표(missing signifier)를 의미하고, 기표가 사라져 버렸다는 것은 곧 확정적인 의미가 존재할 수 없음을 의미한다. 유령은 곧 부재의 표시인 동시에 부재의 현시이다. 유령은 현존의 부재인 동시에 그의 등장은 부재의 현존이기 때문이다. 현실 세계에 유령이 등장하는 것은 죽은 자가 죽기를 거부하는 애매한 행위이며, 이 행위는 햄릿 왕자에게 남근의 현시로 작용한다. 그러나 라캉에 따르면 남근은 실재하지 않는 것이고 "힘"을 상징하는 기표일 뿐이다. '아버지의 이름'으로 햄릿에게 나타나는 유령의 존재는 프로이드의 개념에서는 이드의 본능적인 충동을 억압하고 도덕원리로 작용하는 초자아에 해당한다. 라캉은 오이디푸스 콤플렉스 단계의 주인공이 거세 콤플렉스의 위협에 직면하게 되면 상징계에서 '아버지의 법'을 받아들인다고 주장하지만, 가버는 다시 나타난 아버지, 즉 유령의 존재를 인정하지도 부정하지도 못하는 햄릿은 '아버지의 법'을 인정할 수도 부정할 수도 없는 상태라고 주장한다. 어머니를 가지려는 욕망의 충동을 느끼는 햄릿은 환상적 수준에서 클로디어스가 실재계에서 범한 부친 살해 행위를 반복하고 있으며 선왕의 존재는 이 반복의 동인이다(Garber 299-302). 여기서 반복하려는 충동은 억압된 무의식의 표현이다. 이와 같이 가버는 햄릿의 반복 충동을 논의할 때 다시 라캉의 이론을 이용한다.

Ⅲ

햄릿의 무의식적 반응과 관련된 또 하나의 특징적인 양상은 그의 여성혐오이며, 이는 또한 상실의 경험과 연결되어 있다. 햄릿은 두 가지 상실을 경험한다. 1차적으로는 숙부의 살해로 인한 아버지의 상실이고, 2차적으로는 숙부와 어머니의 결혼으로 인한 어머니의 상실이다(Starks 162). 상실의 고통은 햄릿에게 지울 수 없는 상흔을 남기게 되고, 숙부에 대한 적대감과 어머니에 대한 혐오감으로 이어진다. 아버지의 죽음을 애도하는 검은 상복을 입고 우울한 모습으로 등장한 햄릿에게 어머니가 처음으로 한 말은 "살아있는 모든 사람은 반드시 죽고" 세상에서 "죽음이란 너무나 흔한 일"이니 아버지에 대한 지나친 애도를 삼가라는 것이다. 이에 대해 햄릿은 "어머니의 결혼은 너무나 속된 일"이라고 답하는데(1.2.72-74),[3] 이는 햄릿의 심중에 담고 있는 어머니에 대한 혐오를 드러낸 말이다. 햄릿이 클로디어스의 부친 살해와 모친의 근친상간 가운데 모친의 근친상간을 더 혐오하고 있다는 것을 언급한 바 있다. 다음 제 1독백의 후반부에는 어머니에 대한 혐오감으로 고조된 햄릿의 심정이 잘 드러나 있다.

> 이제 겨우 한 달, 니오베처럼 온통 눈물에 젖어
> 가엾은 아버님의 시신을 따라 갈 때 신었던 그 신발이 미처 닳기도 전에,
> 내 어머니가 숙부와, 아니 내 아버지의 동생과 결혼하다니.
> 아, 하느님! 분별력 없는 짐승일지라도
> 이보다는 더 오래 동안 슬퍼했을 것을……

3) 원문에서 어머니가 "'tis common"이라고 하자 햄릿 역시 "'tis common"이란 말로 대응하고 있다. 어머니가 의미하는 "it"이란 "죽음"이며 "common"은 "흔한 일"이다. 그러나 햄릿이 의미하는 "it"이란 "죽음"이며 "common"은 "속된 일"이다.

> 아버님의 동생이라고는 하지만, 그자와 내 아버지의 차이는
> 나와 헤라클레스의 차이보다 더 크다고 할 수 있어.
> 한 달도 못 돼 어머니가 그런 자와 결혼하다니.
> 거짓 눈물의 소금기로 충혈된 눈의 핏발이 채 가시기도 전에.
> 아! 추악하기 이를 데 없는 민첩성이여!
> 한 달도 못 돼, 그리도 빨리 근친상간의 추악한 잠자리로 뛰어들다니!
> 이럴 수는 없어, 아니 절대로 잘 될 리가 없지.
> 하지만, 입을 다물어야 하니 내 가슴은 찢어질 수밖에. (1.2.147-59)

"근친상간의 추악한 잠자리"에 대한 햄릿의 이토록 강한 반감의 근원은 무엇일까? 금지된 것에 대한 열망이 도리어 반감의 형태로 변한 것은 아닐까? 정신분석비평의 견해에 따르면 햄릿에게 억압되었던 유년시절의 소망은 어머니에 대한 근친상간과 친부 살해의 욕망으로 되살아난다. 일정기간 동안 남아에게 아버지는 어머니의 애정에 대한 '라이벌'로 간주된다. 남아가 자라 "거세공포"에 시달리면서, 아버지의 법으로 대변되는 "상징적 질서"를 받아들일 때 근친상간의 욕망은 통제되지만, 이 욕망은 특히 유아기에 대단히 강력한 성적 에너지를 수반한다. 그렇다고 해서 이러한 성적 욕망과 충동이 사라지는 것은 아니다. 단지 무의식의 상태로 억압되어 있을 뿐, 항상 수면 위로 떠오를 강력한 잠재력을 갖고 있다. '거세'의 위협은 어머니에 대한 남아의 근친상간적인 욕망을 포기하도록 하고, 남아는 아버지를 라이벌로서가 아니라 역할 모델로 받아들이도록 하며 자신을 아버지와 동일시하도록 만든다. 그러나 아들은 성인이 되어서도 오이디푸스 콤플렉스를 완전하게 극복하진 못한다. 왜냐하면 어머니에 대한 근친상간적 욕망이 단지 무의식적인 억압으로 제어되기 때문이다. 억압된 욕망들은 드러나지 않지만 결코 없어지지 않고 잠복해 있다. 햄릿에게도 마찬가지이다. 그는 오이디푸스적인 욕망을 억제해 왔지만, 이

억제된 욕망은 다시 수면 위로 떠올라 어머니에 대한 갈망과 혐오가 동시에 진행된다(Selden 82). 위의 인용은 소유할 수 없는 대상에 대한 햄릿의 갈구가 혐오감의 형태로 표출되고 있음을 보여주고 있다. 햄릿은 아버지의 동생과 "근친상간의 추악한 잠자리"를 같이 한 어머니를 비난하고 있지만, 무의식중에 그 자신이 어머니와의 잠자리를 갈망하고 있고, 자신의 이러한 오이디푸스적 욕망을 구현하고 있는 클로디어스에 대해 복수를 감행하지 못한다(Holland, *Psychoanalysis* 192).

어머니에 대한 햄릿의 혐오감은 오필리어라는 여성에게 이어지고 이는 전체 여성에 대한 혐오감으로 이어진다. 햄릿이 가진 여성 전체에 대한 환멸의 근원은 "근친상간의 추악한 잠자리"를 탐닉하는 거트루드라는 여성의 욕정이다(Stanton 167). 3막 1장에서 오필리어가 아버지의 사주에 따라 그를 정탐하고 있음을 이미 알고 있는 햄릿은 오필리어에게 "당신들은 하느님께서 주신 얼굴에 분칠을 하여 아주 딴 얼굴로 만들어버리지. 춤추듯 엉덩일 흔들어 대며 느릿느릿 걷고,…… 자신들의 음탕한 짓을 순진해서 그리 했노라고 변명하지. …… 더 이상 결혼해서는 안 돼. …… 어서 수녀원으로 가!"(3.1.137-43)라는 대사를 내뱉는다. 햄릿은 여성들이 순진한 체하면서 음탕한 짓을 하는 것을 참을 수 없다. "수녀원으로 가라"는 햄릿의 표현에서 여성혐오는 절정에 달한다. 그러나 여기에 표출되고 있는 햄릿의 반감은 오필리어라기보다는 주로 근친상간의 이부자리에서 서로를 희롱하는 클로디어스와 어머니의 성적 행위에 주어지는 반감이다. 그러나 더욱 큰 증오와 반감이 햄릿 자신에게 주어진다. 무의식에서 햄릿을 끊임없이 유혹하고 갈등으로 몰아넣는 것은 바로 자신의 억압된 성적 욕망이기 때문이다(Jones 83-85). 햄릿의 다음 대사는 표면적으로는 오필리어라는 여성에 대한 혐오감을 드러내고 있지만, 보다 더 근원적으로는 본능적 충동으로 인해 심리적 죄를 범하고 있는 자신에 대한 혐오감을 표출하고 있다.

> 수녀원으로 가시오. 뭐 때문에 그대는 죄 많은 인간을 낳으려고 하시오. 난 자신을 꽤나 덕 있는 사람이라고 생각하고 있소. 하지만 나는 어머니께서 왜 날 낳았는지 원망할 만큼 스스로 많은 죄를 범하고 있소. 나란 인간은 몹시도 오만하고, 복수심에 차 있으며, 야심만만한 사람이오. 때문에 난 자신도 명확히 생각하지 않았던 죄, 상상만으로 아직 형체를 갖추지 못한 죄, 실행에 옮기려고 마음먹고 있는 죄 등 등, 이루 헤아릴 수 없는 죄를 짊어지고 다니는 그런 인간이오. 도대체 무엇 때문에 나 같은 인간이 하늘과 땅 사이를 기어 다녀야 한단 말이오? 우리 모두는 악명 높은 악당이 아니겠소. 수녀원에나 가시오. (3.1.120-29)

햄릿은 죄 많은 인간을 낳지 말고 "수녀원"[4]으로 가라고 오필리어를 탄핵하지만, 사실 햄릿의 대사는 "상상만으로 아직 형체를 갖추지 못한 죄, 실행에 옮기려고 마음먹고 있는 죄"로 인해, 즉 자신도 잘 이해할 수 없는 무의식적 욕망으로 인해 죄를 범하고 있는 햄릿 자신을 '무의식적'으로 드러낸다. 오필리어가 자신도 모르는 가운데 햄릿을 정탐하는 도구로 이용되고 있긴 해도, 오필리어에게 햄릿이 내뱉는 여성혐오적인 발언은 지나친 감이 없지 않다. 햄릿의 분노와 경멸의 주요 대상이 관능적 여성의 이미지를 가지고 있는 어머니 거트루드이지만, 순진한 여성인 오필리어 역시 햄릿의 혐오감을 피할 수 없다.

햄릿은 이제 인간을 둘러싼 모든 고리로부터 단절되어 절대적 고독 속에 위치한다. 아버지는 독살 당하고, 어머니는 근친상간의 이부자리로 뛰어 들고, 친구와 애인은 그를 배반하고 정탐한다. 고립된 햄릿의 극단적 여성혐오와

4) "수녀원(nunnery)"이란 단어가 엘리자베스 시대의 속어로서 유곽(遊廓)이란 의미로 사용되었다는 점을 고려해 볼 때, 수녀원으로 가라는 햄릿의 대사에는 극단적인 여성혐오가 함축되어 있다 (Lacan 23, Jones 86).

'성'에 대한 극단적인 반발은 억압된 오이디푸스 콤플렉스의 전형적인 예라고 할 수 있다(Guerin 127). 정신분석적인 관점에서 말하자면 여성혐오의 원인은 바로 햄릿의 억압된 근친상간적 충동과 욕망이다. 존스의 주장에 따르면 햄릿의 무의식에는 "동정녀 마리아의 상"과 "관능적 피조물의 상"이라는 두 가지의 어머니 상이 존재한다. 전자는 관능적 접근을 불가능하게 하는 성녀의 상이고, 후자는 접근하도록 유혹하는 창녀의 상이다. 억압된 성적 본능에 시달리는 햄릿과 같은 인물은 두 유형의 여성 모두에게 적대감을 느끼게 된다. 성녀 상의 여성은 햄릿을 거절하고, 관능적인 창녀 상의 여성은 햄릿이 죄를 범하도록 유혹하기 때문이다(86-87). 여성의 육체는 범할 수 없는 성녀의 이미지와 유혹하는 관능적 여성의 이미지를 동시에 갖고 있다. 그러나 거트루드에게는 이드의 관능적 힘이 보다 강하게 드러나 있고, 오필리어에게는 성녀의 이미지가 보다 강하게 드러나 있다. 두 가지의 아버지 상 사이에서 햄릿에게 주어진 남성 대 남성으로서의 긴장은 이제 남성과 여성 간의 갈등이라는 형태로 전개된다.

오필리어 역시 햄릿에게 욕망의 대상이다. 햄릿은 어머니를 둘러싼 자식과 아버지(선왕, 현왕)라는 애정의 삼각관계를 자신을 둘러싼 두 여성(어머니, 애인)의 삼각관계로 만들고 싶다(Hall 159). 그리하여 햄릿은 오필리어를 어머니의 경쟁자로 만들고 싶다. 극중극 상연에 앞서 어머니가 햄릿에게 자기 옆에 앉으라고 했을 때, 햄릿은 오필리어에게 고개를 돌리면서 "아닙니다. 어머니. 이쪽에 더 강한 자석이 ……"라고 말한다. 오필리어에 대한 햄릿의 다음 대사는 억제된 성적 욕망이 애매한 말 속에 표출되는 예를 보여준다.

> 햄　　릿: 아가씨, 아가씨의 허벅지 사이에 누워도 되겠소?
> 오필리어: 어머나! 안됩니다, 왕자님.

햄 릿: 내 말은 아가씨 무릎을 베고 눕겠다는 뜻이오.
오필리어: 그렇습니까, 왕자님.
햄 릿: 내가 무슨 지저분한 짓이라도 할 줄 알았소?
오필리어: 아 아, 아닙니다. 아무 생각도 하지 않았습니다.
햄 릿: 처녀의 허벅지 사이에 눕는다. ……
그것 참 좋은 생각인데. (3.2.112-19)

처녀의 허벅지 사이에 눕겠다는 햄릿의 애매한 말은 여성의 성욕에 대한 햄릿의 혐오감과 동시에 햄릿의 억압된 욕망이 무의식적으로 드러난 경우이다(Selden 88). 억압된 욕망의 무의식적 표출에도 불구하고 햄릿에게 여성혐오가 사라진 것은 아니다. 3막 4장의 왕비의 침실 장면은 햄릿의 오이디푸스 콤플렉스를 가장 잘 보여주는 장면임과 동시에 햄릿의 억압된 근친상간적 욕망이 강하게 표출되는 장면이며, 여성혐오 또한 강력하게 드러나는 부분이다. 햄릿은 어머니의 행동을 "정숙한 여인의 품위를 손상시키고 …… 청순한 여인의 아름다운 이마에 창녀라는 낙인을 찍게 할" 추잡한 행위로 규정한다. 햄릿은 계속해서 어머니를 다음과 같이 탄핵한다.

어머니의 연세가 되면, 한창 시절의 불길 같던 욕정도 순해져
이성의 통제를 받게 되는 것이 아닌가요?
도대체 어떤 판단력을 가지고 있기에
물불을 가리지 않고 여기에서 이리로 옮기시는지요?
아직도 욕정이 불타오르는 걸 보니, 감각은 있으신 모양이죠?
하지만 그 감각도 마비된 것이 분명해.
미친 사람도 그런 실수는 범하지 않을 것이고,
감각이 환각 상태에 있다 해도 약간의 판단력은 남아 있어,
이런 큰 차이 정도는 구별할 수 있기 때문이죠.

도대체 어떤 악마에게 홀렸기에 봉사가 되셨단 말입니까? (3.4.68-77)

거트루드의 "통제되지 않은 성적 욕구"는 햄릿뿐만 아니라 유령이 비난하는 주된 내용이다. 유령에게 왕비의 간통은 클로디어스의 형제 살해만큼이나 중요한 도덕적인 문제이다(Adelman 15). 이성의 통제를 벗어난 어머니의 "불타오르는 욕정"을 비난한 햄릿은 이를 모든 감각과 판단력의 마비를 보여주는 "멍청한 짓"으로 규정한다. "아니, 한 조각의 병든 감각이라도 남아 있다면, 그런 멍청한 짓은 못하실 겁니다. 오, 수치심이여! 그대의 부끄러움은 어딜 갔는가?"(3.4.80-81). 어머니 거트루드의 "통제되지 않은 성적 욕구"는 표면적으로는 혐오의 대상이지만, 무의식적인 차원에서는 햄릿이 지탱하기 어려운 유혹이고 두려움의 대상이다(Murfin 250).

어머니의 "반역스런 욕정"을 탄핵할 때 햄릿의 여성혐오는 절정에 달하는데, 이는 가질 수 없는 대상에 대한 갈망이 극단적인 혐오로 나타나는 예이다. 증오와 갈망은 멀리 있지 않기 때문이다. 어머니를 소유하려는 유아적 욕망과 갈망은 천박하고도 음탕한 욕정을 분출하는 어머니에 대한 혐오로 이어지고 있는 것이다(Bradley 99).

반역스런 욕정이여! 그대는 중년 여인의 몸속에조차
욕정의 불꽃을 당기고 있으니, 이글거리는 청춘의 불꽃 앞에
정조가 초처럼 녹아버리는 것은 당연한 일.
찬 서리에 정욕을 식힐 나이가 되었어도,
이성이 정욕을 억누르지 못해 욕정의 불꽃을 태우고 있으니,
열정으로 불타는 젊은이가 끓어오르는 자신의 욕정에 못 이겨,
그 불길 속에 몸을 던진다 해도 부끄러울 것은 없지. (3.4.82-88)

햄릿의 탄핵에 어머니는 "내 눈을 돌려 내 영혼을 보게 했고…… 거기에서 흔적 지울 길 없는 시커멓게 물든 오점을 본다"고 하면서 욕정에 찬 자신의 행위를 반성하지만, 햄릿은 여기에서 멈추지 않고 계속해서 그녀를 비난한다. "아니, 그러고도 추하고 역겨운 땀내로 뒤범벅이 된 잠자리에 들어가, 정욕의 타락 속에 푹 젖어, 추잡한 돼지새끼 같은 놈과 놀아날 테니"(3.4.91-94). 중년에 이른 어머니의 욕정과 부정에 대한 햄릿의 혐오감은 햄릿 자신의 "억압된 성적 감정"의 강력한 표현이다. 어머니의 행위에 대한 햄릿의 극단적인 반응은 성인이 된 그에게 억압된 채 남아 있던 유년기의 욕망이 다시 드러나고 있음을 보여주는 증거이다. "근친살해"와 "근친상간"은 의식적 차원에서는 햄릿 자신이 이해할 수도 표현할 수도 없는 감정이다. 이는 단지 무의식적 욕망의 투사일 뿐이기 때문이다. 햄릿은 의식적 차원에서 이에 저항하고 피하려고 하지만 무의식적 차원에서는 이를 실행하려 한다(Jones 87, 90-91).

거트루드는 햄릿의 불손한 행동을 꾸짖지만 햄릿은 도리어 어머니의 정숙하지 못한 행위를 더욱 맹렬하게 비난한다. 햄릿으로부터 위협을 느낀 거트루드가 비명을 지르자, 방장 뒤에 숨어 그들의 대사를 엿듣고 있던 폴로니어스가 엉겁결에 소리를 지르게 되고, 이에 햄릿은 반사적으로 방장을 향해 칼을 휘두르고 폴로니어스는 죽음을 당한다. 어머니의 침실로 오기 전 기도하고 있던 클로디어스를 죽이기를 망설였던 햄릿은, 이 대사 이후 휘장 뒤에 숨어 자신을 염탐하던 폴로니어스를 아무런 망설임 없이 찔러 죽인다. 심리적인 관점에서 보자면 폴로니어스는 클로디어스처럼 부상인 동시에 자상으로 존재하는 인물이 아니기 때문이다. 이미 언급한 것처럼 클로디어스는 어머니를 두고 사랑의 경쟁을 벌이는 자라는 점에서 햄릿의 자상이다. 그는 선왕과의 경쟁에서 아버지를 물리치고 어머니의 침대를 차지한다. 그러나 클로디어스가 어머니와 잠자리를 같이 하는 순간 그는 햄릿이 어머니의 사랑을 두고 경쟁해야 하는 또 다른 부상으로 존재한다(Nuttall 129). 즉 클로디어스는 햄릿의 자상인 동시에 그가 극복해야할 대상으로 작용했기 때문에 쉽게 행동할 수 없었던 반면, 심리적으로 햄릿과 무관한 대상으로 존재하는 폴로니어스에게는 망설이지 않고 행동할 수 있었던 것이다.

햄릿의 계속된 질책으로 어머니는 양심의 가책을 느낀다. 이로서 햄릿은 선왕의 유령에게 받은 명령의 절반인 복수의 기회는 놓쳤으나, 명의 나머지 절반 즉, 부정한 어머니의 타락한 영혼을 회복시키는 일에는 성공한 것처럼 보인다. 햄릿이 계속해서 어머니를 무자비하게 비난하자 선왕의 유령이 등장하여 햄릿에게 어머니를 더 이상 괴롭히지 말라고 명하고 복수의 대상이 클로디어스라는 점을 일깨워 준다. 햄릿은 그 자신이 “하느님의 응징의 도구요 정의를 실천하는 대리자”라고 선언하고 폴로니어스의 시체를 끌고 퇴장한다. 햄릿은 어머니가 죽기 전까지는 클로디어스에게 어떤 행동도 취하지 않는다. 마지막 장면에서 욕망의 대상인 어머니 거트루드가 독살되고, 햄릿 자신이 레어티즈의 독 칼에 맞아 죽음이 임박해서야 비로소 햄릿은 클로디어스를 죽일 수가 있었다(Hall 159). 어머니의 부재로 인해 그는 더 이상 심리적 관점에서 햄릿의 욕망을 구현하는 ‘자상’으로 존재하지 않았기 때문이다.

Ⅲ

햄릿을 사로잡고 있는 강박관념의 실체는 무엇일까? 유령의 복수 명령일까? 아니면 어머니의 육체에 대한 갈망일까? 표면적으로는 아버지의 복수 명령이 햄릿에게 강박관념으로 작용한다. 클로디어스를 죽여 자신의 죽음을 복수하고, 근친상간의 침대에서 클로디어스와 놀아나는 거트루드가 양심의 가책을 받도록 하라는 유령의 명령에 햄릿은 매여 있다. 그러나 심리적으로는 어머니의 육체를 갈망하는 자신의 욕망에 매여 있다. 이는 햄릿 자신이 이해할 수도 없고 해명할 수도 없는 욕망이다. 의식적 차원에서는 결코 드러나지 않는 억압된 무의식적 욕망이기 때문이다. 햄릿의 무의식적 성적 욕망은 여성혐오로 이어진다. 가지고 싶지만 가질 수 없는 대상에 대한 역 심리로 여성혐오가 진행되는 것이다.

엘리엇(T. S. Eliot)은 햄릿이란 주인공의 심리를 표상할 수 있는 객관적 상관물의 부재로 인해 『햄릿』이 예술적 실패작이라고 주장한 바 있다. 사실 이 작품에는 어머니에 대한 햄릿의 복잡한 심리를 표상해 줄 객관적 상관물이 없다. 햄릿은 이해할 수도 해명할 수도 없는 복잡한 심리의 소유자이기 때문이다. 욕망의 대상으로 어머니가 존재하는 한 햄릿에게 복수는 불가능하다. 클로디어스가 자신이 갈망하는 근친상간의 욕구를 구현하고 있어 햄릿에게 자상으로 존재하는 인물이기 때문이다. 햄릿에게 갈등은 필연적이다. 현실적 차원에서 햄릿은 클로디어스를 죽이라는 유령의 복수 명령과 당대의 복수 윤리 사이에서 갈등한다. 그러나 심리적 차원에서는 자신과 또 다른 자신 사이에서 갈등한다. 의식적 차원의 도덕적 자아와 본능적 차원의 리비도적 자아 사이에서 갈등하고, 아버지의 이름으로 모체에 대한 갈망을 금지하는 초자아와 그 갈망을 구현하려는 이드 사이에서 갈등한다. 이러한 갈등 구조에서 햄릿의 복수지연은 필연적이다. 프로이드와 존스의 설명을 따르든 라캉의 설명을 따르든, 햄릿의 복수지연은 오이디푸스 콤플렉스의 과정이며 결과라고 해도 무리가 없을 것이다. 프로이드와 존스에 따르면 심리적 영역에서 햄릿은 클로디어스를 자신과 "동일시"한다. 선왕을 살해하고 어머니와의 근친상간적 욕정을 구현하는 클로디어스는 무의식적 차원에서 햄릿의 억압된 욕구를 실행하는 존재이기 때문이다. 따라서 그를 죽이는 행위는 심리적인 차원에서 자신을 죽이는 행위와 다를 바 없고, 복수지연은 필연적이다. 욕망의 대상으로 어머니가 존재하는 한 클로디어스에 대한 햄릿의 복수는 불가능하다.

■ 인용문헌

권택영 (엮음). 『자크 라캉 : 욕망이론』. 서울: 문예출판사, 1994.

Adelman, Janet. "Man and Wife is One Flesh: Hamlet and The Confrontation with The Maternal Body." *Suffocating Mothers: Fantasies of Maternal Origin in Shakespeare's Plays, Hamlet to The Tempest*. New York: Routledge, 1992. 11-37.

Bradley, A. C. *Shakespearean Tragedy*. 1904. 3rd Ed. London: Macmillan, 1992.

Freud, Sigmund. *The Ego and the Id*. Trans. and ed. J. Strachey. New York: Norton, 1962.

_____. *New Introductory Lectures on Psychoanalysis*. 1933. Trans. and ed. J. Strachey. New York: Norton, 1964.

Garber, Marjorie. "*Hamlet*: Giving Up the Ghost." Hamlet: *William Shakespeare*. Ed. S. L. Wofford. Boston: Bedford Books of St. Martin's P, 1994. 297-331.

Guerin, Wilfred L. et. al., *A Handbook of Critical Approaches to Literature*. 3rd ed. Oxford: Oxford UP, 1992.

Hall, Vernon Jr. "Freudianism and Literature." *A Short History of Literary Criticism*. New York: New York UP, 1963. 156-62.

Holland, Norman N. *Psychoanalysis and Shakespeare*. New York: McGraw-Hill, 1966.

_____. *The Shakespearean Imagination*. Bloomington: Indiana UP, 1968.

Jones, Ernest. *Hamlet and Oedipus*. 1949. New York: Norton, 1976.

Lacan, Jacques. "Desire and the Interpretation of Desire in *Hamlet*." Trans. James Hulbert. *Yale French Studies* 55-56 (1977): 11-52.

Lupton, J. R. and K. Reinhard. *After Oedipus: Shakespeare in Psychoanalysis*. Ithca: Cornell UP, 1993.

Murfin, Ross C. "What is Psychoanalytic Criticism." Hamlet: *William Shakespeare*. Ed. S. L. Wofford. Boston: Bedford Books of St. Martin's P, 1994. 241-51.

Nuttall, A. D. "Freud and Shakespeare: *Hamlet*." *Shakespeare and Continuities*. Eds. John Batchelor et. al. London: Macmillan P, 1997. 123-37.

Selden, Raman. “Hamlet’s word-play and the Oedipus complex.” *Critical Essays on* Hamlet. Ed. L. Cookson and B. Loughrey. London: Longman, 1988. 81-90.

Shakespeare, William. *Hamlet.* The Riverside Shakespeare. Ed. G. B. Evans. Boston: Houghton Mifflin, 1974.

Stanton, Kay. “Hamlet’s Whores.” *New Essays in* Hamlet. Ed. M. T. Burnet and J. Manning. New York: AMS P, 1994. 167-88.

Starks, Lisa S. “The displaced body of desire.” *Shakespeare and Appropriation*. Ed. C. Desmet and R. Sawyer. London: Loutledge, 1999. 160-78.

Waldock, A. J. A. “*Hamlet*”*: A Study in Critical Method*. Cambridge: Cambridge UP, 1931.

■ 작품인용 원문

(1.2.129-38) O, that this too too sallied (solid) flesh would melt/ Thaw, and resolve itself into a dew!/ Or that the Everlasting had not fix’d/ His canon ’gainst self-slaughter! O God! God!/ How [weary], stale, flat and unprofitable/ Seem to me all the uses of this world!/ Fie on’t, ah fie! ’tis an unweeded garden,/ That grows to seed, things rank and gross in nature/ Possess it merely. That it should come [to this]!/ But two months dead, nay, not so much, not two.

(1.2.139-46) So excellent a king that was, to this/ Hyperion to a satyr, so loving to my mother/ That he might not beteem the winds of heaven/ Visit her face too roughly. Heaven and earth,/ Must I remember? Why, she would hang on him/ As if increase of appetite had grown/ By what it fed on, and yet, within a month —/ Let me not think on’t! Frailty, thy name is woman!—

(3.4.53-63) Look here upon this picture, and on this,/ The counterfeit presentment of two brothers./ See what a grace was seated on this brow:/ Hyperion’s curls, the front of Jove himself,/ An eye like Mars, to threaten and command;/ A station like the herald Mercury/ New-lighted on a heaven-kissing hill,/ A combination and a form indeed,/ Where every god did seem to set his seal/ To give the world assurance of a man./ This was your husband.

(3.4.63-68) Look you now, what follows:/ Here is your husband, like a mildew'd ear,/ Blasting his wholesome brother. Have you eyes?/ Could you on this fair mountain leave to feed,/ And batten on this moor? ha, have you eyes?/ You cannot call it love.

(1.2.147-59) A little month, or ere those shoes were old/ With which she follow'd my poor father's body,/ Like Niobe, all tears—why she, [even she]—/ O, God, a beast, that wants discourse of reason/ Would have mourn'd longer—married with my uncle,/ My father's brother, but no more like my father/ Than I to Hercules. Within a month,/ Ere yet the salt of most unrighteous tears/ Had left the flushing in her galled eyes,/ She married—O, most wicked speed: to post/ With such dexterity to incestuous sheets,/ It is not nor it cannot come to good,/ But break, my heart, for I must hold my tongue.

(3.1.120-29) Get thee [to] a nunn'ry, why wouldst thou be a breeder of sinners? I am myself indifferent honest; but yet I could accuse me of such things that it were better my mother had not borne me: I am very proud, revengeful, ambitious, with more offences at my beck than I have thoughts to put them in, imagination to give them shape, or time to act them in. What should such fellows as I do crawling between earth and heaven? We are arrant knaves, believe none of us. Go thy ways to a nunn'ry.

(3.2.112-19) *Hamlet*. Lady, shall I lie in your lap?/ *Ophelia*. No, my lord./ *Hamlet*. I mean, my head upon your lap?/ *Ophelia*. Ay, my lord./ *Hamlet*. Do you think I meant country matters?/ *Ophelia*. I think nothing, my lord./ *Hamlet*. That's a fair thought to lie between maids' legs.

(3.4.68-77) [F]or at your age/ The heyday in the blood is tame, it's humble,/ And waits upon the judgment, and what judgment/ Would step from this to this? Sense, sure, you have,/ Else could you not have motion, but sure, that sense/ Is apoplex'd, for madness would not err,/ Nor sense to ecstasy was ne'er so thrall'd/ But it reserv'd some quantity of choice,/ To serve in such a difference. What devil was't/ That thus hath cozen'd you at hoodman-blind?

(3.4.82-88) Rebellious hell,/ If thou canst mutine in a matron's bones,/ To flaming youth let virtue be as wax/ And melt in her own fire. Proclaim no shame/ When the compulsive ardour gives the charge,/ Since frost itself as actively doth burn,/ And reason [panders] will.

8. 인종담론과 오셀로 재현: 『오셀로』

최근에 인종문제를 전면에 부각시킨 문화유물론이 확산되면서 무어인 오셀로(Othello)에 관련된 인종차별담론과 타자 재현의 문제는 『오셀로』(*Othello*) 연구에서 가장 중요한 문제 중의 하나로 부상했다. 르네상스 시대 영국의 주류를 형성했던 백인 남성문화는 이방인들에게 그리 관대하지 못했고, 이방인들에 대한 그들의 편견은 당대의 역사적 기록뿐만 아니라 문학 작품에도 빈번히 나타나고 있다.[1] 『오셀로』에서 무어인 오셀로의 이미지는 당대의 역사적 맥락과 작중 인물의 인종차별담론으로부터 자유롭지 못하다. 이 작품 상연 당시 영

이 글은 필자가 발표했던 "인종담론과 성담론"(영미어문학 74호, 2005)을 오셀로와 관련된 인종차별담론과 타자 재현의 관점에서 재구성하여 고쳐 쓴 글이다.

1) 특히 오셀로와 같은 검은 피부를 가진 무어인이나, 『폭풍우』에 프로스페로(Prospero)의 하인으로 등장하는 인디언 캘리번(Caliban), 그리고 샤일록(Shylock)처럼 유대교를 믿었던 유대인은 백인들의 편견으로부터 자유롭지 못했다. 문학 작품 상의 재현에서도 마찬가지다.

국에는 피부색이 다른 인종에 대한 혐오감이 팽배했다. 인종적 타자에 대한 영국인의 반감은 당대의 인기 있는 여행기에 자주 나타났고, 신화와 문학 작품을 통해 합리화되고 강화되었다. 이러한 문화적 맥락에서 인종적 타자는 종종 야만성과 열등성을 드러내는 기호로 전유되곤 했다(Bristol 143-44).

『오셀로』에서 타자 재현과 타자화에 내포된 문제는 심각하다. 『오셀로』의 개막 장면에서부터 오셀로의 이미지는 베니스 백인들의 인종차별담론에 의해 형성되고, 피부색이 검은 무어인은 베니스 백인 문화의 인종적 타자로 재현되고 있다. 그러므로 인종차별담론은 이 작품에서 '타자화'의 주요한 도구이다. 특히 이아고(Iago)는 인종차별주의를 반영하는 기능을 수행하는 인물일 뿐 아니라, 그 이데올로기를 담론을 통해 스스로 생산하는 인물이다. 담론은 항상 방향성과 공간성을 갖고 있고, 담론행위는 뚜렷한 목적과 의도를 갖고 있다. 특히 이아고의 인종차별담론은 분명한 목적을 갖고 있다. 그는 담론을 통해 오셀로의 야만적 속성을 재현하고 오셀로의 타자화에 기여하고 있기 때문이다.

이 글은 르네상스 시대의 인종담론과 아울러 『오셀로』에 반영된 타자화의 장치를 인종적 타자 오셀로와 그를 둘러싼 백인들의 관계를 통해 논의하려는 작업이다. 먼저 인종에 관한 당대의 역사적·문화적 담론을 고찰하고 오셀로에 대한 기존의 비평적 문헌을 검토한 다음, 당대의 인종차별담론이 어떤 인물에 의해 어떤 방식으로 오셀로를 타자로 재현하고 있는가를 논의한다. 나아가 인종차별담론에 대한 셰익스피어 자신의 태도가 어떠했는지를 논의한다.

I

1692년에 라이머(Rymer)는 『오셀로』에서 데스데모나(Desdemona)가 검은 무어인 장군 오셀로와 사랑에 빠진 행위는 '비도덕적'이고 자연스럽지 못하며, 오셀로에게 비극적 주인공이 갖추어야 할 고상한 자질이 결여되어 있다고 언급했다. 그는 검둥이 무어인이 베니스 사회에서 장군이 된다는 점 또한 믿기 어려운 일이라고 인종차별적 논평을 한 바 있다(132-35, 164). 2년 후 길던(Gildon)은 피부색이 아니라 성격과 행동에 의해 어떤 인간을 평가해야 할 것이라고 주장하면서 라이머의 인종차별주의를 반박한다. 그는 흑인이 이방인 사회에서 장군이 된다는 점이 어려운 일이긴 하지만 전혀 불가능한 일은 아니었다고 주장했으며, 피부색이 아니라 능력에 따라 인물을 평가하고 무어인을 이상적 영웅으로 제시한 셰익스피어의 극이 결코 개연성이 결여된 극이 아니라고 주장했다(Gildon 94-106).

『오셀로』를 둘러싼 인종문제는 19세기에 들어와 다시 논란의 대상이 되는데, 콜리지는 아름다운 백인 여성 데스데모나가 흑인 오셀로와 사랑에 빠지는 것을 상상하는 것조차 망측한 일이라고 논평한 바 있다(Coleridge 42). 아담스(Adams)는 데스데모나를 흑인과 결혼하여 자신의 사회적 문화적 정체성을 파괴한 "바람둥이"로 폄하하고, 스나이더(Snider)는 비극적 근본 원인이 데스데모나가 이방인 무어와 결혼하여 윤리적 원칙을 위반한 데 있다고 주장한다. 즉 이들은 오셀로와 데스데모나의 이종(異種)결합을 비극적 파국으로 치닫게 하는 치명적인 요소라고 간주하고 있다(qtd. Scott 365). 현대비평에 이르러 인종문제는 연구의 핵심을 이루며, 에반스는 『오셀로』의 인종문제를 도외시하는 어떤 분석도 적절한 분석이 아니라고 주장한다. 그의 견해에 따르면 "이아고는 무어인들에 대한 당시 베니스 사람들의 편견"을 대변하며, 오셀로는 이아고의 계략에 빠져 "문명과 대립되는 야만적인 요소에 굴복"한다(Evans 125-127, 139). 헌터(Hunter)의 주장에 따르면 이 극의 초반부에서는 흑인에 대한 당대의 고정관념과는 다르게 오셀로가 묘사되지만, 극이 진행될수록 오셀로의 성격은 당대의 고정관념과 일치한다(55).

비평가들의 인종차별담론보다 더욱 심각한 것은 당대의 기록과 인종담론이다. 무어인 오셀로가 갈색의 아랍인과 아프리카의 흑인 중 어디에 속하느냐는 문제는 비평가들의 관심이 되어 왔지만, 16세기 후반에 이르러 무어인과 흑인은 차이가 없는 인종으로 분류되었다. 보한(Vaughan)의 주장을 따르면 공연과 비평가들의 논평에서 오셀로가 다갈색의 무어인으로 표현되건 아프리카의 검은 흑인으로 표현되건, 오셀로의 피부색이 타자성을 시각적으로 보여주는 인물이었다는 사실에는 변함이 없었다(52).

르네상스 시대에 흑인의 기원에 관한 견해는 대체로 두 가지 견해로 압축된다. 첫째는 그들의 피부색이 적도의 뜨거운 태양에 대응하기 위해서 검게 변하였다는 견해였다. 그러나 그들의 자식이 검은 색으로 태어난다는 점으로 인해 이는 신빙성이 없는 견해로 판명되었고, 인종차별담론의 형성에 크게 기여하진 않았다. 두번째 견해는 성서와 신화에 바탕을 둔 것인데, 이는 인종차별담론의 근거가 된다. 흑인의 기원에 관한 베스트(Best)의 설명에 따르면 대홍수 기간 동안 노아는 하느님에 대한 경외의 표시로 세 아들에게 아내와의 관계를 금할 것을 명령하였다. 그러나 참(Cham)은 이를 어겼고, 그리하여 하느님은 참에게 대대로 검둥이 자식을 낳도록 저주를 내렸다. 제노바 바이블에 의하면 술에 취해 벌거벗고 자고 있는 노아를 그의 아들 햄(Ham)이 보고 두 형제들에게 이를 알렸다. 셈(Shem)과 제페스(Jepheth)는 벌거벗은 아버지의 육신과 음부를 보지 않기 위해 고개를 뒤로 돌리고 이불을 덮어주었지만, 햄은 그렇게 하지 않았다. 이를 알게 된 노아는 햄의 자식들이 샘의 노예가 되도록 저주를 내렸다. 즉 햄의 관음 행위는 죄로 간주되어 저주를 받았던 것이다. 여기서 햄족은 현재 북아프리카 흑인의 조상이다. 제노바 바이블의 설명과 조지 베스트의 설명이 결합되어 흑인에 대한 엘리자베스 시대 사람들의 고정관념이 형성되었고, 흑인들은 노예로 간주되었다. 아프리카인들의 전락의 원인을 성적인 타락에 두고 있는 이 주장으로 인해, 엘리자베스 시대에 검다는 것은 영원한 죄악을 표시하는 시각적인 기호가 되었다. 영국인들은 흑인의 기원에 관한 초기의 논평에서부터 흑인과 금지된 성관계, 흑인과 이교풍습, 흑인과 노예를 결합시켜 생각하곤 했다(qtd. Vaughan 53-55).

당대의 백인 탐험가들은 다른 종족의 성적인 방종, 식인 풍습, 이교 문화 등 괴이한 이야기를 전하였는데, 대부분 흑인들에 관한 것이었다. 그들의 이야기를 자주 접한 엘리자베스 시대인들은 흑인이라는 말만 들으면 더러움, 죄악, 죽음, 부정을 연상하게 되었다(Jordan 4). 이들의 여행문은 대개 백인중심적 관점에서 기록되어, 아프리카의 관습이 유럽의 문명화된 관습에 반하는 야만적 문화라는 점을 강조하였다. 흑인에 관련된 대부분의 여행담은 흑인들이 항상 벌거벗고 산다는 점 외에도 성적으로 방탕하다는 점을 강조하고 있다. 이 기록들 역시 흑인과 야만성을 관련짓고 흑인과 호색성을 관련짓고 있는 것이다(Newman 148).

고대부터 중세까지의 많은 민담들은 흑인이 곧 사탄이라는 편견을 보여주고 있고, 르네상스 시대 사람들은 흑인들이 성적으로 음란한 인종이라는 고정관념을 가지고 있었다. 즉 흑인의 검은 피부가 더러움과 음탕함과 노예성과 열등성을 지시하는 기표였던 것이다. 대부분의 백인 관객들은 즉각적으로 흑인 등장인물들을 자신들과는 다른 타자로 여겼고, 이 타자와 백인 여성의 결합은 관객들에게 한층 외설적인 성행위를 연상하도록 했다(Vaughan 52, 59). 턱선(Tokson)에 따르면 르네상스 시대 극작품에 등장했던 흑인들 중에 "성적인 특질"이 중요하게 부각되지 않은 인물은 거의 없다(17, 20).

Ⅱ

『오셀로』의 개막 장면에서부터 오셀로의 피부색은 성적 특질과 연결된다. 이아고가 로더리고(Roderigo)에게 캐시오(Cassio)를 부관으로 승진시킨 "무어 놈"을 비난하자, 로더리고는 오셀로를 두고 "입술 두꺼운 놈"이 복도 많다고 비아냥거린다. 여기서 입술이 두껍다는 것은 흑인의 중요한 신체적 특성 중의 하나로 자주 거론되던 사항이다(Ridley li). 아마 로더리고의 반응은 오셀로라는 무어인이 백인 미녀의 사랑을 얻은 것에 대한 인종차별담론의 첫 번째 증거가 될 수 있을 것이다. 이아고는 이 작품에서 오셀로의 피부색과 종족에 대해 집요한 관심을 표명하며, 인종차별담론을 가장 극렬하게 구사하는 장본인이다. 다음에 등장하는 이아고의 언급은 로더리고의 인종차별담론보다 한층 더 심각하다. 이아고는 이 작품에서 오셀로의 피부색과 종족에 대해 집요한 관심을 표명하며, 이아고는 오셀로를 두고 딸을 훔쳐 달아난 "도적"이라고 외치면서 브러밴쇼(Brabantio)에게 다음과 같이 말한다.

> 의원님 딸을 도둑 맞으셨습니다. 어서 옷을 입으시죠.
> 의원님 심장은 터져 버릴 겁니다. 영혼의 절반인 따님을 잃어 버리셨죠.
> 지금, 바로 지금, 이 순간에도 한 마리의 늙은 검은 숫양이
> 댁의 새하얀 암양을 덮치고 있습니다. 일어나십시오. 빨리요, 빨리.
> 종을 울려 곤하게 잠든 사람들을 깨워야 합니다.
> 그렇지 않으면 그 악마가 당신 외손자를 낳게 할 것입니다. (1.1.86-91)

1막 1장에서 독자들은 전적으로 오셀로에 대한 이아고와 로더리고의 묘사에 의존해서 오셀로가 어떠한 인물인가를 짐작한다. 로더리고는 오셀로를 "입술 두꺼운 놈"이라고 부르고, 이아고는 오셀로를 "새하얀 암양(white ewe)을

덮치는” “한 마리의 늙은 검은 숫양(an old black ram)”으로 부르면서 그를 “악마(devil)”로 재현한다. 즉 이들의 인종차별적 대사를 통해 오셀로라는 인물이 제시되고, 독자들의 마음속에는 이미 검은 무어의 동물적 이미지가 자리 잡게 된다. 이러한 이미지는 백인 등장인물들, 특히 이아고에 의해 전유되고, 계속되는 인종차별담론을 통해 강화된다. 잠에서 깬 브러밴쇼가 소란을 피우지 말라고 호통을 치자 이아고는 오셀로에 대해 다음과 같은 극단적인 인종차별담론을 구사한다.

> 도와드리려고 왔는데 이렇게 불한당 취급을 하시는군요. 그렇다면 바바리 산 숫말(a Barbary horse)이 댁의 따님을 덮쳐도 좋다는 말씀인가요? 그러면 말소리를 내는 손자를 보실 것이고, 준마를 일가로, 스페인 산 조랑말을 혈육으로 삼게 되실 겁니다. (1.1.109-13)

이아고는 브러밴쇼에게 “댁의 따님과 그 무어 놈이 지금 잔등이 둘 달린 짐승(the beast with two backs)이 되고 있다”(1.1.115-17)고 말하면서 오셀로를 동물적 성욕의 소유자로 재현한다. 이아고에게 오셀로와 데스데모나의 이종결합은 혐오와 공격의 대상이다. 흑인인 오셀로가 아름다운 백인 여성과 결합했다는 점이 그에 대한 인종차별적 반응을 증폭시키고 있고, 이는 이종결합에 대한 당대 백인의 두려움과 혐오를 반영한다(Newman 144). 에반스(Evans)에 따르면 “이아고는 무어인들에 대한 당시 베니스 사람들의 편견을 대변하며, 오셀로는 무어인들의 숙명을 대변”한다(125-27).

이아고는 이 작품에서 인종차별담론을 가장 극렬하게 구사하는 장본인이다. 그러나 이아고 자신이 밝히는 바에 따르면, 이는 나름대로의 이유를 갖고 있다. 이아고는 자기보다 못한 캐시오란 인물이 무어의 부관으로 승진한 것에 대한 불만을 토로하고, 자신이 여전히 오셀로를 섬기는 것은 그를 이용해 실속을 차리기 위해서라고 말한다. 이아고는 자신과 오셀로와의 관계를 언급하면서 자신의 정체성을 다음과 같이 드러낸다.

> 내가 무어 놈이라면 난 이아고일 수가 없소.
> 그자를 섬기면서 사실은 난 네 자신만을 섬기고 있소.
> 하늘이 알고 있죠. 그 자에 대한 사랑이나 충성 때문이 아니라,
> 내 사사로운 목적 때문에 내가 그리 한다는 것을.
> 왜냐하면 겉으로 드러난 나의 행위가
> 내 속 마음의 진정한 동기와 의도를 드러내면,
> 머지않아 난 내 심장을 소매 끝에 달고 다니면서
> 까마귀들이 쪼아 먹도록 하는 꼴이라는 것을 잘 알기 때문이요.
> 나는 겉으로 보이는 것과는 다른 사람이요. (1.1.57-65)

이아고는 자신의 말대로 "겉으로 보이는 것과는 다른 사람"(I am not what I am)이다. 이아고는 오셀로를 섬기는 척하지만, 실은 그 자신만을 섬기고, 자신의 실속만을 생각하는 사람이다. 그는 자신의 목적을 이루기 위해 교활하고 영리한 담론을 구사하는 인물이다. 그 주위의 모든 인물들은 그의 목적을 위해 희생되는데, 오셀로는 그 중 하나이다. 이아고의 인종차별담론에 덧붙여 로더리고는 브러밴쇼에게 "댁의 어여쁜 따님이 …… 저 음탕한 무어 놈의 흉측한 포옹에 맡겨졌고," 이방인과 망측한 탈선을 저지르고 있다고 말한다.

> 다시 말씀드리는데, 의원님의 승낙도 없이,
> 따님께선 망측한 탈선을 저지르고
> 여기저기를 정처 없이 떠도는 이방인에게
> 자신의 도리와 아름다움과 지성과 운명까지도

송두리째 바친 것입니다. (1.1.133-37)

이아고와 로더리고는 계속해서 검은 피부의 무어인에게 고삐 풀린 동물적 성욕의 소유자요 악마의 기질을 가진 인종이라는 백인의 선입관을 투사하고, 이아고와 로더리고의 말에 분개한 브러밴쇼 역시 인종차별담론을 구사한다. 브러밴쇼는 먼저 딸이 허락도 없이 달아난 것에 분개한다. 그리고는 달아나도 어찌 "무어 놈"하고 달아날 수 있느냐고 분개한다.

이런 고약한 일이 있나. 딸년이 없어졌어.
이제 난 여생을 남의 웃음거리가 되어
서글프게 살 수밖에 없어. 자, 로더리고,
어디서 내 딸을 보았나? 오 불행한 것! 자네, 내 딸이
무어 놈하고 함께 있다고 했지? 어디 아비 노릇을 하겠나?
자넨 어떻게 내 딸년인지 알았나? 그 애가 날 속이다니……
(1.1.160-65)

브러밴쇼의 이 대사에는 극단적인 인종적 편견이 배어 있다. 이 대사에서 딸이 달아날 바엔 시꺼먼 무어보다는 백인과 달아나는 것이 나을 것이라는 브러밴쇼의 의향을 읽어 낼 수 있기 때문이다. 브러밴쇼는 무어인의 장인이 되어 웃음거리가 되는 것을 두려워하면서, 로더리고에게 "차라리 딸년을 자네에게 주어버렸을 것을"이라고 말하는데, 이는 잘난 무어인보다는 차라리 못난 백인이 사위로 더 나을 것이라는 의미가 내포되어 있다.

1막 2장에서 오셀로는 브러밴쇼 앞에 처음으로 모습을 드러낸다. 브러밴쇼는 오셀로를 보자 말자 그를 "천하에 저주받을 놈"이라고 부르고, 데스데모나의 행동을 오셀로의 사악한 마법 탓으로 돌리면서 다음과 같이 말한다.

너 흉측한 도적 놈! 내 딸을 훔쳐 어디에 감추었느냐?
천하에 저주받을 놈. 내 딸을 호리다니.
어떤 분별 있는 사람에게라도 물어 보아라.
네 놈의 마술에 홀리지 않고서야.
그렇게도 상냥하고, 예쁘고, 행복한 그 애가
이 나라의 그럴싸한 모든 귀공자들의
구혼을 마다하던 그 애가,
세상의 웃음거리가 되는 것도 아랑곳하지 않고,
이 아비의 슬하를 벗어나, 기쁨은커녕 소름만 끼치는
네 놈의 그 시꺼먼 가슴으로 뛰어들 리가 있겠느냐?
사람들에게 한번 물어 보아라.
네 놈이 그 애에게 요사한 마술을 걸어,
마음을 흐리게 하는 약이나 광천수 따위를 먹여서,
마음이 여린 그 어린 것을 꾀어 낸 것이 아닌가를…… (1.2.62-75)

데스데모나가 마술에 홀리지 않고 어떻게 소름 끼치는 오셀로의 "시꺼먼 가슴" 속으로 뛰어들 수 있겠느냐는 브러밴쇼의 대사는 흑인 남성과 백인 여성의 이종결합에 대한 혐오감과 동시에 두려움을 노골적으로 드러낸다. 브러밴쇼, 이아고, 로더리고 모두에게 오셀로와 데스데모나의 이종결합은 공격의 대상이다. 흑인인 오셀로가 아름다운 백인 여성과 결합했다는 점이 그에 대한 인종차별적 반응을 증폭시키고 있고, 이는 이종결합에 대한 백인의 극단적인 두려움과 혐오를 반영한다(Newman 144). 이러한 증거를 텍스트에서 찾아보기는 그리 어렵지 않다.

1막 3장에서 브러밴쇼는 "간악한 악마의 농간이 아니고서야" 데스데모나가 넘어갈 리가 없다고 하면서 공작에게 사악한 마술로 딸을 유혹한 오셀로를 처벌해 줄 것을 요구한다. 공작은 오셀로의 덕성을 언급하면서, 오셀로와 브러밴쇼를 화해시키려 하지만 이는 효과가 없다. 공작의 설득에도 불구하고 브러밴쇼는 오셀로에게 "자네에게 눈이 있거든, 그 애를 조심하게. 아비를 속인 애이니 그대인들 속이지 못하겠나"(1.3.292-93)라는 독설을 퍼부으면서 퇴장한다. 1막 3장의 끝부분에서 이아고는 데스데모나를 연모하는 로더리고에게 "야만인"과 "세련된 베니스의 여인" 사이의 관계가 곧 파국으로 끝날 것이라고 악담하면서 인종차별담론을 구사한다.

> 주머니에 돈을 채워 넣고 기다리시오. 데스데모나가 그 무어 놈을 영원히 사랑한다는 것은 있을 수 없소. …… 무어 놈들은 본래부터 마음이 변하기 쉬운 자들이요. 주머니에 돈을 가득 채우시오. …… 여자도 틀림없이 젊은 상대에게 마음이 쏠리게 될 거요. 그 자의 몸뚱이를 포식하고 나면 상대를 잘못 골랐다고 후회할 것이오. [데스데모나는 분명히 변할 거야. 분명히.] 그러니 주머니에 돈을 채워 넣고 기다리시오. …… 떠돌이 야만인과 정말로 세련된 베니스의 여인 사이의 거룩하고 허약한 부부의 맹세는 내 지혜와 지옥의 모든 악마들의 힘으로 어렵지 않게 파기시킬 수 있으니, 당신이 그 여자를 마음껏 즐길 수 있도록 해 주겠소. 그러니 돈을 마련하시오. (1.3.341-58)

이아고는 "떠돌이 야만인"인 오셀로가 백인 미녀 데스데모나의 상대로 적합하지 않다고 생각한다. 이아고의 생각에 무어인은 일시적인 성적 상대로만 적합할 뿐 무어인과 백인 미녀의 부부 관계는 결코 오래갈 수 없다. 이아고가 말한 "검은 숫양"과 "새하얀 암양"의 대립으로부터 시작되어 1막 전체에 걸쳐 끊임없이 반복되는 흑백의 대립은 이 작품이 인종의 차이에 관련된 담론을 극명하게 반영하고 있음을 보여준다. 샌더스(Sanders)는 흑백의 대립이 상징적으로 이 극의 핵심적인 과제들을 제공하면서 악과 선, 거짓과 진실, 환상과 실상, 무지와 박식, 미움과 사랑, 죽음과 삶 등의 대립의 형태로 변형되어 나타나고 있다고 주장한다(29). 오셀로의 검은 피부는 악과 거짓을 대변하는 기표이다. 그러나 실제로는 백인인 이아고가 악과 거짓을 일삼는 인물이고, 오셀로는 선하고 정직한 인물이라는 점은 이 극이 제공하는 아이러니라고 할 수 있다. 조르단(Jordan)은 셰익스피어가 흑백 간의 혼인에 대한 당시의 두려움을 그대로 수용했다기보다는, "당시의 통념, 특히 니그로들이 성적인 인종이라는 관념"을 깨뜨리기 위해 흑백 간의 성적 특질을 이용했다고 주장한 바 있다(38). 오셀로의 피부가 검다는 육체적 차이는 백인과의 문화적 차이를 드러내며, 베니스의 백인 문화에서 오셀로는 소외되고 배제된다. 데스데모나가 "오셀로의 마음속에서 그분의 참 모습을 보았다"고 말하면서 백인 사회로부터 소외된 인종적 타자를 남편으로 받아들인다는 것은 외양을 넘어 내재하는 가치와 미덕을 드러내는 행위이다. 그러나 여성의 이러한 행동은 베니스 백인 가부장제 사회에 대한 도전이고 문화적 관행에 대한 위반이다.

1막 3장의 끝부분에서 "야만인" 오셀로와 "세련된 베니스의 여인" 데스데모나의 사이가 온전치 못할 것이라는 인종차별담론을 구사했던 이아고는 2막 1장에서 다시 한 번 다음과 같은 인종차별담론을 구사하면서 오셀로를 폄하하고 로더리고를 자극한다.

> 그녀도 눈요기를 해야 하지 않겠소. 그런데 그 악마의 얼굴만 보아야 하니 무슨 즐거움이 있겠소? 정사가 끝나 욕정의 불길이 사그라지고, 그 불길을 다시 일으켜 물린 육신에 싱싱한 욕정을 채우기 위해선, 얼굴이 잘생기고, 나이도 어울리고, 그럴싸한 태도와 풍채를 갖추고 있어야 할 텐데, 무어 놈은 그 어느 것도 없질 않소. 자, 이런 필수적인 조건들이 없고 보면, 그녀의 섬세한 감수성이 스스로 속았음을 깨닫게 되고, 역겨움을 느끼기 시작하여, 무어 놈을 진저리가 나도록 싫어하게 될 거요.
> (2.1.225-33)

이아고는 결코 오셀로를 인정하지 않는다. 그는 장군인 오셀로를 "악마"로 지칭하면서 결코 백인 여성이 만족할 상대가 아님을 로더리고에게 거듭 상기시키고, 데스데모나가 단지 일시적인 욕정을 충족시키기 위해 택한 상대라는 점을 상기시킨다. 이아고는 별 근거 없이 무어인 오셀로를 싫어하고 인종차별 담론을 거침없이 구사한다. 그러나 오셀로의 면전에서 그는 항상 오셀로에게 솔깃한 말만하여 오셀로의 신임을 얻는다. 이아고가 자신에게 가장 심한 인종차별담론을 구사하는 자라는 것을 모르는 오셀로는 그를 신임하고, 이아고는 자신을 신임하는 오셀로를 파멸시키려 한다.

1막 3장에서 "난 저 무어 놈이 미워./ 또한 그놈이 내 이불 속에서 내가 할 서방 노릇을/ 대신 했다는 소문이 있어. 사실인지 아닌지 모르지만,/ 난, 이런 일에는 의심만 가지고도,/ 확실한 것으로 대처할 거야"(1.3.386-90)라고 말하면서 오셀로를 근거 없이 미워하고 의심했던 이아고는, 2막 1장에서 다시 한 번 오셀로가 자기 아내와 동침을 했을지도 모른다고 생각하면서, 오셀로를 두고 다음과 같이 말한다.

> 음탕한 무어 놈,
> 암만해도 내 여편네를 손댄 것 같아.
> 이런 망측한 일이 어디 있담.
> 독약으로 내장을 쥐어뜯는 것 같아.
> 계집을 서로 바꾸는 일로 피장파장하자니,
> 그것도 시원찮고, 그것도 못한다면 어떻게든
> 저 무어 놈에게 어떤 분별력으로도 고칠 수 없는
> 질투심을 불어 넣어 의처증을 품도록 만들어야지. (2.1.295-302)

이아고는 자신의 상관인 오셀로를 두고 "음탕한 무어 놈"이라고 부르고, 오셀로와 에밀리어의 관계를 의심하며, 의처증이라는 독약을 주입하여 오셀로를 파멸시키려는 계획에 박차를 가한다. 오셀로와 에밀리어의 관계를 의심했던 이아고는 이제 캐시오가 자기 아내와 동침했을지도 모른다고 의심한다. 그러나 이는 이아고의 머릿속에서 상상만으로 꾸며진 일이다.

2막 3장에서 이아고는 부관 자리를 박탈당한 캐시오가 데스데모나에게 복직을 요청을 하도록 자극하며, 3막에서 이아고는 손수건 사건을 통해 오셀로와 캐시오 둘 다 파멸시키려는 음모를 구체화시킨다. 이아고는 다음과 같이 스스로의 행위를 합리화하고 "질투"라는 독약을 주입하여 오셀로를 파멸시키려는 계획을 밝힌다.

> 그렇다면 내가 왜 악당이란 말인가?
> 캐시오가 잘되도록 그를 위해 다리를 놔준 내가 아닌가?
> 하지만 이건 바로 악마의 선심이라는 거지!
> 악마가 인간에게 흉악한 죄를 뒤집어씌우려고 할 때는
> 우선 나처럼 천사의 모습으로 나타나
> 유혹하는 법이거든. 저 정직한 바보 녀석은
> 다시 팔자를 고치려고 데스데모나에게 사정할 것이고,
> 그러면 그 여자는 무어 놈에게 복직을 졸라댈 게 아닌가?
> 그럼 난 무어 놈의 귓속에다 독을 부어 넣는단 말씀이야.
> 부인이 그자의 복직을 간청하는 건 정욕 때문이라고.
> 그렇게 되면 그녀가 캐시오를 위해 애를 쓰면 쓸수록
> 무어 놈의 의심을 더 받게 되지.
> 그리하여 나는 그녀의 정절에 먹칠할 뿐만 아니라
> 그녀의 선의를 미끼로 써서
> 그들을 모조리 덫으로 옭아맨다 이거지. (2.3.348-62)

이아고는 이 작품에서 사건을 이끌어가는 연출자처럼 보이고, 오셀로를 위시한 그 주변의 인물들은 마치 이아고가 연출하는 연극에서 자신의 배역을 충실히 수행하는 배우처럼 보인다. 이아고는 가장 악한 인물인 동시에 가장 두뇌회전이 빠른 영리한 인물이다. 3막 1장에서 이아고는 캐시오가 데스데모나를 만날 수 있도록 주선하고, 3막 3장에서 캐시오는 데스데모나를 만나 부관에 복직할 수 있도록 오셀로를 설득해 달라고 사정한다. 데스데모나가 캐시오의 복직을 오셀로에게 거듭 요청하는 3막 3장에서, 이아고는 데스데모나가 자신의 아버지를 속이고 오셀로와 결혼한 여인임을 상기시키면서 오셀로의 귀에 '의심의 독'을 주입한다. 그는 또한 오셀로에게 아이러니컬하게도 질투심을 경계하라고 충고한다. "장군님. 질투를 경계하셔야 합니다!/ 질투란 녹색 눈빛을 가진 괴물로, 사람의 마음을 먹이로 삼아/ 진탕 즐기는 놈이죠.. 오쟁이 진 남편이면서도 그걸 운명으로 체념하고/ 아내에게 미련을 갖지 않는 자는 행복한 사람입니다"(3.3.165-68). 그러나 오셀로는 이아고에게 쉽게 걸려들지 않는다. 데스데모나가 정숙한 여인이 아니라는 이아고의 말을 오셀로가 금방 수긍하지 않자 이아고는 다음과 같이 교묘하게 인종차별담론을 구사한다.

> 같은 나라 사람에, 피부색도 같고, 신분도 비슷한
> 수많은 구혼 상대자들을 마다하지 않았습니까?
> 모든 정황으로 볼 때, 그들을 받아들이는 것이 자연스런 일이겠죠.
> 참! 그런 사람에게선 뭔가 추잡하고 음탕한 냄새가 나죠.
> 본연의 모습에 어긋나고, 생각은 자연스럽지 못하죠.
> 용서해 주십시오. 저는 부인에 대해
> 뭔가를 분명히 말할 수 있는 입장이 아니니.
> 그러나 걱정이 됩니다. 부인께서, 다시 분별력을 찾게 되면,
> 애욕의 상대로 장군님과 이 나라의 모양 좋은 남성을 비교하여,

혹 후회하게 될지도 모르니 말입니다. (3.3.229-38)

데스데모나가 많은 백인 구혼자를 뿌리친 것이 자연스럽지 않다는 이아고의 말에 오셀로는 아무런 대꾸도 하지 않고, 마침내 자신도 흑백 결혼이 자연스럽지 못하다고 생각한다. 오셀로는 자신도 모르게 "데스데모나의 육체에 달라붙어 있는 더럽혀진 오물"의 의미를 전달하는 메타포로서 자신의 검은 얼굴을 떠올리며 "달님의 얼굴같이 깨끗하게 생각했던 그녀의 이름이, 지금은 더러워지고 검어져서 마치 내 얼굴빛만 같다"(3.3.386-88)고 말한다.

검은 피부의 오셀로가 자신이 더럽혀진 존재이며 데스데모나와 같은 백인 미녀는 자신에게 과분하다는 생각, 나아가 자신이 하얀 데스데모나의 육체를 검게 만들고 오염시키는 동인이라는 자각은 백인 사회의 이방인 "오셀로의 인종적 경험을 재현"한다. 오셀로는 인종차별적 사회의 희생자이지만 그의 인종과 피부에 연관된 차별담론은 대부분 이아고로부터 생겨나고, 또한 그를 통해 강화되며, 오셀로의 검은 피부는 그의 '타자성'을 부각시켜주는 주요한 시각적 기표이다(Adelman 125-27, Boose 38, Vaughan 66). 인종적 차이에서 파생되는 열등감은 오셀로를 의심과 질투의 감정으로 몰고 가, 마침내 데스데모나를 의심하고 자신의 결혼에 회의를 느끼도록 만든다. 이아고는 에밀리어(Emilia)로부터 받은 데스데모나의 손수건을 캐시오의 거처에 떨어뜨려 놓고 함정을 파는데, 이는 이 극의 비극적 결말을 재촉하는 장치로 사용된다. 이아고는 이 손수건의 효과를 다음과 같이 확신한다.

공기같이 가벼운 물건도 질투심에 불타는 놈에게는
성서만큼이나 효력이 있는 증거가 될 수 있어.
이 손수건이 한몫 거들 수 있을 것이다.

무어 놈은 벌써부터 내가 뿜은 독약에 마음이 변하고 있어.
위험한 억측은 그 자체가 독약이지. (3.3.322-26)

이아고는 4막 1장에서 '손수건'을 언급하면서 캐시오와 데스데모나의 가상의 불륜 현장을 고해바치고, 오셀로는 분을 못 이겨 거품을 물고 쓰러진다. 이에 이아고는 "내 독약이 효력을 발휘했어! 이렇게 남의 말을 잘 믿는 바보들을 얽어 넣는 것은 너무나 쉬운 일이지"(4.1.44-47)라고 말한다. 이아고의 함정에 걸려든 오셀로는 데스데모나가 손수건을 잃은 것을 추궁하고, 의심의 강도를 높여가면서 5막의 비극적 파국을 준비한다. 오셀로와 데스데모나의 이종결합은 베니스의 백인 사회에서 온전히 유지되지 못하고 마침내 비극적 파국을 맞이한다. 오셀로가 데스데모나를 죽이고 자살하면서 끝맺고 있기 때문이다.

셰익스피어는 극 전체에 걸쳐서 인종의 차이에 관한 담론을 이용한다. 우리는 이 극의 시작 부분에서 이아고가 오셀로를 두고 "늙고 검은 수양," "바바리산 말"이라는 인종적 편견이 드러난 말을 내뱉고 있음을 보았다. 이 극의 끝부분에서 이아고의 아내인 에밀리어 역시 오셀로에 대한 인종차별적인 대사를 내 뱉는다. 데스데모나의 주검을 보고 에밀리어는 "더럽고도 무식한 오셀로"라고 외친다. 극의 종말 부분까지 검은 피부가 지시하는 더러움과 열등성을 지시하는 기표는 사라지지 않는다(Vaughan 51-52). 5막 2장에서 데스데모나가 오셀로에게 살해된 후 데스데모나를 "천사"라고 부른 에밀리어는 오셀로를 "시커먼 악마," "더럽고 용렬한 자," "악당"이라고 욕하면서, 오셀로 같은 인간은 데스데모나와 같은 부인을 얻을 자격이 없다고 격렬하게 비난한다.

이 얼간이! 멍청한 양반!
더럽고도 무지한 얼간이 양반! 이게 무슨 짓이야.

칼을 무서워할 줄 알고! 골백번 죽어도 보고를 해야지.
누구 좀 와 줘요. 이것 좀 봐요.
무어가 아씨를 죽였어요! 죽였어요, 죽였어! (5.2.163-67)

"더럽고도 무지한 얼간이 양반"이라는 최종적인 에밀리어의 대사는 에밀리어뿐만 아니라 타자에 대한 "관객들의 분노"와 "관객들의 인종차별주의를 대변하는 말"인지도 모른다(Cartwright 161-76). 에밀리어의 입에서 쏟아지는 오셀로에 대한 최종적인 발언은 이아고의 인종차별적 대사와는 사뭇 그 비중을 달리 한다. 그녀는 이 극에서 가장 균형 잡힌 시각을 가진 인물로 등장하기 때문이다. 그녀에게 오셀로는 더 이상 존경하는 장군이 아니라, 사람을 죽인 자이고, 동물과 같이 혐오스런 무어이다.

네일(Neill)은 『오셀로』가 당대의 인종주의를 직접 반대하는 것은 아니지만 서구 문화에 뿌리 깊게 박혀 있는 "인종 편견적인 미신"을 들추어내고 있다고 주장하며(412), 바틀즈(Bartels)는 셰익스피어가 오셀로의 재현을 통해 "무어인에 대한 편견"과 "무어인에 대한 고정관념"을 의문시하고 있다고 주장한 바 있다(447). 한편, 셰익스피어가 "당대의 인종적 편견을 조롱"하고 있는 것은 사실이지만, 오셀로가 "인종적 편견의 산물"이라는 점은 부인할 수 없다는 주장도 있다(Barthelemy 161). 비평가들은 셰익스피어가 당대의 지배적인 인종담론을 어느 정도까지 수용했느냐는 점과 작가가 『오셀로』에서 흑인에 대한 고정관념을 어떤 방식으로 재현하고 있느냐는 점에 있어서는 서로 견해를 달리 한다. 그러나 셰익스피어 시대의 문화가 "백인중심적"이었다는 점과 "흑인에 대한 고정관념"이 셰익스피어의 작품에도 드러나고 있다는 점에는 대체로 의견의 일치를 보이고 있다(Vaughan 63-65). 뉴먼이 지적한 바와 같이 셰익스피어라는 작가도 당대의 지배적 담론인 인종담론으로부터 적지 않은 영향을 받았다. 그러나 작가가 무어인 오셀로를 주인공으로 삼았다는 점, 오셀로에 대한 데스데모나의 사랑과 당대의 사회적 규범을 어기고 오셀로와 결혼한 데스데모나를 동정적으로 그렸다는 점을 미루어 볼 때, 이 작품은 인종과 성에 관련된 당대의 지배담론과 어느 정도 거리를 두고 있다고 할 수 있을 것이다(Newman 157).

Ⅲ

인종차별담론이 팽배하던 문화에서 셰익스피어 자신도 인종의 차이에 관해 관심을 갖고 있었던 것은 사실이지만, 『오셀로』가 당대의 인종차별담론을 여과 없이 반영하고 있는 텍스트는 아니다. 무대 위의 흥행을 염두에 두었던 극작가 셰익스피어는 흥미로운 소재거리인 흑백 이종결합의 문제를 무대 위에 올린다. 이는 흑백의 이종결합을 혐오하고 두려워하던 다수 관중의 입맛을 의식했기 때문이다. 그러나 예술가로서의 셰익스피어는 당대의 인종차별담론에 비판적 자세를 취한다. 가장 노골적인 인종차별주의자 이아고를 가장 사악한 인물로 형상화하고 있음은 이를 증명한다. 인종의 차이에 대한 셰익스피어의 입장이 이아고라는 인물을 통해 전달되고 있는 것은 아니다. 즉 인종에 대한 작가의 관점과 극중 인물인 이아고의 관점은 일치하지 않는다. 도리어 셰익스피어는 이러한 인종차별담론을 거침없이 구사하는 이아고를 이 극에서 가장 악한 인물로 형상화한다. 그리하여 흑백에 관련된 당대의 담론은 검은 피부의 영웅 오셀로와 흰 피부를 가졌지만 사악하기 짝이 없는 악마적 인간 이아고와의 관계에서 역전된다. 인종적 타자를 멸시하고 혐오하는 이아고의 행위는 그가 야만인이고 괴물이라고 말하는 오셀로보다 더 야만적이고 악마적이다.

셰익스피어가 당대의 인종차별담론에 어느 정도 거리를 두고 있음에도 불구하고 타자화에 내포된 문제는 여전히 심각하다. 이 작품에서 오셀로의 비극을 그 자신만의 탓으로 돌리기엔 무리가 있기 때문이다. 자신의 능력으로 장군의 위치에 오른 오셀로이지만, 그는 항상 베니스 백인 사회의 이방인이고 타자이다. 왜냐하면 백인과는 확연히 구별되는 그의 검은 피부색은 아무리 씻어도 희게 될 가능성이 전혀 없기 때문이다. 서구 백인중심 담론에서 흑과 백의 대립은 항상 악과 선의 대립처럼 재현되어 왔다. 그러나 포스트모더니즘의 논의가 확산된 최근에 들어 백과 흑, 선과 악, 정의와 불의, 남성과 여성의 경계가 임의적이라는 주장이 점점 설득력을 갖게 되었고, 타자라는 존재가 단지 담론행위의 산물이라는 주장도 설득력을 가지게 되었다. 데리다는 "언어가 없다면 인종차별주의도 없다"고 주장한 바 있다(Derrida 292). 사실 인종차별주의 담론이 없다면 애초에 인종차별로부터 발생한 타자는 존재하지 않는다. 인종적 타자로서의 오셀로의 이미지는 백인 중심 사회의 인종담론을 통해 유포되고 재현되고 강화되어 왔다. 그러나 이는 임의적인 이미지일 뿐이다. "새하얀 암양"을 덮치는 "한 마리 검고 늙은 숫양"이라는 오셀로의 동물적 이미지는 단지 백인중심 담론이 만들어낸 허구적 이미지일 뿐이다.

■ 인용문헌

Adelman, Janet. "Iago's Alter Ego: Race as Projection in *Othello*." *SQ* 48 (1997): 125-44.

Bartels, "Making More of the Moor: Aaron, Othello, and Renaissance Refashionings of Race." *SQ* 41 (1990): 433-54.

Barthelemy, Anthony. *Black Face Maligned Race: The Representation of Blacks in English Drama from Shakespeare to Southern*. Baton Rouge: Louisiana State UP, 1987.

Boose, Lynda E. "The Getting of a Lawful Race." *Women, Race, and Writing in the Early Modern Period*. Eds. M. Hendricks and P. Parker. London: Routledge, 1994. 35-54.

Bristol, Michael D. "Charivari and the Comedy of Abjection." *Materialist Shakespeare*. London: Verso, 1995. 142-56.

Cartwright, Kent. "Audience Response and the Denouement of *Othello*." *Othello: New Perspectives*. Ed. V. M. Vaughan and Kent Cartwright. Newark: Fairleigh Dickinson UP, 1991. 161-76.

Coleridge, S. T. *Shakespearean Criticism*. Ed. T. M. Raysor. London: J. M. Dent, 1960.

Derrida, Jacques. "Racism's Last Word." Trans. Peggy Kamuf. *Critical Inquiry* 2 (1985): 290-99.

Evans, K. W. "The Racial Factor in *Othello*." *Shakespeare Studies* 5 (1969): 124-40.

Gildon, Charles. "Some Reflections on Mr. Rymer's Short View of Tragedy, and an Attempt at a Vindication of Shakespeare." *The Impartial Critick and Miscellaneous Letters and Essays by John Dennis and Charles Gildon*. 1694. 64-118. Rpt.1973.

Hunter, G. K. "*Othello* and Colour Prejudice." *Dramatic Identities and Cultural Tradition*. Ed. G. K. Hunter. Liverpool: Liverpool UP, 1978. 31-59.

Jordan, Winthrop. *White Over Black: American Attitudes Toward the Negro, 1550-1812*. Chapel Hill: U of North Carolina P, 1968.

Neill, Michael. "Unproper Beds: Race, Adultery, and the Hideous in *Othello*." *SQ* 40 (1989): 383-412.

Newman, Karen. "'And Wash the Ethiop White': Feminity and the Monstrous in *Othello*." *Shakespeare Reproduced: The Text in History and Ideology*. Ed. J. E. Howard and M. F. O'Connor. New York: Methuen. 1987. 143-62

Ridley, M. R. ed. "Introduction." *Othello.* By W. Shakespeare. Arden Shakespeare. London: Methuen, 1977.

Rymer, Thomas. *The Critical Works of Thomas Rymer*. Ed. Curt A. Zimansky. Yale UP, 1956.

Sanders, Norman, ed. "Introduction." *Othello.* By W. Shakespeare. New Cambridge Shakespeare. Cambridge: Cambridge UP, 1984. 1-51.

Scott, M. W. and S. L. Williamson, ed. *Shakespearean Criticism.* Vol.8. Detroit: Gale Research, 1989.

Shakespeare, William. *Othello*. The Riverside Shakespeare. Ed. G. B. Evans. Boston: Houghton Mifflin, 1974.

Tokson, Eliot H. *The Popular Image of the Black Man in English Drama, 1550-1688.* Boston: Hall, 1982.

Vaughan, V. M. *Othello: A Contextual History*. Cambridge: Cambridge UP, 1994.

■ 작품인용 원문

(1.1.86-91) ['Zounds,] sir, y' are robb'd! For shame, put on your gown;/ Your heart is burst, you have lost half your soul;/ Even now, now, very now, an old black ram/ Is tupping your white ewe. Arise, arise!/ Awake the snorting citizens with the bell,/ Or else the devil will make a grandsire of you.

(1.1.109-13) Because we come to do you service, and you think we are ruffians, you'll have your daughter cover'd with a Barbary horse; you'll have your nephews neigh to you; you'll have coursers for cousins, and gennets for germans.

(1.1.57-65) Were I the Moor, I would not be Iago./ In following him, I follow but myself;/ Heaven is my judge, not I for love and duty,/ But seeming so, for my peculiar end;/ For when my outward action doth demonstrate/ The native act and figure of my heart/ In compliment extern, 'tis not long after/ But I will wear my heart upon my sleeve/ For daws to peck at: I am not what I am.

(1.1.133-37) Your daughter, (if you have not given her leave),/ I say again, hath made a gross revolt,/ Tying her duty, beauty, wit and fortunes/ In an extravagant and wheeling stranger/ Of here and everywhere.

(1.1.160-65). It is too true an evil; gone she is;/ And what's to come of my despised time/ Is nought but bitterness. Now, Roderigo,/ Where didst thou see her?—O unhappy girl!—/ With the Moor, say'st thou?—Who would be a father!—/ How didst thou know 'twas she?—O she deceives me.

(1.2.62-75) O thou foul thief! Where hast thou stow'd my daughter?/ Damn'd as thou art, thou hast enchanted her,/ For I'll refer me to all things of sense,/ If she in chains of magic were not bound,/ Whether a maid so tender, fair and happy,/ So opposite to marriage that she shunn'd/ The wealthy curled [darlings] of our nation,/ Would ever have, t' incur a general mock,/ Run from her guardage to the sooty bosom/ Of such a thing as thou—to fear, not to delight!/ Judge me the world, if 'tis not gross in sense,/ That thou hast practised on her with foul charms,/ Abus'd her delicate youth with drugs or minerals/ That weaken motion.

(1.3.341-58) I say put money in thy purse. It cannot be that Desdemona should long continue her love to the Moor. […] These Moors are changeable in their wills — fill thy purse with money. […] She must change for youth; when she is sated with his body, she will find the error of her choice. [She must have change, she must;] therefore put money in thy purse. […] If sanctimony and a frail vow betwixt an erring barbarian and a super-subtle Venetian be not too hard for my wits and all the tribe of hell, thou shalt enjoy her — therefore make money.

(2.1.225-33) Her eye must be fed; and what delight shall she have to look on the devil? When the blood is made dull with the act of sport, there should be, [again] to inflame it and to give satiety a fresh appetite, loveliness in favour, sympathy in years, manners and beauties—all which the Moor is defective in. Now, for want of these requir'd conveniences, her delicate tenderness will find itself abus'd, begin to heave the gorge, disrelish and abhor the Moor.

(2.1.295-302) For that I do suspect the lusty Moor/ Hath leap'd into my seat; the thought whereof/ Doth (like a poisonous mineral) gnaw my inwards;/ And nothing can or shall content my soul/ Till I am even'd with him, wife for wife;/ Or failing so, yet that I put the Moor/ At least into a jealousy so strong/ That judgment cannot cure.

(2.3.348-62) How am I then a villain,/ To counsel Cassio to this parallel course,/ Directly to his good? Divinity of hell!/ When devils will the blackest sins put on,/ They do suggest at first with heavenly shows,/ As I do now; for whiles this honest fool/ Plies Desdemona to repair his fortunes,/ And she for him pleads strongly to the Moor,/ I'll pour this pestilence into his ear—/ That she repeals him for her body's lust,/ And by how much she strives to do him good,/ She shall undo her credit with the Moor./ So will I turn her virtue into pitch,/ And out of her own goodness make the net/ That shall enmesh them all.

(3.3.229-38) Not to affect many proposed matches/ Of her own clime, complexion, and degree,/ Whereto we see in all things nature tends—/ Foh, one may smell in such a will most rank,/ Foul disproportion, thoughts unnatural./ But (pardon me) I do not in position/ Distinctly speak of her, though I may fear/ Her will, recoiling to her better judgment,/ May fall to match you with her country forms,/ And happily repent.

(3.3.322-26) Trifles light as air/ Are to the jealous confirmations strong/ As proofs of holy writ; this may do something./ The Moor already changes with my poison: / Dangerous conceits are in their natures poisons.

(5.2.163-67) O gull, O dolt,/ As ignorant as dirt! Thou hast done a deed—/ I care not for thy sword, I'll make thee known,/ Though I lost twenty lives. Help, help, ho, help!/ The Moor hath kill'd my mistress! Murther, murther!

9. 클레오파트라의 연극성과 전복성: 『앤토니와 클레오파트라』

페미니스트 비평은 텍스트에 대한 남성 중심의 접근 방식을 비판하고 '타자화'된 여성 인물의 목소리를 확대하여 읽으려고 할 뿐 인종적 타자의 문제는 고려의 대상으로 하지 않았다. 문화유물론자들 역시 인종적 타자의 문제를 성적인 타자로부터 고립시켜 연구를 진행하여 왔다. 그러나 룸바(Ania Loomba)는 인종과 성의 문제는 유리된 것이 아니며 제국주의가 내포하고 있는 근본 문제가 가부장제가 내포하고 있는 근본문제와 크게 다르지 않음을 지적했다. 나아가 성차에 관련된 가부장제의 모순과 동시에 인종의 차이에 관한 식민주의의 모순은 동일한 문화적 뿌리를 가지고 서로 얽혀 있다고 주장했다(75).[1)]

이 글은 필자가 발표했던 "담론과 타자 재현의 양상"(*Shakespeare Review* 40.2, 2004)과 "클레오파트라의 연극성과 전복성"(영어영문학 50.3, 2004)을 재구성하고 고쳐 쓴 글이다.

어떤 문화에서 인종적 타자가 인종담론을 통해 형성되고 텍스트에 재현되는 방식은 성적 타자가 남성중심 담론을 통해 형성되고 남성작가에 의해 텍스트에 재현되는 방식과 그리 큰 차이가 없다. 이는 셰익스피어 텍스트에서도 예외가 아니다. 셰익스피어의 『앤토니와 클레오파트라』(*Antony & Cleopatra*)는 인종적 타자의 문제와 성적 타자의 문제가 한 텍스트에 그리고 클레오파트라(Cleopatra)라는 한 인물에 동시에 드러나고 있다는 점에서 흥미로운 작품이다. 이 작품에서 클레오파트라는 두 가지 두드러진 부정적 이미지를 통해 재현된다. 첫째는 자신의 목적을 위해 위험한 성욕을 이용하고 발산하는 창녀의 이미지이고, 둘째는 앤토니(Antony)라는 인물로 대변되는 로마의 건전한 이성을 마비시키는 사악한 마녀의 이미지이다. 클레오파트라는 이집트의 여왕임에도 불구하고 로마 백인 남성중심 사회의 인종적 타자인 동시에 성적 타자로 존재하고 있는 것이다.

극의 분위기 형성에 결정적인 역할을 하게 될 개막 부분이 로마의 장군 파일로(Philo)가 클레오파트라를 "집시"로 폄하하고, "까무잡잡한 한 여인의 얼굴"에 혼이 빠져 "갈보의 어릿광대"로 전락한 앤토니를 비난하는 대사로 시작되고 있다는 것은 의미심장하다. 로마 백인남성 등장인물 대부분은 클레오파트라의 인종과 피부색에 연관된 차별적 담론을 구사하고 클레오파트라의 까무잡잡한 피부는 '타자성'을 부각시켜주는 시각적 기표로 작용한다. 더군다나 클레오파트라를 '집시'라고 부르는 파일로의 말에는 클레오파트라의 위험한 성욕이 한 개인이 아니라 이집트인 전체의 집단적 성향이라는 편견이 드러나고

---

1) 룸바의 지적에 자극을 받은 최근의 연구에서 성과 인종의 타자를 동일선상에 놓고 논의하려는 경향이 가속화되고 있다. 또한 남성을 가부장제의 전통에서 자유로운 존재로 보는 시각을 거부하는 유물론적 페미니스트 비평은 성 이데올로기뿐만 아니라 계급과 인종 이데올로기의 관계 속에서 여성뿐만 아니라 남성에 가해진 억압도 고찰해야한다고 주장한다.

있어 그 인종차별 담론의 위험성을 드러내고 있다.[2)]

클레오파트라는 통제되지 않는 성욕을 소유한 위험한 타자로 재현되어 당대의 관객들로 하여금 유색인들을 경계하도록 했을 것이다. 당대의 무대에서 클레오파트라는 자주 동양인의 호색성과 타자성을 드러내는 인물로 전유되었고 평자들은 클레오파트라를 "역사상 최악의 여성" 또는 남성의 판단을 흐리게 하는 "치명적인 여성"으로 평가했다(Madelaine 10, 6). 역사적 기록이든 비평가의 반응이든 무대 위의 공연이든 "재현은 객관적 진실에 대한 중립적인 경험의 기록이 아니라 특정한 이해관계에 의해 형성된 구조물"이라는 딤프나 캘러한(Dympna Callaghan)의 지적은 새겨들을 만하다(50). 이 글은 클레오파트라에 대한 역사적 기록이나 그녀를 "이집트의 집시"로, "세 번이나 변절한 창녀"로, 또한 이성을 흐리게 하는 "마녀"로 재현하는 것에 내포된 문제를 언급한다. 그러나 이 글에서 초점으로 삼고 있는 것은 남성을 호리는 클레오파트라의 마력과 매력의 실체이며, 로마 남성중심 담론에 균열을 가할 수 있는 가능성을 내포하는 전복성의 실체이다.

I

이집트 여왕이었던 클레오파트라에 관한 역사적 진실을 파악하는 것은 쉽지 않다. 그녀에 대한 대부분의 기록이 서구 백인남성의 관점에서 줄리어스 시저(Julius Caesar)나 앤토니를 기술하는 역사서에 간헐적으로 드러나 있을 뿐, 객관적인 관점에서 기술한 정확한 역사적 기록은 거의 없기 때문이다. 퀸투스

2) 사실 셰익스피어 당대의 영국인들은 집시들을 교활하고 도둑질에 능하고 매춘을 일삼는 존재로 간주했다(Yoors 1-12).

호라티우스(Quintus Horatius)는 클레오파트라를 "미친 여왕"이며 "괴물"이라고 언급했으며, 마르쿠스 루카누스(Marcus Lucanus)는 그녀를 남동생과 근친상간의 관계를 맺은 "불경스런" 존재로 언급했으며, 디오 카시우스(Dio Cassius)는 남성을 유혹하는 "위험한 아름다움"을 지닌 창녀이며 거짓과 배신을 일삼는 간교하고 가증스런 여성이라고 언급했다(플라마리옹 115-17). 이러한 부정적인 언급에도 불구하고 고대의 작가들은 클레오파트라가 매력적인 여성이라는 점은 의심하지 않았다. 그러나 그녀의 매력이 구체적으로 무엇인지를 기술하는 내용은 플루타크(Plutarch)의 묘사 외에는 찾아 볼 수가 없다. 그녀의 매력이 미모에만 있는 것은 아니었다. 플루타크에 따르면 클레오파트라의 아름다움은 "비할 데 없이 뛰어난 것도 아니고, 보는 순간 사람을 사로잡을 만한 것도 아니다." 그녀는 미모나 기품에서 옥테비어스(Octavius) 시저의 누이 옥테비아(Octavia)를 능가하지 못했고, 미모로 치면 그녀의 배다른 여동생 아르시에노를 능가하지 못했다. 플루타크는 클레오파트라가 상대를 홀리게 하여 "넋을 빼앗을 수 있었던 이유"를 그녀의 뛰어난 화술과 달콤한 목소리에서 찾는다. 그의 묘사에 따르면 클레오파트라는 여러 나라 말을 자유자재로 할 수 있었고, 지적이고 생동감에 넘치는 그녀의 이야기는 "그녀가 말하는 모든 것의 묘미를 돋보이게 하는" 달콤한 목소리를 타고 듣는 이를 사로잡아 그녀로부터 벗어날 수 없도록 만들었다(Plutarch 384).

플루타크는 자신의 시각으로 앤토니와 클레오파트라를 기술했고 셰익스피어가 이로부터 자유롭지 않았을 것이라는 것은 자명한 사실이다. 왜냐하면 플루타크의 『영웅전』은 셰익스피어가 앤토니와 클레오파트라에 관한 자료를 가져온 주요한 출처이기 때문이다. 그는 앤토니와 클레오파트라의 성격뿐만 아니라 많은 장면들이 이 책으로부터 가져왔다(Stadter 361-62). 『영웅전』은 1579년에 토마스 노스(Thomas North)에 의해 영역되어 『앤토니와 클레오파트라』

외에도 셰익스피어의 많은 작품들의 출처가 되었던 책이다. 플루타크에 따르면 앤토니가 클레오파트라를 처음 만난 것은 그녀의 나이가 28세이던 기원전 41년인데, 앤토니는 이집트에 머물다가 로마에서의 반란 소식을 듣고 풀비아(Fulvia)가 사망하기 전에 로마에 갔고, 풀비아 사망 후 옥테비어스 시저의 누이인 옥테비아와 결혼하여 로마에 3년 간 머물렀다가 다시 이집트에 돌아왔다. 그러나 셰익스피어는 앤토니가 풀비아의 사망 소식을 듣고 로마에 간 것으로 시점을 변형한다.[3)]

클레오파트라의 재현에 있어 플루타크의 시각으로부터 자유롭지 못했던 셰익스피어는 또한 자신이 속했던 당대 영국 사회와 문화적 전통으로부터도 자유롭지 못했을 것이다. 이미 유색인종의 호색성과 야만성과 비정상성을 언급하는 많은 담론들이 유포된 상태였기 때문이다. 클레오파트라가 유색인종의 위험한 성욕을 대변한다는 인종적 가정이 셰익스피어 당대에 그리 부자연스럽지 않았기 때문이다. 더군다나 당대는 문명과 야만의 차이를 통해 제국주의의 지배를 정당화하려는 제국주의 팽창의 시대였다. 지배담론은 항상 차이의 개념을 통해 정상과 비정상의 경계를 설정하고, 타자화 담론을 통해 자신과는 '차이'가 있는 이방인을 배제한다. 서구중심담론은 서양을 세계의 중심에 위치시키고, 동양과 타문화를 주변부에 위치시키면서, 타문화에 대한 서구문화의 우월성을 끊임없이 과시함으로써 지배를 정당화하고자 한다. 그러므로 지배문화는 항상 그 문화 외부의 비정상적인 것을 드러내어 자신의 내적 기준을 설정하고, 서양의 정체성은 동양의 '타자성'과 대립되는 요소를 통해 형성된다는 에드워드 사이드(Edward Said)의 지적은 셰익스피어의 『앤토니와 클레오파트

---

3) 이러한 시점 변형에는 셰익스피어의 의도가 어느 정도 포함되어 있다. 아내 풀비아의 사망 소식 전에는 로마로 돌아갈 생각을 하지 않는 앤토니를 통해 이들의 불륜을 좀 더 효과적으로 부각시키고 있기 때문이다(Dobson15).

라』 경우에도 유효하다(3). “자기 미화는 낯설고, 이상하거나, 적대감을 유발시키는 어떤 것과의 관계를 통해 작동”(9)하며 서구중심담론은 항상 타자의 부정적 재현을 통해 자신을 미화시킨다는 그린블랫(Stephen Greenblatt)의 지적 또한 의미심장하다.

Ⅱ

클레오파트라는 자신의 성적 매력을 이용하여 로마의 장군을 사로잡고 권력을 획득하며 이 힘으로 로마의 지배 이데올로기에 균열을 가한다. 로마인들은 거의 모두 클레오파트라의 관능적 매력을 비난하는데, 아이러니컬하게도 그녀의 관능적 매력은 클레오파트라가 보여 줄 전복성의 기반이 되고 있다. 남성들을 그녀의 올가미에 묶어두고 조종하는 클레오파트라의 힘은 그녀의 성적 매력에서 나오기 때문이다. 클레오파트라는 그녀만이 보여줄 수 있는 무한한 다양성과 가장(假裝)과 연기를 통해 성적 매력을 유지하는데, 자신을 과시하고 드러내는 클레오파트라의 탁월한 연출력은 앤토니를 만나는 유람선 장면에서 여지없이 드러난다. 여기서 클레오파트라는 자신을 미의 여신 비너스(Venus)로 재현한다. 이노바버스(Enobarbus)는 시드너스(Cydnus)강을 화려한 행렬을 갖추어 항해하는 클레오파트라의 배를 이렇게 묘사한다.

> 여왕이 탄 배는, 빛나는 옥좌같이,
> 물위에 찬란한 빛을 던졌지. 고물은 두들겨 편 황금 판이오,
> 돛은 온통 자주 빛이고, 향기가 진동하여
> 바람마저 반해버릴 지경이었지. 은으로 만든 노가

피리의 장단에 맞춰 물결을 저어나가면
밀려나갔던 물결도 종종걸음으로 뒤쫓아 왔어.
마치 노 젓는 행동에 반한 듯이……
여왕을 두고 말하자면 필설로는 다 묘사할 수 없었지.
금실을 섞어 짠 비단 차일 밑에 누운 여왕의 모습은
화가의 상상력이 자연의 조화를 압도한다는
저 비너스 여신상도 무색하게 했지. (2.2.191-201)

이노바버스는 여왕이 탄 배는 말로 묘사할 수 있지만, 그녀의 모습은 "필설로 다 묘사할 수 없다"(It beggar'd all description)고 말하는데, 빛나는 옥좌에 앉아 항해하는 클레오파트라의 모습이 너무나 아름답게 보여 말로 표현하기 불가능하다는 말이다. 클레오파트라는 전설적인 비너스의 모습으로 분장하여 남성의 상상력을 자극한다. 예술가의 상상력은 비너스를 실제의 모습보다 더 아름답게 만드는데 클레오파트라는 그 초상화보다 한층 더 아름답게 보인다. 그리하여 그녀는 비너스의 가장 뛰어난 초상화보다도 더 경이로운 예술 작품으로 또한 사랑의 여신으로 자신을 재현한다. 이노바버스는 다음과 같이 여왕과 그녀가 탄 배를 계속 묘사한다.

여왕의 양편에는 미소를 짓는 큐피드처럼
보조개를 짓는 미소년들이 형형색색의 부채를 들고 서 있고,
그 부채가 일으키는 바람은 그것들이 식혀놓았던
절묘한 양 볼의 홍조를 다시 타오르게 하는 듯
식혀놓았던 열기가 다시 달아오른다. [……]
여왕의 시녀들은 바다의 요정과 흡사하여,
마치 인어인양 여왕의 눈길을 살피면서 허리 굽혀 시중드니
이 또한 여왕을 아름답게 꾸며 주었다.

> 고물에는 인어 같은 복장을 한 시녀가 키를 조종하고 있는데,
> 비단 돛폭은 꽃잎처럼 부드러운 손길의 조종을 받아
> 한껏 부풀어 있다. 그 유람선에서 흘러나오는
> 보이지 않는 절묘한 향기는 부근의 선창가에 넘실대고 있다
> 그녀를 보기 위해 온통 사람들이 몰려나왔다. (2.2.201-14)

클레오파트라는 로마인들에게 신기한 장관과 볼거리를 제공하고 그들의 호기심을 자극한다. 이노바버스가 묘사하고 있는 클레오파트라의 유람선은 "성애적 환상"이 극화된 곳이다(Belsey 44) 유람선의 고물은 금으로 도금되어 있고, 은으로 만들어진 노는 피리 소리에 맞춰 추파를 던지면서 물결을 가른다. 클레오파트라는 "성애적 환상"을 연출하며, 유람선에서 흘러나오는 기묘한 향내는 부근의 선창가까지 넘실대어 사람들의 호기심을 자극한다. 이 유람선은 "에로틱한 욕망의 불꽃"으로 가득 찬 세계이며, 감각적인 클레오파트라의 세계는 공적 의무가 배제된 탈정치적 세계이다(김용태 157). 이 장면은 극적으로 자신을 재현하고 장관을 연출하는 클레오파트라의 능력이 돋보이는 장면이다. 여기서 이노바버스는 이 장관을 묘사하면서 "like"나 "seem"이란 단어를 거듭 사용하고 있는데, 이는 클레오파트라가 속한 세계와 그녀가 연출하여 보여주는 세계가 "가상의 세계"라는 것을 시사한다(Rackin 205, 이희원 202 참조). "미소를 짓는 큐피드처럼 아름다운 보조개를 한 소년들"과 "요정 같은 시녀들"과 "인어 같은 시녀들"이 비너스 여신 같은 클레오파트라의 시중을 들면서 환상적인 세계를 연출한다.

장관으로 세상 사람들을 놀라게 하는 클레오파트라의 연출력은 여기서 그치지 않는다. 그녀는 연출자인 동시에 다양한 연기를 소화해내는 능력 있는 배우이다. 클레오파트라는 끊임없이 변화하면서 앤토니가 자신에 대해 욕망을 갖게

하고, 그 욕망의 충족을 기대하면 이를 지연시켜 앤토니를 안달하게 만든다. 이노바버스의 지적처럼 “다른 여인들은 자신들이 채워주는 욕망을 물리게 하지만” 클레오파트라는 욕망을 채워준 순간 허기를 느끼게 하는 그런 여성이다.

> 나이가 들어도 시들지 않고, 무한한 다양성 때문에
> 언제 보아도 지루하지 않지요. 다른 여인들은
> 자신들이 채워주는 욕망을 물리게 하지만, 그녀는
> 만족을 느낀 그 순간 도리어 허기를 느끼게 만들죠.
> 그녀에게는 가장 부도덕한 일조차도 잘 어울려
> 그녀가 방종할 때도 거룩한 성직자들은 축복해 주죠. (2.2.234-39)

클레오파트라는 끊임없이 변화하면서 한 곳에 머무르지 않는다. 클레오파트라는 일국의 여왕으로 여신처럼 행세하는가 하면 한편으로는 요부와 같은 모습을 보여준다. 그녀는 충족을 결핍으로 느끼게 하고 소유하는 순간 달아나는 변화무쌍한 여성이다. 그리하여 윤리적 의식이나, 도덕성, 의무 따위는 무한한 다양성을 보여주는 클레오파트라의 매력 앞에서 힘을 쓰지 못한다. 앤토니는 클레오파트라가 대변하는 욕망과 로마의 정신이 대변하는 명예 사이에서 끊임없이 갈등하는데, 앤토니의 욕망은 이집트에 있고 그의 도덕성과 명예는 로마에 있다. 풀비아가 사망한 후 앤토니는 로마로 돌아가 옥테비어스의 누이인 옥테비아와 결혼한다. 옥테비아는 로마의 남성 문화가 여성에게 기대하는 덕성과 우아함과 미덕의 총체로 재현되며, 로마의 남성을 이집트 창녀의 욕망으로부터 해방시키는 숭고한 로마의 여성으로 재현된다(Hooks 40). 그러므로 이 작품은 클레오파트라라는 이집트 여성을 둘러싼 “인종의 성화(性化)와 성의 인종화”를 보여주는 작품이다(Habib 170).

옥테비아의 미모와 덕성에도 불구하고 앤토니는 그녀와의 결혼이 평화를 위한 것일 뿐 "내 즐거움은 동방에 있다"고 말하면서 클레오파트라에게 되돌아간다. 그만큼 클레오파트라는 앤토니에게 거부할 수 없는 마력으로 작용한다. 여성의 매력이 미모와 일치하는 것은 아니다. 미모로만 치면 옥테비아가 클레오파트라보다 앞선다. 앤토니를 묶어 두는 클레오파트라의 "족쇄"는 바로 그녀만의 "무한한 다양성"이고 자신을 환상적인 존재로 재현하는 연기이다. 린다 밤버(Linda Bamber)는 이러한 클레오파트라를 두고 "자의식적 여배우"로 간주했으며(67), 필리스 랙킨(Phyllis Rackin)은 멋진 쇼를 연출하고 흥행적 수완을 발휘하는 "흥행사(showman)"로 간주한다(203). 이들 모두 스펙타클을 연출하고 자신을 멋지게 재현하는 클레오파트라의 능력에 찬사를 보낸다. 이러한 클레오파트라의 모습은 로마의 남성들에게 그들의 남성성에 균열을 가하는 요부의 마력으로 다가온다.

클레오파트라의 두 번째 연기는 앤토니 앞에서 숨넘어가는 시늉을 하면서 앤토니의 심리를 조종하는 장면에서 드러난다. 앤토니가 로마에 두고 온 아내 풀비아의 사망 소식을 접하고 "세상을 떠난 부인은 좋은 여자였어. 이 손으로 그녀를 밀어 냈지만, 할 수만 있다면 이 손으로 다시 그녀를 살려내고 싶구나. 사람을 홀리는 이 요부 같은 여왕과 손을 끊어야 할 것"(1.2.126-28)이라고 말한다. 하지만 앤토니는 클레오파트라는 관능적인 "이집트 족쇄"에 묶여 요부 같은 여왕을 벗어날 수 없다. 풀비아의 사망 소식을 듣고 이집트를 떠나겠다는 앤토니에게 이노바버스는 다음과 같이 말한다.

> 클레오파트라는 이 소문을 조금만 들어도 숨이 넘어 갈 것입니다. 이보다 못한 이유를 가지고서도 숨넘어가는 모습을 저는 스무 번이나 보았죠. 죽음의 신이 여왕과 사랑놀이를 하는 기질이 있다고 생각합니다. 그리도 빨리 숨넘어가는 시늉을 하니 말입니다. (1.2.140-44)

클레오파트라의 숨넘어가는 연기를 꼬집는 이노바버스의 말에 앤토니는 "여왕은 남자들이 상상도 할 수 없을 만큼 교활하다"고 반응한다. 교활한 클레오파트라의 행동을 감지하고 있는 앤토니지만 그녀의 연기에 속아 오락가락한다. 앤토니는 클레오파트라를 만난 것을 후회하고 그녀와의 관계를 청산해야겠다고 생각하지만 이는 마음대로 되지 않는다. 클레오파트라가 "무한한 다양성"을 보여주는 연기를 통해 앤토니를 "이집트 족쇄"(Egyptian fetters 1.2.116)에 묶어 놓고 "사랑노름"에 빠지게 하여 앤토니의 눈을 멀게 하기 때문이다. 앤토니는 이집트를 떠나야겠다고 생각하면서도 한편으론 이집트에 영원히 머물고 싶다. 클레오파트라는 1막 3장에서 시녀인 차미언(Charmian)에게 다음과 같이 지시한다.

> 어디서 누구와 같이 있고 뭘 하시는지 알아보아라.
> 내가 널 보냈다고 하지는 마라. 그분이 우울한 것 같으면
> 내가 흥겹게 춤추고 있다고 말하고,
> 즐거운 것 같으면 내가 몸이 아프다고 전해라. (1.3.2-5)

이러한 지시를 클레오파트라의 본심과는 다른 연극이라고 생각한 차미언이 앤토니를 사랑한다면 "매사에 그분의 뜻을 따르고, 어떤 일도 거역하지 말라고" 말하자, 클레오파트라는 이를 바보 같은 말이라고 일축하고, 항상 그의 뜻을 따르는 일은 "앤토니를 잃는 길"이라고 말한다. 차미언이 앤토니를 "도에 넘치게 시험하지 마라"고 권하지만 클레오파트라는 곧바로 연기를 통해 앤토니를 심리적으로 통제하고 지배한다(1.3.8-12). 클레오파트라의 변덕과 연극은 풀비아가 사망한 후 로마에 가려는 앤토니를 질책하고 조롱하는 장면에 잘 제시되고 있다.

클레오파트라의 세 번째 연기는 1막 3장에서 아내 풀비아에게 진실하지 못한 앤토니를 질책하여 무장을 해제하는 장면에서 드러난다. 클레오파트라는 먼저 자신이 배반당했고, 처음부터 그 "배신의 씨앗이 자라고 있음"을 알았다고 앤토니를 비난하고, 풀비아에게 성실하지 않았던 앤토니이니 자신에게도 성실하지 않을 것이며, 앤토니가 한 사랑의 맹세도 곧 깨어질 거짓 맹세일 것이라고 몰아붙인다.

> (당신이 옥좌에 앉은 신들을 흔들 만큼 맹세를 한다 해도)
> 당신이 내 것이고 진실할 것이라고 어찌 생각하겠어요.
> 당신은 풀비아를 진실하게 대하지 않으셨죠?
> 내가 정말 미쳤지. 맹세하자마자 깨뜨리는
> 입에 발린 맹세에 현혹되어 이렇게 빠지다니! (1.3.27-31)

안절부절못하는 앤토니를 질책하는 것은 여기서 끝나지 않는다. 클레오파트라는 앤토니를 두고 "세계에서 가장 위대한 장군이 가장 뛰어난 거짓말쟁이가 되었다"(1.3.38-39)고 말하면서 공격의 고삐를 멈추지 않는다. 클레오파트라는 자신의 각본에 따라 상황을 설정하고 즉흥연기를 통해 앤토니를 마음대로 주무른다. 그녀는 이 장면에서 즉흥연기를 통해 안정되고 통일된 남성이라는 가치에 균열을 가하고, 로마의 가치가 확고부동한 것이 아니라 임의적이라는 것을 드러낸다(Singh 113). 클레오파트라의 계속되는 질책에 앤토니는 "내 마음을 그대에게 통째로 맡겨 마음대로 하도록 하겠다"(1.3.43-44)고 맹세하고, 내란의 조짐이 있고 풀비아가 죽었으니 로마에 갔다가 다시 알렉산드리아에 오겠다며 클레오파트라를 달래지만 클레오파트라의 연기는 여기서 그치지 않는다. 클레오파트라는 앤토니의 사랑을 "지독한 거짓 사랑"(1.3.62)으로 폄하하고 풀비아에 대한 그의 태도를 비아냥거리면서 질책한다. 또한 그녀는 자신도 결국은 풀비아와 같은 대접을 받게 될 것이라고 앤토니를 다그친다. 스스로 변덕을 일삼는 클레오파트라가 앤토니를 두고 “한 여자에서 다른 여자로 사랑의 중심점”을 옮기는 지조 없는 남성이라고 계속 비아냥거리는데, 이러한 조롱과 연기는 앤토니가 진정한 사랑을 맹세하도록 하는 효과적인 무기로 작용하여 마침내 앤토니의 다짐을 받아낸다(이희원 197). 앤토니는 “그대의 용사로 하인으로 그대가 원하는 바에 따라 화친도 할 것이고 전쟁도 할 것”(1.3.70-71)이라고 말하는데, 이는 사랑의 전쟁에서 마치 무장해제를 당한 군인의 모습과도 같다.

연기하는 클레오파트라가 앤토니를 보고 “진실을 가장한 아주 그럴듯한 연극 한 장면을 연출”한다는 다음 질책은 대단히 아이러니컬한 반향을 불러일으키면서 앤토니의 명예에 균열을 가한다.

> 제발 얼굴을 돌리시고 풀비아를 위해 우세요.
> 그리고 내게 작별인사를 하고, 이집트 여왕을 위해
> 눈물을 흘렸다고 말하세요. 자 이제
> 진실을 가장한 아주 그럴듯한 연극 한 장면을 연출하고
> 그것을 완벽한 명예처럼 보이도록 하세요. (1.3.76-80)

이미 언급한 것처럼 앤토니가 자신을 배반했고 스스로의 맹세를 깨는 “가장 뛰어난 거짓말쟁이”라는 클레오파트라의 비난은 “진실을 가장한 아주 그럴듯한 연극 한 장면을 연출”한다는 조롱으로 완결된다. 스스로 연기를 하면서 앤토니의 사랑을 연극이고 가장이고 거짓이라고 몰아붙이는 클레오파트라는 상대의 심리를 꿰뚫어 보는 탁월한 능력의 소유자이다. 앤토니가 자신과 상대를 잘 파악하지 못하고 있는 반면, 클레오파트라는 자신은 물론 상대의 심리까지 간파하고 상대를 조종하고 있는 것이다. 앤토니와의 사랑노름에서 클레오파트

라는 능력 있는 연출자인 동시에 연기자이다. 그녀는 앤토니의 육신을 정복했을 뿐만 아니라 심리적으로도 우위에 있다. 이처럼 이 극에서 연극성은 클레오파트라에게 힘을 부여해 주고 전복의 가능성을 확보해 주는 전략으로 작용하여 남성중심의 가부장제에 균열을 가한다(Singh 116-17).

클레오파트라가 벌이는 네 번째 연기는 앤토니를 낚는 낚싯대처럼 행동하고, 술에 취한 앤토니의 검을 차보는 클레오파트라의 모습에서 드러난다. 옥테비어스 시저는 이집트에서 "낚시질과 음주로 시간을 낭비"하면서 욕정에 탐닉하는 앤토니를 두고 "클레오파트라가 더 사내다운 건지, 앤토니가 더 여자다운 건지 도무지 알 수가 없다"(1.4.4-7)고 비난한다. 쾌락에 빠져 로마 장군으로서의 공적의무를 망각하고 있는 앤토니를 두고 하는 말이다. 앤토니는 이집트를 정복했지만 욕망의 관계에서는 클레오파트라의 유혹에 걸려든 물고기 같은 존재이다. 어느 날 앤토니는 낚시를 갔는데, 그의 낚싯대에는 고기가 한 마리도 걸리지 않았다. 체면을 구긴 앤토니는 어부가 잠수하여 자신의 낚싯바늘에 미리 잡은 고기를 걸어두도록 했다. 앤토니는 이 고기를 낚아채면서 즐거워했고, 클레오파트라는 앤토니의 장난기를 모른 체하며 앤토니의 솜씨를 감탄하는 능청스런 연기를 펼친다. 다음날 앤토니는 낚시 솜씨를 보여주겠다고 손님들을 청했고 낚시를 시작한다. 이 장면을 차미안(Charmian)은 다음과 같이 말한다.

> 낚시에 내기를 거는 것은
> 즐거운 일이었습니다. 여왕님께서는
> 말린 생선을 그분 낚싯바늘에 걸어주도록 했고
> 그분은 그걸 열심히 끌어 올리셨지요. (2.5.15-18)

여기서 클레오파트라는 재치 있는 연출을 보여준다. 그녀는 말린 생선을 앤토니의 낚싯바늘에 걸게 했고, 이것을 모르는 앤토니는 낚싯대를 힘껏 들어 올린다. 앤토니가 들어 올린 낚싯대에 걸린 마른 생선을 보고 사람들은 모두 웃어대며 재미있어 했다. 앤토니의 트릭에 대한 클레오파트라의 멋진 응수다. 셰익스피어 텍스트에는 이 이상의 묘사가 없지만 플루타크는 이 장면에서의 클레오파트라의 반응을 다음과 같이 전한다. "장군님, 그 낚싯대는 파로스와 카노푸스 왕인 저희들에게 주세요. 장군께서 낚으실 것은 여러 도시와 왕국과 대륙의 영토랍니다"(Plutarch 386). 앤토니더러 왕국을 낚으라고 종용하는 클레오파트라는 자신의 관능적 매력을 미끼삼아 앤토니라는 고기를 낚는 영리한 배우이다.

앤토니는 클레오파트라의 낚싯바늘에 물린 자신의 상태를 다음과 같이 말한다. "그대가 내 영혼을 완전히 지배하고 있다는 것을 그대는 잘 알고 있지 않소. 그리고 그대의 손짓이 신의 명령처럼 날 옭아매고 있다는 것도. …… 그대가 얼마나 대단한 나의 정복자인지를, 그리고 애정으로 약해진 나의 검이 어떤 경우에도 그 애정에 복종할 것이라는 것을 그대는 잘 알고 있지 않소"(3.11.58-61, 65-68). 이 고백처럼 앤토니는 은유적으로 클레오파트라의 성적 매력으로 인해 거세를 당한 채 그녀의 올가미에 묶여 지배당하고 있다. 클레오파트라는 자신을 너무나도 다양한 모습으로 재현하여 욕망을 일깨우고 욕망을 거침없이 분출하는 생명력이 넘치는 여성이다(Cixous 126). 즉 "무한한 다양성"을 통해 남성이 갈구하는 성애적 욕망을 일깨우고 자신의 의지에 따라 혹은 연기에 따라 그 욕망을 충족시키기도 좌절시키기도 하면서 남성을 요리하는 힘 있는 여성이다. "성적 욕망의 주체로서 앤토니를 여성화시키고 그에게 우월적 권위를 행사하는 자로서의 클레오파트라가 지니고 있는 전복성"은 그녀가 앤토니에게 술을 먹인 뒤 그녀의 옷을 입히고 앤토니의 검을 허리에 차보는 장면에서 효과적으로 드러난다(김용태 160-62). 클레오파트라가 앤토니의 검을 차는 행위는 은유적으로 앤토니의 남성성이 클레오파트라에 의해 거세되고 있다는 것을 드러낸다. 앤토니의 낚싯바늘에 말린 물고기를 매달아 놓으면 앤토니가 신이 나서 그걸 낚아 올렸다고 말하면서 재미있어 하는 차미언에게 클레오파트라는 다음과 같이 말한다.

> 내가 웃었더니 그분은 화를 내셨지. 그리고는
> 그날 밤에 내가 웃어드려 그분을 다독거렸지.
> 다음날 아침에는 아홉시도 되기 전에 술에 취해 잠들게 하였지.
> 그리고 내 머리장식과 겉옷을 그분에게 입히고
> 필립파이 전투에서 사용한 그분의 명검을 내가 차 보았지. (2.5.19-23)

앤토니는 클레오파트라가 드리운 낚싯바늘을 문 고기와 흡사하다. 앤토니는 화를 냈다가 다시 노기를 풀고 웃는 등 클레오파트라의 각본에 따라 행동하기 때문이다. 클레오파트라는 자신의 옷을 앤토니에게 입히고 술에 취해 잠든 앤토니의 칼을 차보면서 성의 경계와 남성성에 균열을 가한다. 진 하워드(Jean Howard)가 지적하듯 복장전환은 성의 경계를 희석시키면서 젠더 형성의 임의성을 드러내어 젠더 시스템의 "위반"을 가능하게 하는 장치이다(418-19). 여기서 여장을 한 앤토니와 검을 찬 클레오파트라 사이에서 벌어지는 성역할의 전도는 로마의 영웅 앤토니의 권위를 실추시키면서 남성중심의 로마 군사문화를 조롱한다.

로마의 장군인 앤토니가 로마 군에 대항하여 싸우는 악티움(Actium) 해전은 클레오파트라에게 매혹되어 자신의 조국을 배반한 앤토니를 보여주면서 클레오파트라가 지닌 전복성을 드러낸다. 앤토니는 해전이 불리하다는 부하들의 반대에도 무릅쓰고 클레오파트라의 주장을 받아들여 해전을 감행했지만, 전투 중인 병졸들을 버리고 클레오파트라의 뒤를 따라 도망쳐 패배를 자초한다. 전쟁의 승패보다 클레오파트라가 더 소중한 앤토니에게 패배는 당연한 것이다. 전투 중의 앤토니가 자신의 병사들을 버리고 아무 것도 생각하지 않고 도주하게 할 만큼 그녀의 힘은 강력하다. 클레오파트라의 "족쇄"에 묶여 정신이 팔린 앤토니에게 클레오파트라의 눈물은 천하만큼 가치 있고, 그녀의 키스는 온 제국보다 가치 있는 것이다.[4] 앤토니는 악티움 해전을 "이집트 여왕을 위한 전쟁"(4.14.15)이라고 말하는데, 로마의 장군인 앤토니가 로마를 버리고 이집트의 여왕을 위해 싸우는 이 장면은 클레오파트라의 전복성이 얼마나 큰가를 실감나게 한다. 악티움 해전에서 앤토니는 클레오파트라의 함선이 퇴각하는 것을 보고 그녀를 따라 퇴각하고 마침내 패배한다. 스케이러스(Scarus)의 지적처럼 앤토니는 "수많은 왕국과 영토를 키스 한번으로 날려버렸다"(3.10.7-8).

클레오파트라의 최종적 연기는 자살을 통해 자신을 불멸의 아이리스 여신으로 재현하는 장면에서 잘 드러나고 있다. 악티움 해전에서 패배한 후, 클레오파트라는 다시 한 번 연기를 통해 앤토니를 절망으로 몰아넣는다. 클레오파트라는 4막 14장에서 마디안(Mardian)에게 자신이 자살했다는 거짓 소식을 전하게 하고, 이 소식을 믿은 앤토니는 자결을 결심한다. 자결을 시도했지만 앤토니는 금방 죽지 않았고 부하들에게 칼로 찔러 죽여 달라고 부탁한다. 이때 디오메데스(Diomedes)가 등장하여 여왕이 자결하지 않았고 종묘 안에 있다고 전한다. 4막 15장에서 부하들은 죽어가는 앤토니를 클레오파트라의 종묘로 데려가고, 이곳에서 앤토니는 여왕의 품안에서 임종을 맞이한다. 종묘에 숨어 자신이 죽

4) 그러나 악티움 해전 패배 이후 제 정신이 돌아 온 앤토니는 클레오파트라가 자신을 배반한 더러운 이집트 창녀라고 비난한다. "그년이 날 배반했어./ 아, 이 더러운 이집트의 마녀! 이 무서운 마력,/ 눈짓으로 날 전쟁터로 끌어내기도 집으로도 끌어들이기도 하는 마력./ 그녀의 품은 내 면류관이었고, 내 행동의 주요한 목적이었건만./ 그년은 바로 집시처럼(Like a right gipsy) 사람을 속이는 본성을 드러내고/ 나를 속여 파멸에 이르게 했어"(4.12.24-29). 앤토니에 따르면 클레오파트라는 세 번이나 변절한 창녀이다. 하지만 앤토니는 자신의 상전이던 줄리어스 시저의 품에서 놀았던 '창녀'의 품에 다시 놀아난다.

었다는 거짓 정보를 앤토니에게 흘리는 클레오파트라의 동기가 무엇인지 텍스트에는 그리 선명하게 제시되어 있지 않다. 그러나 이는 앤토니와 자신이 결국은 옥테비어스 시저의 포로가 되어 죽게 될 운명을 알고 있는 클레오파트라의 트릭으로 해석할 수 있을 것이다. 앤토니가 자결하여 명예로운 죽음을 택하도록 유도하기 위해 자신이 죽었다는 거짓 정보를 전하게 했다고 볼 수도 있기 때문이다. 클레오파트라의 연기는 여기서 그치지 않는다. 그녀의 최종적인 연기는 옥테비어스 시저와 벌이는 협상과 그녀의 자살 행위로서 마무리되는데, 이 최종적인 연기에서 그녀의 전복성은 대단히 효과적으로 성취되고 있다.

5막 1장에서 옥테비어스 시저는 앤토니가 자결했다는 말을 듣고 "클레오파트라가 로마에 간다면 우리의 승리를 영원히 빛낼 것"(5.1.65-66)이라고 말하면서 그녀의 요구조건을 들어 주겠다고 구슬린다. 그러나 옥테비어스 시저의 말에는 이집트 여왕에 대한 배려가 아니라 그녀를 승리를 기념하는 전리품으로 로마에 전시하겠다는 정치적 의도가 개입되어 있다. 이미 옥테비어스 시저의 정치적 의도를 간파하고, 자신이 로마에서 구경거리가 될 것임을 잘 알고 있는 클레오파트라는 다음과 같이 말한다.

> 무뢰한 형리들이 나를 창녀처럼 체포할 것이고,
> 상스런 엉터리 시인은
> 음조도 맞지 않는 곡을 지을 것이다.
> [···]
> 클레오파트라 역을 맡은
> 빽빽거리는 소년배우는 위대한 나를
> 일개 창녀의 모습으로 연기하게 될 것이다. (5.2.214-21).

이 대사는 클레오파트라가 옥테비어스 시저의 의도를 간파하고 있음을 보여준다. 자신이 "창녀의 모습"으로 로마 군중 앞에 전시될 것을 알고 있는 클레오파트라는 "차라리 이집트의 하수구를 무덤으로 삼고…… 쇠사슬에 묶여 이 나라의 높은 피라미드를 교수대로 삼아 교수형을 당하는 것"(5.2.57-62)을 택하겠다고 결심한다. 그럼에도 불구하고 그녀는 표면적으로는 옥테비어스 시저에 대한 복종을 다짐하고 옥테비어스 시저의 제안을 받아들일 것 같은 자세를 취한다. 옥테비어스 시저가 유화적인 제스처를 통해 자신의 의도를 숨기고 있듯이 클레오파트라도 자신의 의도를 숨기고 시간을 벌면서 연기를 하는데, 클레오파트라의 능수능란한 연기술은 이 장면에서 절정에 달한다. 얀코스키(Theodora Jankowski)가 지적하고 있듯이 이러한 연극성은 타인의 시각을 통제하는 장치로 작용하며 클레오파트라에게 남성중심의 가부장제를 전복시킬 수 있는 힘을 부여해 준다(107).

클레오파트라의 자살로 로마 제국의 최종적인 승리가 기정사실이 된 것처럼 보이고 타자의 저항이 봉쇄된 것처럼 보인다. 그러나 과연 그럴까? 5막 2장에서 클레오파트라는 옥테비어스 시저에게 복종하는 것 같은 자세를 취하다가 갑자기 자살하는 방법을 통해 로마인들의 계략을 우롱하고, 옥테비어스 시저를 "감쪽같이 속아 넘어간 얼간이"로 만들 수 있다고 생각한다. 여기서 클레오파트라의 자살은 자신만이 자신의 정복자라는 것을 선포하는 의식이고, 이는 승리를 기념하는 전리품으로 그녀를 로마 군중들 앞에 전시하려 했던 식민 통치자 옥테비어스 시저의 의도를 좌절시키고 그의 권위에 손상을 가한다. 또한 그녀의 최후 행동은 방탕한 집시 여성을 순종적 여성으로 길들이려는 가부장적 로마제국의 승리에 균열을 가한다. 전통비평에서 초월적인 사랑의 기표로 해석되었던 클레오파트라의 자살이 탈 식민담론에서는 저항의 기표로 해석될 여지를 남겨 놓고 있다(김민경 115-16). 클레오파트라의 연기와 죽음으로 인해 승리를 과시하려고 했던 옥테비어스 시저의 기대가 좌절되고 있기 때문이다.

클레오파트라는 자살을 결심하고 차미언에게 "나를 여왕답게 몸단장을 해다오. 어서 가서 가장 좋은 의상을 가져오너라. 마크 앤토니 장군을 만나기 위해 다시 시드너스 강으로 돌아가겠다"(5.2.226-28)고 말한 후 다음과 같이 죽음의 의식을 재현한다.

> 나에게 여왕의 옷을 입히고 왕관을 씌워다오.
> 영원불멸의 경지가 그립구나. 이제 더 이상
> 이집트산 포도주가 이 입술을 적시지 못하리라.
> 빨리, 아이러스. 어서. 장군께서 부르는 소리가 들리는 것 같구나.
> 내 고귀한 행동을 칭찬하려고 몸을 일으키는 그분 모습이 보여.
> 옥테비어스 시저의 행운을 조롱하는 소리도 들려.
> 신들이 사람들에게 주어 나중에 분노할 구실로 삼는 그 행운을.
> 나의 남편이여, 이제 나도 당신께로 갑니다.
> 용기여, 날 그분 아내답게 내 이름을 지키도록 도와다오.
> 난 이젠 불과 공기이다. 다른 것들은,
> 흙과 물은 천한 이승에 남겨 두겠다. (5.2.280-90)

우리는 클레오파트라가 시드너스 강의 선상에서 앤토니를 처음 만날 때 연출했던 장관을 기억하고 있다. 자신을 마치 미의 여신 비너스처럼 재현했던 클레오파트라는 이제 죽음의 문턱에서 자신을 "불과 공기"가 되어 "영원불멸"의 경지로 나아가는 아이리스(Iris) 여신으로 승화시킨다.

클레오파트라는 자살을 통해 끝까지 로마문화의 정점에 서있는 옥테비어스 시저를 조롱한다. 그러므로 클레오파트라에게 주어지는 도덕적 비난의 근거로 작용했던 그녀의 연극성과 변덕은 "무한한 다양성"으로 압축되는 매력의 근거이자, 로마 남성중심의 지배담론에 대한 저항의 방식으로 기존의 권력에 균열을 가할 수 있는 전복적 힘의 원천으로 작용하고 있다(Singh 100, Jankowski

107). 그리하여 무한한 다양성을 지닌 클레오파트라의 연기는 확고하고 안정된 로마 남성의 기반을 흔들어 놓는다. 이집트의 창녀이며 요부라는 비난을 받았던 클레오파트라는 마지막 장면에서 여왕으로서의 위엄을 유지한다. 자살은 자신만이 자신의 주인이라는 사실을 각인시켜주는 의식이고, 자신을 영원불멸의 경지로 승화시키는 또 하나의 연기술이다. 독사에게 물려죽는 신비한 죽음을 재현함으로써 그녀의 최종적인 연기는 완결된다.

Ⅱ

클레오파트라는 서구 남성중심 담론을 통해 위험한 성욕을 발산하는 창녀로, 남성을 호려 이성을 흐리게 하는 마녀로 '전유'되어 왔다. 즉 문명인의 우월성을 드러내는 야만인 타자로 전유되어 온 것이다. 룸바의 주장에 따르면 방탕한 창녀로서의 클레오파트라의 이미지는 유색인종 여성에 대한 서구의 환상과 가부장적 이해가 결합하여 형성된 것이다(75). 무대 위에서 까무잡잡한 이집트 여성이 로마의 영웅 앤토니를 유혹하는 모습은 당시 백인 관객들을 불안하게 하지만, 한편으로 그들에게 이국적인 호기심을 유발하면서 유색인종의 비정상성을 효과적으로 전달할 수 있었을 것이다.

『앤토니와 클레오파트라』에서 성적으로 자유분방하고 도전적이며 '연극적'인 클레오파트라의 행동은 백인 남성중심 문화의 권위에 대한 '전복'의 가능성을 내포하고 있다. 그녀는 가부장제가 규정한 여성의 미덕과는 거리가 먼 인물이고, 남성의 통제 대상이 되기를 거부하며, 연기를 통해 도리어 그녀를 통제하려는 남성을 통제하고 있기 때문이다. 표면적으로는 셰익스피어가 『앤토니와 클레오파트라』에서 당대 백인 남성중심의 담론을 재현하고 있는 것처럼 보인다. 이 극은 클레오파트라라는 이집트 "갈보의 어릿광대"로, "일개 집시의 음탕한 욕정이나 식혀주는 풀무와 부채"로 전락한 로마의 장군을 비난하는 파일로의 대사로 시작하고 있으며, 그녀가 위험한 성적 매력을 이용하는 유색인종 창녀라는 이미지가 등장인물들을 통해 반복적으로 전달되고 있기 때문이다. 건전하고 용감한 로마 장군을 파멸로 이끈다는 클레오파트라의 부정적인 이미지는 남성 등장인물들의 계속되는 인종차별담론과 성차별담론을 통해 강화된다. 그러나 셰익스피어가 이를 자신의 텍스트에 여과 없이 반영하고 있는 것은 아니다. 즉 셰익스피어의 시각이 등장인물들의 시각과 완전히 일치하는 것은 아니라는 말이다.

셰익스피어는 '고결한' 로마 남성에서 '탕아'로 전락한 앤토니를 재현함으로써 남성중심의 가치에 의문을 표하고, 이 '고결한' 로마 남성을 통제하는 영리한 클레오파트라를 통해 백인 남성중심 문화의 균열을 보여준다. 클레오파트라가 음탕한 성욕을 발산하는 창녀이고 사악한 마력으로 남성을 호리는 마녀라는 비난은 역으로 그러한 담론을 유포하는 로마 남성의 이미지를 흐리게 한다. 식민지 정복자가 정복지의 여왕을 음탕한 창녀라고 부르고 남성의 혼을 빼는 마녀라고 부르면서도 그 창녀의 매력에서 벗어나지 못하고 마술에 걸린 사람처럼 자신을 잃어버리는 것을 보여주는 이 극은 서구문화의 타자인 클레오파트라의 부정성만을 드러내는 극은 아니다. 도리어 이 극은 클레오파트라의 타자화와 식민 수탈의 역사에 내포된 지배문화의 잔인성을 드러내고 '무한한 다양성'을 지닌 '너무나 매혹적인' 타자의 행동을 통해 지배문화를 조롱하고 백인 남성중심의 담론에 균열을 가한다. 셰익스피어는 창녀라고 욕하면서도 그 창녀의 매력과 유혹에 지탱하지 못하는 이율배반적인 영웅의 모습을 재현하고 있으며, "결점도 장점같이 만들어 버리는" 연기력이 능한 이집트 여성을 통해 타자의 목소리를 드러내고 있기 때문이다. 그러므로 백인 남성중심의 담론에 균열을 가하는 클레오파트라의 전복성은 무한한 다양성과 성적 매력을 유지하는 연기와 가장(假裝)에서 비롯된다고 해도 무리가 없을 것이다.

클레오파트라는 남성들에게 치명적인 독을 품은 아름다운 뱀이고 아름다운 색으로 유혹하는 독버섯이다. 또한 클레오파트라는 자신을 유혹해 주기를 바라게 만드는 마녀이다. 로마의 영웅들은 그녀의 통제되지 않은 위험한 성적 매력을 비난하면서, 한편으로는 그 위험한 유혹의 초대를 기대한다. 이는 실천되기 어려운 상상의 영역에서 벌어지는 남성의 성애적 환상이며, 이율배반적인 남성의 갈망이다. 클레오파트라는 그러한 성애적 환상을 연출하고 그 환상을 충족시킨다. 클레오파트라에게 마력이 있다면 남성들의 내밀한 성애적 욕망과 꿈을 불러내 거기에 생명력과 형체를 부여하는 능력이다. 그녀는 화술과 가장과 연기를 통해 그녀만의 "무한한 다양성"을 재현하면서 남성의 욕망을 자극하고 그들의 기대를 충족시키는가 하면 지연시키면서 남성을 그녀의 올가미에서 벗어나지 못하게 한다.

■ 인용문헌

김민경. "『앤토니와 클레오파트라』(*Antony and Cleopatra*): 제국주의 담론과 저항." 『계명연구논총』 20 (2002): 103-20.

김용태. "'천하의 세 기둥 중의 하나가 창기의 어릿광대로 전락하고'—『앤토니와 클레오파트라』에 재현된 제임스 1세의 궁전 정치학과 정치적 퇴폐 문제." *Shakespeare Review* 34 (1998): 147-70.

이희원. "Histrionic Cleopatra as a Critic of Patriarchy—A Feminist Study of *Antony and Cleopatra.*" *Shakespeare Review* 27 (1995): 191-212.

플라마리옹. 『클레오파트라: 파라오의 사랑과 야망』. 지현 역. 서울: 시공사, 2002.

Bamber, Linda. *Comic Women, Tragic Men: A Study of Gender and Genre in Shakespeare.* Stanford: Stanford UP, 1982.

Belsey, Catherine. "Cleopatra's Seduction." *Alternative Shakespeare*. Vol 2. Ed. Terence Hawkes. London: Routledge, 1996. 38-62.

Callaghan, Dympna. "Representing Cleopatra in the Post-colonial Moment." *Antony and Cleopatra*. Ed. Nigel Wood. Buckingham & Philadelpia: Open UP, 1985. 40-65.

Cixous, Helene. "Sorties: Out and Out: Attacks / Ways Out / Forrays." *The Newly Born Woman*. 1975. By Helene Cixous and Catherine Clement. Trans. Betsy Wing. Minneapolis: U of Minnesota P, 1986. 63-132.

Dobson, Michael. ed. *The Oxford Companion to Shakespeare*. Oxford: Oxford UP, 2001.

Greenblatt, Stephen Jay. *Renaissance Self-Fashioning: From More to Shakespeare*. Chicago: Chicago UP, 1980.

Habib, Imtiaz. *Shakespeare and Race*. New York: UP of America, 2000.

Hooks, Roberta M. "Shakespeare's *Antony & Cleopatra.*" *American Imago* 44.1 (1987): 37-49.

Howard, Jean. "Cross-dressing, The Theatre, and Gender Struggle in Early Modern England." *Shakespeare Quarterly* 39 (1988): 418-40.

Jankowski, Theodora A. "'As I am Egypt's Queen': Cleopatra, Elizabeth I, and the Female Body Politic." *Essays: Critical Approaches to Medieval and Renaissance Texts 5.* Ed. Peggy A Knapp. Pittsburgh: U of Pittsburgh P, 1989. 91-110.

Loomba, Ania. *Gender, Race, Renaissance Drama*. Manchester: Manchester UP, 1989.

Madelaine, Richad. ed. *Shakespeare in Production: Antony and Cleopatra.* Cambridge: Cambridge UP, 1998.

Plutarch. *Plutarch Roman Lives.* Trans. Robin Waterfield. Oxford: Oxford UP, 1999.

Rackin, Phyllis. "Shakespeare's Boy Cleopatra, the Decorum of Nature, and the Golden World of Poetry." *PMLA* 87 (1972): 201-12.

Said, Edward W. *Orientalism.* London: Routledge, 1978.

Shakespeare, William. *Antony and Cleopatra.* The Riverside Shakespeare. Ed. G. B. Evans. Boston: Houghton Mifflin, 1974.

Singh Jyotsna. "Renaissance Anti-theatricality, Anti-feminism, and Shakespeare's *Antony and Cleopatra.*" *Renaissance Drama* 20 (1989): 99-121.

Stadter, Philip A. "Antony: Introduction." *Plutarch Roman Lives*. By Plutarch. Trans. Robin Waterfield. Oxford: Oxford UP, 1999. 360-64.

Yoors, Jan. *The Gypsies*. New York: Simon & Schuster, 1976.

■ 작품인용 원문

(2.2.191-201) The barge she sat in, like a burnish'd throne,/ Burnt on the water. The poop was beaten gold,/ Purple the sails, and so perfumed that/ The winds were love-sick with them; the oars were silver,/ Which to the tune of flutes kept stroke, and made/ The water which they beat to follow faster,/ As amorous of their strokes. For her own person,/ It beggar'd all description: she did lie/ In her pavilion—cloth-of-gold of tissue—/ O'er-picturing that Venus where we see/ The fancy outwork nature.

(2.2.201-14) On each side her/ Stood pretty dimpled boys, like smiling Cupids,/ With divers-color'd fans, whose wind did seem/ To [glow] the delicate cheeks which they did cool,/ And what they undid did. […]/ Her [gentlewomen], like the Nereides,/ So many mermaids, tended her i' th' eyes,/ And made their bends adornings. At the helm/ A seeming mermaid steers; the silken tackle/ Swell with the touches of those flower-soft hands,/ That yarely frame the office. From the barge/ A strange invisible perfume hits the sense/ Of the adjacent wharfs. The city cast/ Her people out upon her.

(2.2.234-39) Age cannot wither her, nor custom stale/ Her infinite variety. Other women cloy/ The appetites they feed, but she makes hungry/ Where most she satisfies; for vilest things/ Become themselves in her, that the holy priests/ Bless her when she is riggish.

(1.2.140-44) Cleopatra, catching but the least noise of this, dies instantly; I have seen her die twenty times upon far poorer moment. I do think there is mettle in death, which commits some loving act upon her, she hath such a celerity in dying.

(1.3.2-5) See where he is, who's with him, what he does./ I did not send you. If you find him sad,/ Say I am dancing; if in mirth, report/ That I am sudden sick.

(1.3.27-31) Why should I think you can be mine, and true,

(Though you in swearing shake the throned gods,)/ Who have been false to Fulvia? Riotous madness,/ To be entangled with those mouth-made vows,/ Which break themselves in swearing!

(1.3.76-80) I prithee, turn aside and weep for her,/ Then bid adieu to me, and say the tears/ Belong to Egypt. Good now, play one scene/ Of excellent dissembling; and let it look/ Like perfect honor.

(2.5.15-18) 'Twas merry when/ You wager'd on your angling; when your diver/ Did hang a salt-fish on his hook, which he/ With fervency drew up.

(2.5.19-23) I laugh'd him out of patience; and that night/ I laugh'd him into patience;

and next morn,/ Ere the ninth hour, I drunk him to his bed;/ Then put my tires and mantles on him, whilst/ I wore his sword Philippan.

(5.2.214-21) Saucy lictors/ Will catch at us, like strumpets, and scald rhymers/ Ballad's out a' tune: […]/ I shall see/ Some squeaking Cleopatra boy my greatness/ I' th' posture of a whore.

(5.2.280-90) Give me my robe, put on my crown, I have/ Immortal longings in me. Now no more/ The juice of Egypt's grape shall moist this lip./ Yare, yare, good Iras; quick. Methinks I hear/ Antony call; I see him rouse himself/ To praise my noble act. I hear him mock/ The luck of Caesar, which the gods give men/ To excuse their after wrath. Husband, I come!/ Now to that name my courage prove my title!/ I am fire and air; my other elements/ I give to baser life.

10. 해체와 부재의 세계: 『리어 왕』

기존의 셰익스피어 비평은 정도의 차이가 있긴 하지만 근본적으로는 언어의 투명성을 전제로 한다. 즉 언어가 실재를 지칭하는 직접적인 수단이 될 수 있다고 믿었던 것이다. 그러나 1970년대에 들면서 "언어의 투명성"(transparency in language)에 대한 회의적인 반응이 나타난다. 구조주의자들은 "언어의 투명성"을 부정하고 기표와 기의의 본질적인 관계를 의문시한다.[1] 이들에 따르면 언어가 의미를 가지는 것은 사물을 지시하는 기표의 본질적인 속성에 있는 것이

이 글은 필자의 논문 "이항대립의 불확정성: 『리어 왕』의 경우"(영어영문학 54.5, 2008)를 일부 수정한 글이다.

1) Terence Hawkes, "Shakespeare and the New Critical Approaches," *The Cambridge Companion to Shakespeare Studies,* ed. Stanley Wells (Cambridge: Cambridge UP, 1986), 288-90 참조. 구조주의자들에게 실제 세계를 투명하게 반영하고 있는 것처럼 보이는 낱말들은 단지 언어 자체의 법칙과 구조에 종속된 복잡한 "기호체계의 일부"일 뿐이라고 간주하는 구조주의자들은 텍스트를 더 이상 작가의 의도나 시대적 배경에 종속시키려 하지 않고 텍스트를 자족적 의미를 지닌 텍스트 자체로 분석하려고 한다.

아니라, 언어 구조 속의 관계로부터 파생되는 "의미화 작용"에 기인한다. 그러므로 기표와 기의의 결합은 본질적인 것이 아니라 임의적인 관계에 있다. 이러한 생각을 좀 더 극단적으로 몰고 간 것이 탈구조주의이다.

탈구조주의는 의미의 안정성을 거부하고 기호란 양면성을 가진 단위라기보다는 두 개의 유동적인 '층' 사이의 임시적인 '상태라고 주장하면서, 기표와 기의 사이에서 진행되는 의미의 유희를 강조한다(Selden 125-26). 탈구조주의 특히 데리다(Derrida)로 대변되는 해체주의는 현존과 부재, 이성과 감성, 남성과 여성, 주체와 타자 등의 구조주의적 이항대립쌍의 경계를 의문시하며, 의미의 부재와 불확정성, 비일관성, 그리고 안정된 의미를 방해하는 텍스트의 모순성을 주시한다. 데리다는 기표가 기의의 현존을 방해하여 기표와 기의의 대응관계가 해체되고 있다는 주장을 통해 의미의 불확정성과 불안정성을 강조한다. 즉 기표와 기의의 일대일 대응관계를 가능하게 하는 언어의 투명성을 부정하면서 "차이의 자유로운 유희"에 의해 의미가 계속 '연기'된다고 주장한다. '차연' 개념으로 의미의 불확정성과 언어의 유희성을 강조하는 데리다는 현존은 '차연'에 의해 비춰지지 않으면 그 의미를 드러내지 않는다고 주장한다. ("Differance" 396-399; 409). 이러한 데리다의 주장은 셰익스피어의 『리어 왕』(*King Lear*) 분석에도 유효하다. 이 작품은 기표와 기의의 관계에 있어 불안정성을 드러내는 작품이기 때문이다.

『리어 왕』에서 '있음'은 '없음'이고 '없음'은 '있음'이다. 이는 리어 왕의 물음에 대한 딸들의 대답과 에드먼드(Edmund)의 위조편지에 잘 드러나고 있는데, 기표는 실제의 의미를 감추고 의미를 쉽게 드러내지 않는다. 또한 이 작품은 이항대립의 관계를 해체하고 현존이란 끊임없는 차연의 과정임을 보여주면서 이항대립 구조의 가변성을 드러낸다. 이는 켄트(Kent)의 변장과 에드거(Edgar)의 변장에 잘 드러나고 있다. 이 글은 데리다로 대변되는 해체주의를 참조하여 『리어 왕』에 드러나고 있는 기표와 기의 사이의 불안정성과 '차연' 과정을 논의하면서 현존과 부재, 진실과 허위, 정의와 불의, 선과 악, 이성과 비이성 등 이항대립쌍의 가변성을 드러내려는 작업이다.

I

1막 1장에서 리어가 딸들에게 "너희들이 얼마나 날 사랑하는지 말해보라"고 묻고 세 딸들이 이에 대답하는 장면은 기표와 기의가 얼마나 불안정한 관계로 묶여 있는가를 잘 보여주는 장면이다. 여기서 리어 왕은 왕국을 삼등분하여 세 딸들에게 나눠주려는 의향을 드러내면서 스스로 왕국의 질서를 해체한다. 리어는 딸 각자에게 물려줄 몫을 확정하기 앞서 세 딸들의 사랑을 말을 통해 저울질한다. 리어는 언어라는 기표가 그 언어가 담고 있는 기의와 동일하리라는 것을 믿어 의심치 않기 때문이다. 세 딸들에게 자신을 얼마나 사랑하는지를 말해보라고 요구하는 리어는 표현되기 어려운 사랑과 진실을 말을 통해 판단하려는 어리석음을 범한다. 리어가 "누가 나를 가장 사랑한다고 말하겠느냐? …… 나를 가장 사랑하는 딸에게 가장 큰 몫을 주겠노라"(48-52)고 말했을 때, 큰 딸인 거너릴(Goneril)은 다음과 같이 말한다.

> 아버님, 저는 말이 그 내용에 미칠 수 있는 것보다 한층 더
> 제가 보는 것과 공간과 자유보다도 한층 더 아버님을 사랑합니다.
> 가치 있고, 값지고, 희귀한 그 어떤 것보다도 더, 은총과
> 건강과 아름다움과 명예를 지닌 생명만큼이나 아버님을 사랑합니다.
> 저는 자식이 드릴 수 있는, 부모가 받을 수 있는 최고의 사랑으로,
> 아버님을 사랑합니다. 이 목소리로는 감히 다 표현할 수 없는 사랑으로

그 어떤 것으로도 다 표현할 수 없는 사랑으로 아버님을 사랑합니다.
(1.1.55-61)

거너릴은 그녀의 사랑이 너무나 크고 깊어 말로 다 드러낼 수 없다고 하면서, "그 어떤 것으로도 다 표현할 수 없는 사랑"으로 리어를 사랑한다고 말한다. 거너릴의 언어는 언어의 과잉이 잘 드러나는 과장된 언어이다. 그녀는 "말이 그 내용에 미칠 수 있는 것보다 한층 더" 리어 왕을 사랑하기 때문에 자신의 사랑을 다 표현할 수 없다고 말하지만, 사실은 자신의 사랑을 너무나도 부풀려서 드러내고, 리어는 이 언어의 인플레를 감지하지 못하고 곧이곧대로 받아들인다. 이때 리어에게 '있음'은 '있음'이요, '없음'은 '없음'일 뿐이다. 리어는 기표가 기의와 동일하다고 믿는 단순하고 어리석은 노인이기 때문이다. 리어는 거너릴에 이어 리건(Regan)이 발화하는 과잉 언어의 본질도 간파하지 못한다(Eagleton 76-77). 리건은 자신에게도 언니에게 해준 만큼 달라고 하면서 다음과 같이 말한다.

저의 진실한 마음속에서, 언니가 말하는
모든 것이 어쩜 나와 이렇게도 같을까 하고 생각했습니다.
다만 너무 짧게 표현했을 뿐이지요. 아버님,
사람들이 가진 어떤 귀한 감각이 누리는 기쁨도
적으로 삼아 물리치겠습니다.
전 오로지 친애하는 폐하의 사랑 안에서만
행복하다는 걸 고백합니다. (1.1.70-76)

리건은 자신이 할 말을 언니가 다 했지만, "너무 짧게 표현"했다고 말하고, 한 술 더 떠서 오로지 리어만을 사랑하며 살겠다고 고백한다. 남편을 둔 그녀가 리어만을 사랑하겠다고 위선에 찬 고백을 하지만, 이를 알아차리지 못한 리어는 흡족한 표정을 짓는다. 그녀의 말도 거너릴 못지않게 과장과 인플레가 심각하다.

초반부의 리어는 의미의 있고 없음이 기표에 달려 있다고 생각한다. 그러나 거너릴이 구사하는 "너무나 사랑한다"는 기표와 리건이 구사하는 "어떤 말로도 표현할 수 없다"는 기표는 진심으로 사랑한다는 기의로 향하지 못한다. 그들은 말로서 진심을 오도하는 위선적인 인물들이며, 미사여구로 치장한 두 언니보다 코델리어(Cordelia)는 실제로 훨씬 더 효성스런 딸이다. 그러나 "날 얼마나 사랑하는지"를 말로 해보라는 리어의 물음에 코델리어는 "아무런 할 말이 없다(Nothing)"고 답한다.

> 코델리어: 드릴 말씀이 없습니다, 폐하.
> 리　　어: 없어?
> 코델리어: 없습니다.
> 리　　어: 말할 게 없으면 받을 것도 없을 거다. 다시 말해봐라.
> 코델리어: 불행하게도 전 제 마음을 입에 담을 수 없습니다.
> 　　　　　전 자식 된 도리로 아버님을 사랑합니다.
> 　　　　　더도 아니고 덜도 아닙니다.
> 리　　어: 아니 어찌 된 거냐. 코델리어! 달리 말해봐라.
> 　　　　　그래야 너도 받을 것이 있을 게 아니냐.
> 코델리어: 인자하신 아버님,
> 　　　　　아버님은 저를 낳으셨고 기르셨고 사랑해 주셨습니다.
> 　　　　　저는 그 보답으로, 그리고 자식 된 도리로
> 　　　　　아버님께 순종하고 아버님을 사랑하고 매우 존경합니다.
> 　　　　　(1.1.87-98)

여기서 "말해보라"는 리어의 요구와 "할 말이 없다"는 코델리어의 답은 작품 전체에서 메아리처럼 울린다. 리건이 언니의 고백이 "너무 짧다"고 했지만 "할 말이 없다"는 코델리어의 답은 사실 너무 짧고 단순하다. 리어왕은 "아무런 할 말이 없다"는 코델리어의 말에 "아무 할 말이 없으면, 아무런 것도 받지 못할 것"이니 다시 말해보라고 한다. 그러나 코델리어는 자식으로서 아버지를 사랑할 뿐 다른 "아무런 할 말이 없다"는 말만을 반복한다. 그러나 코델리어는 자신의 "사랑이 혀끝으로 담아낼 수 없으리만치 크고 풍성하다는 걸 확신"(1.1.77-78)하고 있다.

리어에게 '무'의 상태에서 존재할 수 있는 것은 아무 것도 없다. 엘턴(Elton)의 지적처럼 '없음'은 이 작품 전체에 울려 퍼지는 가장 중요한 주제라고 해도 과언이 아니다(179). 딸의 말에 분노한 리어는 코델리어를 영원히 남으로 생각하겠다는 선언을 하게 된다. 그리하여 리어는 밖으로 드러내 표현하기 어려운 사랑이란 개념이 표현될 수 있다고 믿는 오류를 범한다. 코델리어의 마음과 말은 과거나 현재나 미래나 변함이 없지만, 이 지점에서 리어는 외양에 현혹되어 진실에 눈을 감는다. 그에게 기표는 기의와 일치하며, 사랑한다는 말의 없음은 곧 사랑하는 마음이 없음을 지시하기 때문이다. 그러나 『리어 왕』의 세계는 기표의 기의의 상응관계가 해체된 세계이다. 코델리어의 '없음(Nothing)'은 아무 것도 없는 것으로 끝나지 않는다. 아버지에 대한 사랑이 없는 것처럼 비친 그녀가 곤경에 처한 아버지를 구하려는 유일한 딸이기 때문이다.

거너릴과 리건의 사랑 고백은 마음에 품고 있는 진실과 '차이'가 있는 과장된 언어로 표현되고 있으며, 그들의 진실은 미래의 행동에 의해 드러나게 될 것이다. 거너릴과 리건이 진실을 과장하고 왜곡하여 표현하지만 코델리어는 자신의 진심을 제대로 표현하지 못한다. 현존은 '차연'에 의해 비춰지지 않으면 그 의미를 드러내지 않는다. 왜냐하면 현존은 "존재의 절대적 형태"가 아니라 "차별화가 창출해 낸 결과"이기 때문이다(Derrida, "Differance" 409). 코델리어의 진실은 거너릴과 리건의 허위와 '차이'가 있지만 그 진실의 현존은 일정 기간 동안 '연기'된다. 다시 말해 코델리어의 현존은 거너릴과 리건과는 다른 '차이'를 통해 드러날 수 있다.

튜너(Tuner)는 이 작품에서 정의를 '현존'하게 하는 시간은 "진리의 대행자"라고 주장하지만(5), 해체된 언어의 질서와 왕국의 질서는 쉽게 회복되지 않는다. 시간이 흘러도 진실과 위선의 '차이'는 쉽게 드러나지 않으며 정의와 불의의 경계는 여전히 불안정하다. 그러나 1막 3장과 2막 4장에 이르자 사악한 두 딸들의 본성이 드러난다. 1막 3장에서 많은 기사와 시종을 거느리고 딸의 집으로 온 리어 왕에게 거너릴은 기사와 시종의 수를 줄이라고 요구한다. 거너릴은 리어를 망령이 든 "어리석은 늙은이"이고(1.3.16), "다시 어린애가 된 늙은 바보"라고 생각하면서(1.3.19), 리어에게 사랑을 고백하던 때와는 완전히 다른 자세를 취한다. 2막 4장에서 리건 역시 언니와 같은 요청을 하고, 원래 계획대로 리어가 한 달간은 언니 집에 머물고 자기 집에는 한 달 후에 다시 오라고 요청한다. 이 지점에서 자식은 부모를 배반하고 부모는 자식을 저주한다. 그리하여 자식과 부모의 온전한 관계는 해체되고 리어는 "아무 것도 없는" 상태에 이르게 된다. 코델리어에게 했던 말이 리어 자신에게 되돌아오고 있는 것이다. 리어는 "아무 것도 아닌 것에서는 아무 것도 나올 수 없다"고 말했지만, 자신이 한 말에 담긴 뜻을 알지 못한다. 과거에 왕으로서 모든 권력을 움켜쥐고 모든 것을 가졌던 리어에게 현재 남은 것은 아무 것도 없다.

『리어 왕』의 세계에서 기의는 기표를 이탈하고 의미는 끊임없이 '연기'(delay)되어 텍스트에 안정적인 의미는 부재한다. 어리석은 리어는 후반부에 이르기까지 언어의 역설적 기능을 간파하지 못한다. 즉 그는 있음과 없음의 차이가 사라져 버리고 도리어 있음이 없음이 될 수 있고, 없음이 있음이 될 수도 있는 기표와 기의의 가변성을 파악하지 못한다. 거너릴, 리건, 코델리어의 대사에서는 언어상으로는 현존이 개념상의 부재로 이어지고, 부재와 현존, 허위와 진실, 외양과 실재의 차이와 경계가 균열된다. 그러나 이러한 현상이 리어와 세 딸들의 이야기로 구성되는 주 플롯에서만 나타나는 것은 아니다. 이는 글로스터(Gloucester)와 두 아들의 이야기로 구성되는 부 플롯에서도 나타나고 있다.

Ⅱ

왕국의 질서 해체와 부모와 자식 간의 온전한 관계의 부재는 글로스터와 두 아들의 이야기를 통해 다시 한 번 투사되고, '말'에 내포된 기표와 기의 관계의 불안정성은 에드먼드의 위조편지라는 '글'에 다시 한 번 투사된다. 이 작품에서 진실의 부재와 악의 현존을 가능하게 하는 것이 에드먼드의 위조편지다(Bergeron 164-65, Burckhard 239). 글로스터가 왕국의 질서 해체에 일조한 것은 아니다. 그러나 그는 에드먼드라는 사생아를 낳게 됨으로써 가정의 질서를 파괴하고 그 대가를 치른다. 사생아 에드먼드가 가짜 편지를 이용하여 글로스터와 적자인 에드거의 관계를 균열시키고 있기 때문이다.

1막 2장에서 편지를 들고 등장한 글로스터의 사생아 에드먼드는 적자 에드거가 상속받을 땅을 자신이 차지해야겠다는 의지를 드러내면서 "이 편지가 효과를 발휘해서 내 계략이 성공한다면, 천출인 에드먼드가 적자를 누르게 될 것이다. 난 자란다 그리고 번창한다"(1.2.19-22)고 말하면서, 형을 모함할 계획에 착수한다. 에드먼드가 아버지 글로스터 앞에서 날조된 편지를 숨기는 체하자,

글로스터는 계속 편지에 대해 추궁하고 에드먼드는 먼저 "아무 것도 아니라"고 말하면서 자신의 진의를 위장하고 글로스터의 궁금증을 자극한다.

글로스터: 왜 황급히 편지를 감추려 하느냐?
에드먼드: 저는 아무 소식도 모릅니다, 아버님.
글로스터: 무슨 편지를 읽고 있었던 것이냐?
에드먼드: 아무 것도 아닙니다.
글로스터: 아무 것도 아니라니? 그럼 왜 그리 놀란 듯이
　　그걸 황급히 주머니에 넣는단 말이냐? 아무 것도 아니라면
　　그렇게 감출 필요가 없지 않으냐. 어디 보자, 어서.
　　아무 것도 아니라면 안경도 필요하지 않겠지.
에드먼드: 부탁입니다, 아버님, 용서하세요. 이건 형님이 보낸 편지인데,
　　아직 다 읽지는 못했습니다. 지금까지 읽어본 바로는
　　아버님께 보여드리기가 적절치 않은 내용입니다.
글로스터: 이놈, 당장 내놓아라.
에드먼드: 보여드리든 아니든 아버님 기분을 상하게 할 것 같습니다.
　　그 내용은, 제가 이해한 바로는, 비난받을 내용이라서……
글로스터: 어디 보자, 어서. (1.2.28-43)

편지를 두고 "아무 것도 아니다"라는 에드먼드의 말과 무엇인가 '보자'고 계속 추궁하는 글로스터의 태도는 사랑을 두고 "아무런 할 말이 없다"는 코델리어의 말과 다시 '말해보라'고 계속 요청하는 리어의 상황을 아이러니컬하게 반응한다. 말을 듣기를 갈망했던 리어나 편지를 보기를 갈망하는 글로스터는 모두 외양에 속아 실재를 파악하지 못하는 우둔한 인물이다. 코델리어는 "아무런 할 말이 없다"는 말을 통해 실재하는 자신의 진실을 부재하는 것처럼 만들었지만, 위선적인 에드먼드는 여기서 "아무 것도 아니라는" 말을 통해 실재하

지 않는 것을 만들어낸다. 그럼에도 불구하고 "아무 것도 아니다"라는 에드먼드의 말은 글로스터가 좀 더 에드먼드의 말을 쉽게 믿도록 만든다. 에드먼드가 위장을 통해 글로스터를 믿게 하는 방법은 정말 기가 막히다. 그는 억지로 편지를 보여주는 체하면서 에드거를 변호하고, 결정적 순간에 편지를 보여주며, 편지를 읽은 글로스터에게 다시 한 번 에드거를 변호한다.

> 에드먼드: 형님을 위해 변명하자면,
> 형님이 제 마음을 떠보려고 이걸 쓴 것 같습니다. [편지를 준다.
> 글로스터: [읽는다.] "노인을 공경하라는 인습은 인생의 절정에 있는 우릴 쓰디쓰게 만들고, 늙어서 재산 가진 걸 즐길 수 없을 때까지 그 재물을 가질 수 없도록 한다. 이제 난 늙은 폭군의 압제에 대한 굴종이 부질없고 어리석은 걸 알게 되었다. 노인들 멋대로 하는 건, 힘이 있어서가 아니라 우리가 기꺼이 고통을 감수하기 때문일 거야.
> 좀 더 의논할 게 있으니 네게 오너라. 내가 깨울 때까지 아버지께서 주무시기만 한다면, 아버지 수입의 반은 영원히 네 것이 될 거고, 너는 형의 사랑을 받으며 살 것이다. 에드거." 음! 음모로군! (1.2.44-55)

이 편지의 필체가 에드거의 것임을 확인하려는 글로스터에게 에드먼드는 "형이 쓴 것이라고 감히 맹세하겠지만, 그 내용을 보니, 차라리 아니라고 하는 게 좋겠다"(1.2.59-61)고 말하고, "형님의 필체이긴 하지만, 마음을 담아 쓴 글 같지는 않다"고 얼버무린다(1.2.63-65). 에드먼드의 변호에도 불구하고 글로스터는 편지에 에드거의 "본심이 담겨있다"고 생각하며 에드거를 "천륜을 거스르는" 짐승만도 못한 놈이라는 결론을 내리게 내리고(1.2.76-77), 에드거를 체포하라는 명령을 내린다. 에드먼드의 계략이 성공한 셈이다. 그러나 이 지점에서 에드먼드는 “감히 제 목숨을 걸고 맹세합니다. 형님은 아버지에 대한 제 효심을 시험하려고 이 편지를 썼을 뿐, 다른 위험한 의도는 없을 것”(1.2.85-88)이라고 말하면서 다시 한 번 에드거를 변명한다. 에드먼드는 에드거에 대한 변호를 통해 철저하게 자신의 의도를 숨기고 있는 것이다. 글로스터는 “사랑은 식고, 우정은 깨어지고, 형제는 갈라서는구나”라고 말하는데(1.2.106-107), 리어 왕이 판단의 오류를 범한 것을 알고 있는 글로스터가 자신의 오류를 깨닫지 못하고 있음은 아이러니컬하다.

날조된 편지로 아버지를 속인 에드먼드는 이제 형 에드거에게 접근한다. 에드먼드는 에드거에게 글로스터의 마음을 상하게 한 게 없나 잘 생각해보라고 말하고, “아버님의 노기가 수그러질 때까지는 자제하고 가까이 가지 마라”고 충고한다(1.2.160-62). 또한 에드거에게 “호의를 품고 있는 자가 한사람이라도 있다면, 난 거짓말쟁이”(1.2.172-73)라고 말하면서 일이 잘 풀리도록 도와주겠다고 한다. 에드먼드는 마음에도 없는 말을 하면서 순진한 에드거를 속이고 있는 것이다. 글로스터는 물론 에드거가 에드먼드를 믿게 되는 이 지점에서부터 에드먼드의 계획은 빠른 속도로 작동하기 시작한다. 에드거가 퇴장하자 에드먼드는 성공을 확신하고 다음과 같이 자신을 합리화한다.

> 쉽게 속아 넘어가는 아버지에, 고상한 형이라! 남을
> 해코지할 줄 모르는 천성이라서 형은 아무 것도 의심치 않는군.
> 바보스러울 정도로 솔직한 형의 성격을 이용하면
> 내 계획은 쉽게 성사될 거야. 이제 내가 할 일은 분명해.
> 타고난 혈통으로 안 되면 재주를 부려서라도 땅을 차지해야지.
> 내 목적을 이루기 위해선 그 어떤 수단도 정당한 거야. (1.2.179-84)

사실 에드먼드는 자신의 목적을 이루기 위해 어떤 수단도 가리지 않고 행동

한다. 2막 1장에서 에드먼드는 에드거와 싸워 상처를 입은 것처럼 사건을 조작하고, 에드거의 계략을 확신한 글로스터는 에드거를 "발견하여 형장으로 끌고 가는 자에게 응분의 보상을 할 것이고, 놈을 숨겨주는 자는 죽음을 면치 못할 것"(2.1.61-63)이라고 선언하며, "충성스럽고 효성이 지극한 자식"(2.1.84)인 에드먼드가 자신의 땅을 상속할 수 있도록 조치하겠다고 선언한다. 사실은 불효막심한 에드거를 믿고 선한 아들 에드거를 믿지 않는 글로스터는 "충성스럽고 효성이 지극한 자식"인 코델리어를 믿지 않고 추방했던 리어의 우행을 아이러니컬하게 반영한다. 3막 5장에서 에드먼드는 콘월 공작에게 글로스터가 리어왕을 돕고 있다고 고자질하고 3막 7장에서는 콘월에게 두 눈을 뽑히는 고통을 당하게 된다. 뉘우치기는커녕 목적을 위해 수단과 방법을 가리지 않는 에드먼드는 콘월에게 "제 운명이 어찌 이리 기구한지요. 정당한 일을 하고도 뉘우쳐야 하다니!"(3.5.9-10)라고 말하는데, 이는 에드먼드의 위선적인 면모를 유감없이 드러낸다. 날조된 편지로 형을 모함했던 에드먼드는 이제 아버지를 배반한 대가로 콘월로부터 아버지 글로스터의 타이틀을 받게 되는데, 이 지점에서 에드먼드의 계략이 성공한 것처럼 보인다.

리어가 딸들의 미사여구에 현혹되어 진실을 보지 못했듯이, 글로스터는 에드먼드의 위조편지에 속아 진실을 보지 못하고 선한 에드거를 내치게 된다. 선한 에드거는 선한 코델리어와 유사한 상태에 이른 것이다. 악한 에드먼드는 또한 악한 거너릴과 그녀의 동생인 리건과 공조한다. 사실과는 다르게 날조된 위조편지에는 실재가 결여되었지만 '부재의 현존'으로 형제 관계와 부자 관계를 해체하는 상징으로 작용한다. 또한 위조편지는 진실의 부재를 드러내는 기표로 작용한다.

위조편지를 통해 에드먼드와 에드거 사이의 악한 아들과 선한 아들이라는 구조가 역전된다. 선한 에드거는 아비를 배반한 악한 아들이 되고, 악한 사생아 에드먼드는 충성스런 아들로 보이게 된다. 그러나 보이게 된다는 것은 현존이 아니라 '부재의 현존'으로 유동적으로 존재하는 현상이다. 종국에 가서는 이 '부재의 현존'이 다시 제자리를 찾고 진짜 현존이 그 모습을 드러내기 때문이다. 어쨌든 당분간은 에드먼드가 이 위조편지를 통해 아버지의 사랑을 획득하고 아버지의 유산 상속을 약속받는다. 적자를 밀어낸 사생아 에드먼드는 이제 자신의 의지에 따라 주위의 상황을 전유(appropriation)하는 배우요 연출가로 행세한다. 그의 각본에 따라 에드거는 추방되고, 리어의 사악한 두 딸이 그를 사랑하기 때문이다.

위조편지로 인해 에드거는 생명의 위협에 처하게 되고, 이를 변장을 통해 타개하려고 한다. 이때 에드거의 변장은 '현존의 부재'를 명시하는 기표이다. 이와 같이 에드먼드의 위조편지와 에드거의 변장은 이항대립의 관계를 해체하고 현존이란 끊임없는 차연의 과정임을 보여주면서 이항대립의 가변성을 드러낸다. 에드먼드의 계략에 빠져 생명의 위협을 느낀 에드거는 2막 3장에서 야수에 가까운 미친 톰의 모습으로 변장하려고 마음먹는다.

> 달아날 수 있을 때 달아나 목숨을 보존해야겠어.
> 지금까지 궁핍이 인간을 멸시하여
> 야수에 가까운 모습으로 만든 것 가운데,
> 가장 천박하고 구차한 몰골을 해야겠다.
> 얼굴에는 더러운 검댕 칠을 하고, 허리에는 담요를 두르고,
> 머리털은 헝클어 어지럽게 매듭을 짓고,
> 벌거벗은 알몸으로
> […………………]
> 이 소름끼치는 물골로, 궁색한 농가나,
> 작고 초라한 마을이나, 양의 우리나, 방앗간에서,

때로는 미친 사람처럼 뭔가를 저주하고, 때로는 기도하면서,
자선을 베풀라고 졸라대지. "불쌍한 털리 갓! 불쌍한 톰!"이라고 해야지.
그래야 살아남을 수가 있어. 난 더 이상 에드거가 아니야. (2.3.5-21)

에드거는 미친 톰의 모습으로 변장하려는 자신이 "더 이상 에드거가 아니다"(Edgar I nothing am)라고 말한다. 에드먼드로부터 자신을 보호하고 진실 부재의 세상에서 살아남기 위해 스스로 자신의 정체성을 숨기는 것이다. 그는 이제 부재하는 현존의 인물로 말하고 행동한다. 변장은 이 작품에서 현존과 부재의 경계를 허무는 불확실성의 기표로 작용한다. 리어의 질서 해체는 정의의 부재로 이어지고, 가정의 질서를 해체한 글로스터의 어리석음 또한 정의 부재로 연결된다.

리어 왕의 어리석은 판단과 부당한 행위를 비판했던 충신 켄트는 추방당한다. 그러나 그는 변장한 모습으로 계속 변함없이 리어를 수행하면서 봉사한다. 켄트는 거너릴과 리건이란 악한 인물로부터 자신을 보호하고 왕을 섬기기 위해 변장이란 수단을 택하며, 에드거는 에드먼드로부터 자신을 보호하고 아버지를 섬기기 위해 변장이란 수단을 택한다. 변장이라는 장치에서 선과 악, 정의와 불의, 현존과 부재의 관계는 더 이상 안정된 구조가 아니라 그 경계가 희석되고 무너져 버린다.

변장한 켄트는 본 모습을 감춘 채 리어 왕을 수행하고, 에드거는 톰이란 이름으로 아버지 글로스터를 수행한다. 리어는 켄트인지를 알아보지 못하고, 글로스터는 톰이 에드거라는 걸 알아차리지 못한다. 리어와 글로스터에게 켄트와 에드거의 정체성은 '부재'의 상태에 있기 때문이다. 변장하고 '있음'은 원래의 그 사람이 당분간은 그 자리에 '없음'을 지시한다. 그러나 켄트와 에드거란 존재가 실제로 부재하는 것은 아니다. 그러므로 켄트와 에드거의 현존과 부재

는 상대적이고 현존과 부재의 경계는 유동적이다. 살아 있는 존재처럼 햄릿 앞에 나타나 사라져 버리는 『햄릿』의 유령이 "현존과 부재의 상호작용인 흔적(trace)"이라고 한다면, 자신이 아닌 다른 이름으로 존재하는 켄트와 에드거는 데리다의 용어를 빌면 "부재하는 현존"(absent present)의 인물들이다(Derrida, *Of Grammatology* 154). 그러므로 변장은 불확실성의 기표로 작용한다. 변장은 현존과 부재의 구분을 모호하게 하는 동인이며 그 자체가 정체성의 혼란을 가중시키는 장치이기 때문이다. 켄트와 에드거는 그들이 아닌 자로 말하고 행세한다. 변장은 상실의 기표이지만 또한 정의의 부재를 기억하게 하는 기표이다. 자신의 모습을 숨기는 행위 자체가 불의의 세상에서 부재를 통하여 자신을 방어하고 살아남기 위한 방편이기 때문이다.

글로스터는 리어 왕을 돕다가 3막 7장에서 리건의 남편인 콘월 공작에게 두 눈을 뽑히게 되는 고통을 당하고 광야를 헤맨다. 4막 1장에서 봉사 아버지를 만난 고통의 순간, 변장한 에드거는 지금의 상황이 최악이라고 자신을 위로한다. "가장 좋은 상황도 슬픈 상황으로 바뀔 수 있고 가장 나쁜 상황도 웃을 상황으로 바뀔 수" 있으니(4.1.5-6), 처참한 운명에 빠지더라도 늘 희망을 갖고 살아야한다고 말한다. 그러나 이어서 "최악이라고 말할 수 있는 한 최악"(4.1.27)은 아니라고 자신의 말을 번복한다. "이건 나에게 최악이야"라는 말을 통해 현재의 고통을 희석시키고 스스로를 위로하는 행동이지만, 콜더우드(Calderwood)의 주장을 따르면 이는 앞으로 다가올 더욱 깊은 "고통에 대한 단순한 언어마취"(5)에 불과할 뿐이다. 변장한 에드거에 대해 묻는 글로스터에게 노인이 그가 "미친 사람이고 또한 거지"라고 했을 때, 글로스터는 다음과 같이 말한다.

> 완전히 미친 건 아니겠지. 그럼 구걸도 못했을 거니까.
> 지난 밤 폭풍 속에서 그런 놈 하나를 봤지.

그놈을 보니 인간이 벌레 같다는 생각이 들더군.
그때 아들놈 생각이 났지만, 그때까진 마음속으로
그놈을 선뜻 받아들이지 못했어. 후에 난 더 많은 소문을 들었지.
신들은, 장난꾸러기 애들이 파리를 다루듯,
우릴 다루고 장난삼아 우릴 죽이곤 하지. (4.1.31-37)

봉사인 글로스터는 미친 거지처럼 행세하는 자신의 아들 에드거를 눈으로 보지는 못하지만 그의 존재는 글로스터가 선한 자기 아들 에드거를 기억하게 한다. 변장한 에드거는 톰의 입을 빌려 자신을 알아보지 못하는 아버지 글로스터에게 마치 아들인 에드거처럼 말한다. 그리하여 비유적으로는 변장한 자가 원래의 자기가 되어 말하고 행동하면서 부재와 현존의 차이가 희석되어 버린다.

잃어버린 아들 에드거에 대한 죄책감과 신들이 "장난삼아 인간들을 죽인다"는 비관적인 인식은 글로스터를 자살 충동으로 몰아넣는다. 4막 6장에서 변장한 에드거는 도버의 낭떠러지에서 떨어져 죽으려고 하는 글로스터를 수행한다. 낭떠러지에서 떨어지기 전에 글로스터는 전능하신 신들에게 "만약 에드거가 살아있다면, 그 애를 축복해 달라고 기도"하고(4.6.40-41), 평지에서 몸을 앞으로 던져 쓰러진다. 글로스터가 절벽에서 실제로 떨어진 것은 아니지만 에드거는 그런 것처럼 말한다. 그리고 에드거는 살아남은 글로스터에게 절벽에서 떨어졌지만 "살아있는 게 기적"(4.6.55)이라고 말하고, "지극히 정결하신 신들께서 당신을 구해 주셨다"고 하면서 글로스터를 위로한다(4.1.73-74). 여기서 에드거의 '거짓'말과 행동은 사기가 아니라 선한 '거짓'이다. 이 지점에서 진실과 대립된 '허위'가 본래의 부정적인 뜻으로부터 이탈하여 긍정의 의미를 파생시키기 때문이다. 이를 두고 레빈(Levin)은 "엄숙한 사기"라고 명명하며(180),

허버트(Herbert)는 에드거의 선한 거짓이 아버지를 치유하는 효과를 가져 오기 때문에 정당한 사기라고 주장한다(92).

켄트와 에드거의 변장은 스스로 자신의 정체성을 일시적으로 해체하는 행위이다. 변장한 켄트는 리어를 깨우치게 하고 변장한 에드거는 글로스터를 뉘우치게 하여, 부재의 존재로 정의의 현존을 가능하게 하는데 일조하며, 리어와 글로스터의 정체성을 제자리에 돌려놓는 역할을 수행한다. 그러므로 켄트와 에드거의 변장은 현존을 가능하게 하는 부재라고 할 수 있을 것이다. 에드거의 물리적 변장을 유발시켰던 것은 에드먼드의 위조 편지와 거짓인데, 에드먼드의 거짓과 위장은 심리적 변장이다. 그리고 에드먼드의 조작된 편지와 위장은 주 플롯에서 거너릴과 리건의 위선적인 사랑 고백에 상응하는 요소이다. 거너릴과 리건의 거짓 사랑 고백 역시 심리적 변장으로 볼 수 있기 때문이다.

『리어 왕』에서는 있음과 없음, 현존과 부재, 진실과 허위, 선과 악, 정의와 불의라는 이분법적인 관계가 해체되고 있을 뿐만 아니라, 상전과 하인, 그리고 이성과 비이성의 이분법적인 관계 또한 해체되고 있으며, 이는 리어와 바보광대(the Fool)의 관계에 잘 드러나고 있다. 노령의 리어는 우둔하고, 왕의 광대인 '바보'는 상전인 리어보다 더 현명하다. 광대 자신은 바보지만 리어는 현재 자신보다도 못한 '아무 것도 아닌' 존재라고 비꼰다. 여기서 바보광대와 왕의 위치가 전도되어 바보광대는 우둔한 상전이 자신의 정체성을 인식할 수 있도록 가르치는 선생의 역할을 수행한다. 그리하여 이 작품은 왕과 바보광대의 '차이'가 소멸된 세상을 제시한다(Heilman 186).

4막 6장에는 미친 리어와 눈이 먼 글로스터가 등장한다. 글로스터가 리어를 보고 국왕 폐하가 아니냐고 묻자 리어는 "어느 모로 보나 왕"(4.6.107)이라고 말한다. 전반부에서 수사적 장식으로 과장되었던 리어의 언어가 이제 단순해지기 시작한다. 리어는 글로스터에게 "눈이 없이도 세상 돌아가는 쯤은 볼 수 있어. 귀로 보아라. 저기 저 재판관이 저기 좀도둑을 어떻게 꾸짖고 있는지를 보란 말이다. 귀로 들어봐. 자리를 바꿔보라"고 말한다(4.6.150-54). 눈과 귀의 기능을 바꿔보라는 리어와 "개도 감투를 쓰면 사람을 복종시킬 수 있지"라고 말하면서(4.6.158-59), 세태의 어두운 모습을 역설의 언어 속에 담아내는 리어를 두고 에드거는 "뜻이 있는 말과 없는 말이 뒤섞여 있고, 실성한 가운데서도 이치(Reason in madness)가 있다"고 말한다. "인간은 울면서 이 세상에 태어났으며," "바보들만 있는 이 큰 무대"(this great stage of fools)에 나온 것이 슬퍼서 우는 것"(4.6.182-83)이며, 인간은 세상이라는 무대 위에서 자신의 의지와는 상관없이 주어진 역을 수행해야 한다는 리어의 대사는 인간 존재의 불합리성과 비극성을 드러낸다(Kott 132-33). 악의 파멸에도 불구하고 작품의 종결부는 '의미 있는' 세상을 제시하지 않는다. 종결부에 이르러 진실과 허위가 밝혀지고, 부재했던 정의가 제자리를 찾지만, 해체된 우주의 질서가 완벽하게 회복되지는 않는다.

4막 7장에 이르자 코델리어의 진심을 제대로 파악하지 못하고 모질게 대했던 리어는 이제 그녀 앞에서 자신의 잘못을 반성한다. 용서를 구하기 위해 무릎을 꿇은 리어에게 코델리어가 무릎을 꿇지 말라고 하자, 리어는 다음과 같이 말한다.

> 난 너무나도 어리석고 못난 늙은이다.
> 한 시간도 더도 덜도 아닌
> 막 팔십을 넘긴 몸이다. 그리고 솔직히 말해,
> 내 정신이 온전하지 않은 것 같아 두렵구나. (4.7.59-62)

이 대사를 두고 젠킨스(Jenkins)는 무지했던 리어가 고통을 통해 자각에 이르고 외양과 실재의 괴리를 파악하는 지혜를 가지게 되었다고 간주한다(85-87). 그러나 리어의 인식은 여전히 불완전하다. 리어 자신이 말하는 것처럼 그의 "정신은 온전하지 않다." 5막에서 코델리어가 죽었지만 리어는 그녀가 살아있다는 환상에서 벗어나지 못한다.

5막 2장에서 리어와 코델리어는 포로가 되고, 5막 3장에 이르러 사악한 두 딸과 에드먼드는 그들 사이의 갈등으로 서로를 죽인다. 그러나 에드먼드는 이미 포로가 된 리어와 코델리어를 교살하라는 명령을 내려놓았다. 에드먼드는 죽으면서 에드거에게 두 사람을 구하기 위해 빨리 전령을 보내라고 하지만 이미 늦은 상태다. 코델리어는 이미 살해되었고, 리어는 죽은 코델리어를 안고 다음과 같이 절규하며 죽는다.

> 없어, 없어, 없어, 생명이!
> 개도 말도 쥐도 생명이 있는데,
> 왜 넌 숨을 쉬지 않느냐? 다시는 돌아오지 않겠지.
> 절대로, 절대, 절대로, 절대, 절대로 다시는!
> 제발 이 단추를 좀 벗겨다오. (5.3.306-10)

동물에게도 생명이 있는데, 왜 코델리어의 생명은 영영 돌아오지 않느냐는 리어의 절규는 "허망한 인생"의 실체를 잘 드러내고 있다(Sypher 161). 『리어 왕』의 세계는 자비로운 신의 섭리가 현존하는 세계가 아니며, 미래로의 출구를 제시해 주지도 않는다. 이 작품의 결말은 새로운 시작의 희망이 부재한 세계를 보여주며, 의미 없이 죽어가는 부조리한 인간 조건을 투사한다. 글로스터의 언급처럼 『리어 왕』의 세계는 "신들은 마치 장난꾸러기들이 날벌레를 죽이듯, 장난삼아 우리 인간들을 죽이고"(4.1.36-37), 인간들은 의미 없이 죽어가는 부조리한 세상이다.

Ⅲ

날조된 편지를 통한 에드먼드의 거짓과 위장은 심리적 변장이며, 이는 에드거의 물리적 변장을 유발시킨다. 에드먼드에 의해 조작된 편지는 에드거의 변장이란 결과에 반영되는 정의 부재의 세상과 허위가 진실을 대치하는 어두운 세상을 비추어 낸다. 그의 조작된 편지와 위장은 주 플롯에서 거너릴과 리건의 위선적인 사랑 고백에 상응하는 요소로 주 플롯의 주제, 즉 외양과 실재의 괴리라는 주제를 반복하여 비추어 낸다. 에드거의 '조작된 편지'와 위장에 속아 에드거란 선한 아들을 버린 글로스터는, 딸들의 '말'에 속아 선한 딸 코델리어를 버린 리어 왕과 유사하다. 판단의 오류와 어리석은 행동의 대가로 장님이 된 글로스터의 고통과 행보는 고통으로 미쳐버린 리어 왕의 행보와 유사하다. 이와 같이 『리어 왕』은 부 플롯의 사건과 인물들이 주 플롯의 사건과 인물들을 비춰내면서 진실이 부재하고 온전한 인간관계가 해체된 부조리한 세상을 비추어 낸다. 또한 부 플롯과 주 플롯은 서로가 서로를 비춰내면서 현존/부재, 진실/허위, 정의/불의라는 이항대립쌍의 불안정한 관계를 드러내고 온전한 의미의 현존이 유보되고 '연기'되는 불안정한 언어의 속성을 드러낸다.

『리어 왕』은 진실이 부재한 세계에서 부녀간의 관계가 해체되고, 부자간의 관계가 해체되는 것을 보여주는 작품이다. 부부간의 관계도 해체되며, 형제간의 관계 또한 해체된다. 인간을 둘러싼 모든 관계의 온전한 양상이 해체되며, 자식은 아비를 배반하고 형제는 형제를 배반한다. 또한 하인은 주인을 배반한다. 코델리어, 에드거, 켄트, 바보광대 등의 선한 인물들의 존재에도 불구하고, 이 작품은 어둡기 그지없는 부조리한 세계를 제시한다.

■ 인용문헌

Bergeron, David M. "Deadly Letters in King Lear." Philological Quarterly 72.2 (1993): 157-76.

Burckhard, Sigurd. "*King Lear*: The Quality of Nothing." *Shakespearean Meanings*. Princeton: Princeton UP, 1968. 237-59.

Calderwood, J. L. "Creative Uncreation in *King Lear*." *Shakespeare Quarterly* 37.1 (1986): 5-19.

Derrida, Jacques. *Of Grammatology*. Trans. G. C. Spivak. Baltimore: Johns Hopkins UP, 1974.

_____. "Differance." *Deconstruction in Context*. Ed. M. C. Taylor. Chicago: U of Chicago P, 1986.

Eagleton, Terry. *William Shakespeare*. Oxford: Blackwell, 1986

Elton, William R. *King Lear and the Gods*. San Marino: Huntington Library, 1966.

Hawkes, Terence. "Shakespeare and the New Critical Approaches." *The Cambridge Companion to Shakespeare Studies*. Ed. Stanley Wells. Cambridge: Cambridge UP, 1986. 287-302.

Heilman, Robert B. *This Great Stage: Image and Structure in King Lear*. Baton Rouge: Lousiana State UP, 1948.

Herbert, Judd. *Tragedy and Tragic in Western Culture*. Montreal: Determination, 1982.

Jenkins, Raymond. "The Socratic Imperative and *King Lear*." *Renaissance Papers* 1963 (1964): 85-93.

Kott, Jan. *Shakespeare Our Contemporary*. Trans. B. Taborski. London: Methuen, 1965.

Levin, Harry. *Shakespeare and the Revolution of the Times*. New York: Oxford UP, 1976.

Seldon, Raman, and P. Widdowson. *A Reade's Guide to Contemporary Literary Theory*. 3rd ed. London: Harvester Wheatsheaf, 1993.

Shakespeare, William. *King Lear*. The Riverside Shakespeare. Ed. Ed. G. B. Evans. Boston: Houghton Mifflin, 1974.

Sypher, Wylie. *The Ethic of Time*. New York: The Seabury P, 1976.

Turner, Frederick. *Shakespeare and the Nature of Time*. Oxford: Clarendon P, 1971.

■ 작품인용 원문

(1.1.55-61) Sir, I love you more than [words] can wield the matter,/ Dearer than eye-sight, space, and liberty,/ Beyond what can be valued, rich or rare,/ No less than life, with grace, health, beauty, honour;/ As much as child e'er lov'd, or father found;/ A love that makes breath poor, and speech unable:/ Beyond all manner of so much I love you.

(1.1.70-76) In my true heart/ I find she names my very deed of love;/ Only she comes too short, that I profess/ Myself an enemy to all other joys/ Which the most precious square of sense [possesses],/ And find I am alone felicitate/ In your dear Highness' love.

(1.1.87-98) *Cordelia*. Nothing, my lord./ *Lear*. Nothing?/ *Cordelia*. Nothing./ *Lear*. Nothing will come of nothing, speak again./ *Cordelia.* Unhappy that I am, I cannot heave/ My heart into my mouth. I love your Majesty/ According to my bond; no more nor less./ *Lear*. How, how, Cordelia? Mend your speech a little,/ Lest it may mar your fortunes. *Cordelia.* Good my lord,/ You have begot me, bred me, lov'd me. I/ Return those duties back as are right fit,/ Obey you, love you, and most honour you.

(1.2.28-43) *Gloucester.* Why so earnestly seek you to put up that letter?/ *Edmund.* I know no news, my lord./ *Gloucester.* What paper were you reading?/ *Edmund.* Nothing, my lord./ *Gloucester.* No? What needed, then, that terrible/ dispatch of it into your pocket? The quality of nothing/ hath not such need to hide itself. Let's see. Come,/ if it be nothing, I shall not need spectacles./ *Edmund.* I beseech you, sir, pardon me; it is a letter from my brother that I have not all o'er-read; and for so much as I have perused, I find it not fit for your o'erlooking./ *Gloucester.* Give me the letter, sir./ *Edmund.* I shall offend, either to detain or give it: the contents, as in part I understand them, are to blame./ *Gloucester.* Let's see, let's see.

(1.2.44-55) *Edmund.* I hope, for my brother's justification, he wrote this but as an essay or taste of my virtue./ *Gloucester.* (*Reads*) "This policy and reverence of age makes the world bitter to the best of our times; keeps our fortunes from us till our oldness cannot relish them. I begin to find an idle and fond bondage in the oppression of aged tyranny, who sways, not as it hath power, but as it is suffer'd. Come to me, that of this I may speak more. If our father would sleep till I wak'd him, you should half his revenue for ever, and live the belov'd of your brother, Edgar." Hum? conspiracy?

(1.2.179-84) A credulous father and a brother noble,/ Whose nature is so far from doing harms/ That he suspects none; on whose foolish honesty/ My practises ride easy. I see the business./ Let me, if not by birth, have lands by wit:/ All with me's meet that I can fashion fit.

(2.3.5-21) Whiles I may scape/ I will preserve myself, and am bethought/ To take the basest and most poorest shape/ That ever penury, in contempt of man,/ Brought near to beast. My face I'll grime with filth,/ Blanket my loins, elf all my hair in knots,/ And with presented nakedness outface. [. . .]/ And with this horrible object, from low farms,/ Poor pelting villages, sheep-cotes, and mills,/ Sometime with lunatic bans, sometime with prayers,/ Enforce their charity. Poor Turlygod!

poor Tom!/ That's something yet: Edgar I nothing am.

(4.1.31-37) He has some reason, else he could not beg./ I' th' last night's storm I such a fellow saw,/ Which made me think a man a worm. My son/ Came then into my mind, and yet my mind/ Was then scarce friends with him. I have heard more since./ As flies to wanton boys, are we to th' gods,/ They kill us for their sport.

(4.6.164-78) *Lear*. Through tattered clothes [small] vices do appear;/ Robes and furred gowns hide all. [Plate sin] with gold,/ And the strong lance of justice hurtless breaks;/ Arm it in rags, a pigmy's straw does pierce it./ None does offend, none, I say, none. [. . .]/ *Edgar*. (*Aside*) O, matter and impertinency mix'd,/ Reason in madness!/ *Lear*. If thou wilt weep my fortunes, take my eyes./ I know thee well enough, thy name is Gloucester./ Thou must be patient; we came crying hither.

(4.7.59-62) I am a very foolish fond old man,/ Fourscore and upward, not an hour more nor less; / And to deal plainly,/ I fear I am not in my perfect mind.

(5.3.306-10) No, no, no life?/ Why should a dog, a horse, a rat, have life,/ And thou no breath at all? Thou'lt come no more,/ Never, never, never, never, never./ Pray you, undo this button.

맺음말

1668년 존 드라이든(John Dryden)은 셰익스피어를 "가장 크고 포괄적인 영혼"이라 칭했고, 18세기 비평가인 사뮤엘 존슨(Samuel Johnson)은 셰익스피어의 작품을 "삶을 있는 그대로 비추어 내는 거울"이라고 평가한 바 있다. 사실 셰익스피어의 작품은 각자의 삶을 반영하는 거울이다. 또한 걸출한 등장인물의 창조, 인생과 인간 본성에 관한 깊은 통찰과 심오한 해석, 그리고 시적인 묘미와 아름다움을 드러내는 셰익스피어의 천재적 언어 감각은 그의 작품을 다른 어떤 작품과도 견줄 수 없는 고전으로 자리 잡게 한다.

비평의 역사가 보여주듯이 셰익스피어의 텍스트는 새로운 비평 이론을 적용할 때마다 또 다른 의미를 드러내는 문학 텍스트이다. 시대에 따라 개인의 경험에 따라 적용하는 비평 양식에 따라 다양한 의미를 산출해 낼 수 있다는 것은 그만큼 셰익스피어 텍스트의 의미가 닫혀 있는 것이 아니라 개방되어 있음을 뜻한다. 현재적 시점에서 독자들이 또 다른 의미를 읽어 낼 수 있는 것은 바로 이러한 개방성 때문일 것이다. 그리하여 셰익스피어가 창조한 햄릿, 오셀로, 이아고, 맥베스, 리어 왕, 코델리어, 클레오파트라, 샤일록, 포셔, 로미오와 줄리엣 등의 인물들은 여전히 현재에도 살아 숨 쉬는 인물처럼 평가된다.

지금까지 살펴 본 바와 같이 각 비평과 해석은 장점과 동시에 단점을 갖고 있다. 따라서 셰익스피어에 대한 어느 한 접근 방식이 단 하나의 올바른 접근 방식이라고 할 수는 없다. 그럼에도 불구하고 각자의 비평은 모두 자신의 비평 방식이 작품의 신비와 핵심에 접근할 수 있는 가장 좋은 방법이라고 주장한다. 이는 각 비평이 지닌 한계이다. 각자가 자신의 한계점을 인정하고 타 비평이 지닌 특성과 장점을 소화하면서 상호 보완해 나가는 가운데 올바른 비평 태도가 확립될 수 있을 것이고 호소력을 지니는 온전한 비평으로 자리 잡을 수 있을 것이다. 비평의 역사는 모든 새로운 비평은 항상 그에 앞서 전개된 비평 양식이 소홀히 다루었던 부분을 비집고 들어가 비판함으로써 시작되고 있음을 보여준다. 그렇다면 지금 현재 우세한 비평 양식도 조만간에 그 비평의 논리를 비판하고 뒤엎는 또 다른 비평 양식의 등장에 직면하게 될 것이다.

문학 작품에는 그 시대의 사상적, 역사적, 종교적, 문화적 요소가 심미적으로 용해되어 있다. 따라서 작품의 이해와 비평에서 이를 도외시할 수는 없다. 그러나 그의 작품의 보편성에 대한 벤 존슨의 논평("셰익스피어는 어느 한 시대의 사람이 아니라, 모든 시대의 사람")이 제시하는 것처럼 셰익스피어의 작품은 어느 한 시대의 범주에만 갇혀 있진 않다. 그의 작품은 어느 시대에만 한정될 수 없는 보편성과 심미적 가치를 지니고 있기 때문이다.

성격심리비평은 등장인물의 성격과 심리의 파악에 도움을 줄 것이며, 역사비평은 작품에 녹아든 당대의 세계관과 인간 본성에 관한 시대적 사고를 이해하는 데 도움을 줄 것이다. 시적 접근은 우리가 언어의 시적인 아름다움과 깊이를 음미할 수 있도록 할 것이고, 신화비평은 작품에 반영된 인간 경험이 인류의 집단 무의식에 근거를 둔 일종의 보편적 체험 양식임을 인식하는 데 도움을 줄 것이다. 또한 종교적 해석은 신비의 세계를 이해할 수 있도록 도움을 줄 것이고, 실존적 해석은 등장인물의 실존적 고민을 현대의 우리 자신에게 비추어 그 의미를 읽어내게 하는데 도움을 줄 것이다.

1960년대 이후 진행된 구조주의 비평은 의미의 생산에 관여하는 패턴과 구조를 해명하려 하고, 탈구조주의 비평은 의미의 안정성에 회의를 표하면서, 구조와 패턴의 분석만으로는 파악될 수 없는 의미의 유동성과 불확정성을 강조한다. 프로이드, 존스, 라캉으로 이어지는 정신분석비평은 인물들의 심리를 해명하려고 한다. 정치적 비평으로 분류되는 페미니스트 비평, 신역사주의, 문화유물론은 텍스트가 생산된 컨텍스트를 주시하면서 작품을 분석한다. 페미니스트 비평은 성적 타자로 간주되어 온 여성의 목소리를, 신역사주의는 권력의 타자의 목소리를, 문화유물론은 인종적 타자의 목소리을 담아낸다. 지금까지 살펴 본 바와 같이 각 비평은 장점과 동시에 단점을 갖고 있다. 각 비평과 접근방식은 각개의 단점이 있음에도 불구하고 이들 비평들은 우리가 참조함으로써 우리의 시각을 풍요롭게 할 수 있는 '거울'이라 할 수 있을 것이다. 지금까지 살펴 본 여러 비평 유형 가운데 어떤 비평이 특정한 작품의 분석과 이해에 효과적인 도구가 될 것인지에 대한 판단은 독자의 몫으로 남겨져 있다.

인용문헌

Abrams, M. H. *A Glossary of Literary Terms*. 4th ed. New York: Holt, Rinehart and Winston, 1981.

Adamson, Jane. *Tragedy: Some Problems of Judgement and Feeling*. Cambridge: Cambridge UP, 1980.

Adelman, Janet. "Born of Woman: Fantasies of Maternal Power in *Macbeth.." Cannibals, Witches, and Divorce: Estranging the Renaissance.* Ed. Marjorie Garber. Baltimore: John Hopkins UP, 1987. 90-121.

_____. *Suffocating Mothers: Fantasies of Maternal Origin in Shakespeare's Plays, "Hamlet" to "The Tempest."* New York: Routledge, 1992.

_____. "Iago's Alter Ego: Race as Projection in *Othello*." *SQ* 48 (1997): 125-44.

Aronson, Alex. *Psyche and Symbol in Shakespeare*. Bloomington: Indiana UP, 1972.

Bamber, Linda. *Comic Women, Tragic Men: A Study of Gender and Genre in Shakespeare*. Stanford: Stanford UP, 1982.

Bartels, "Making More of the Moor: Aaron, Othello, and Renaissance Refashionings of

Race." *SQ* 41 (1990): 433-54.

Barthelemy, Anthony. *Black Face Maligned Race: The Representation of Blacks in English Drama from Shakespeare to Southerne*. Baton Rouge: Louisiana State UP, 1987.

Battenhouse, Roy W. "The Ghost in *Hamlet*: A Catholic Linchpin?" *Studies in Philology* 48 (1951): 161-92

_____. *Shakespearean Tragedy: Its Art and Its Christian Premises*. Bloomington: Indiana UP, 1969.

Belsey, Catherine. "Cleopatra's Seduction." *Alternative Shakespeare*. Vol 2. Ed. Terence Hawkes. London: Routledge, 1996. 38-62.

Ben, Larry D. "Courtly Love and Chivalry in the Later Middle Ages." *Fifteenth-century Studies: Recent Essays*. Ed. Robert F. Yeager. Hamden, Conn.: Archon Books, 1984. 237-57.

Bentley, Eric. *The Life of the Drama.* New York, 1964.

Bergeron, David M. "Deadly Letters in King Lear." *Philological Quarterly* 72.2 (1993): 157-76.

Black, James. "'*King Lear*': Art Upside-down." *Shakespeare Survey* 33 (1980): 35-42.

Bodkin, Maud. *Archetypal Patterns in Poetry: Psychological Studies of Imagination.* Oxford: Oxford UP, 1934.

Boose, Lynda E. "The Getting of a Lawful Race." *Women, Race, and Writing in the Early Modern Period.* Eds. M. Hendricks and P. Parker. London: Routledge, 1994. 35-54.

Booth, Stephen. "On the Value of *Hamlet.*" *Hamlet. New Casebook.* Ed. Martin Coyle. New York: St. Martin's P, 1992. 57-67.

Bowers, Fredson. *Elizabethan Revenge Tragedy.* Princeton: Princeton UP, 1940.

_____. "Hamlet as Minister and Scourge." *PMLA* 70 (1955): 740-49.

Bradley, A. C. *Shakespearean Tragedy: Lectures on Hamlet, Othello, King Lear, Macbeth.* 1904. 3rd ed. London: Macmillan, 1992.

Bristol, Michael D. *Carnival and Theatre: Plebian Culture and the Structure of Authority in Renaissance England.* London, 1985.

_____. "Charivari and the Comedy of Abjection." *Materialist Shakespeare*. London: Verso, 1995. 142-56.

Brooks, Cleanth. "The Naked Babe and the Cloak of Manliness." *The Well Wrought Urn: Studies in the Structure of Poetry*. 1947. New York: Harcourt Brace Jovanovich, 1956. 21-46.

Burckhard, Sigurd. "*King Lear*: The Quality of Nothing." *Shakespearean Meanings*. Princeton: Princeton UP, 1968. 237-59.

Calderwood, J. L. *Shakespearean Metadrama.* Minneapolis: U of Minnesota P, 1972.

_____. "Creative Uncreation in *King Lear*." *Shakespeare Quarterly* 37.1 (1986): 5-19.

Callaghan, Dympna. "Representing Cleopatra in the Post-colonial Moment." *Antony and Cleopatra*. Ed. Nigel Wood. Buckingham & Philadelpia: Open UP, 1985. 40-65.

Campbell, Lily B. "Theories of Revenge in Renaissance England." *Modern Philology* 28 (1931): 281-96.

Capellanus, Andreas. *The Art of Courtly Love*. Trans. John Jay Parry. New York: Frederick Ungar Publishing, 1941.

Cartmell, Deborah. *Interpreting Shakespeare on Screen*. London: Macmillan, 2000.

Cartwright, Kent. "Audience Response and the Denouement of *Othello*." *Othello: New Perspectives*. Ed. V. M. Vaughan and Kent Cartwright. Newark: Fairleigh Dickinson UP, 1991. 161-76.

Cixous, Helene. "Sorties: Out and Out: Attacks / Ways Out / Forrays." *The Newly Born Woman*. 1975. By Helene Cixous and Catherine Clement. Trans. Betsy Wing. Minneapolis: U of Minnesota P, 1986. 63-132.

Clemen, W. H. "*Romeo and Juliet*." *Twentieth Century Interpretations of* Romeo and Juliet. Ed. Douglas Cole. Englewood Cliffs, N.J.: Prentice-Hall, 1970. 66-75.

Clemen, Wolfgang H. *The Development of Shakespeare's Imagery*. 1951. 2nd ed. London: Methuen, 1977.

Cohen, Walter. "Political Criticism of Shakespeare." *Shakespeare Reproduced: The Text in History and Ideology*. Eds. Jean E. Howard and Marion F. O'Connor. London: Methuen, 1987. 18-46.

Coleridge, Samuel Taylor. *Shakespearean Criticism*, Vol. 1. Ed. Thomas Middleton Raysor. 2nd ed. London: Dutton, 1960.

Colie, R. L. *Paradoxia Epidemica: The Renaissance Tradition of Paradox*. Princeton: Princeton UP, 1966.

Coyle, Martin, ed. *Hamlet. New Casebooks*. New York, 1992

Curry, Walter Clyde. *Shakespeare's Philosophical Patterns*. Baton Louge: Louisiana State UP, 1959.

Curtis, Jared R. "The Speculative and Office'd instrument: Reason and Love in *Othello*." *Shakespeare Quarterly* 24.2 (1973): 188-97.

Danby, John F. *Shakespeare's Doctrine of Nature. A Study in King Lear*. London: Faber & Faber, 1949.

Dent, R. W. "Hamlet: Scourge and Minister." *SQ* 29 (1978): 82-4.

Derrida, Jacques. *Of Grammatology*. Trans. G. C. Spivak. Baltimore: Johns Hopkins UP, 1974.

_____. "Racism's Last Word." Trans. Peggy Kamuf. *Critical Inquiry* 2 (1985): 290-99.

_____. "Differance." *Deconstruction in Context*. Ed. M. C. Taylor. Chicago: U of Chicago P, 1986.

Diehl, Huston. "Horrid Image, Sorry Sight, Fatal Vision: The Vidual Rhetoric of *Macbeth*." *Shakespeare Studies* 16 (1983): 191-204.

Dobson, Michael. ed. *The Oxford Companion to Shakespeare*. Oxford: Oxford UP, 2001.

Dollimore, Jonathan. *Radical Tragedy: Religion, Ideology and Power in the Drama of Shakespeare and His Contemporaries*. Brighton: Harvester, 1984.

Dollimore, Jonathan and Alan Sinfield, eds. *Political Shakespeare: New Essays in Cultural Materialism*. Manchester: Manchester UP, 1985.

Donaldson, E. Talbot. "The Myth of Courtly Love." *Speaking of Chaucer*. New York: Norton, 1970. 154-63.

Driver, Tom F. *The Sense of History in Greek and Shakespearean Drama.* New York: Columbia UP, 1960.

Eagleton, Terry. *William Shakespeare*. Oxford: Blackwell, 1986

Eliot, T. S. "Shakespeare and the Stoicism of Seneca." *Selected Essays*. New York: Harcourt Brace Jovanovich Inc., 1950. 107-20.

Elliott, G. R. "*Othello* as a Love-Tragedy." *The American Review* 8.3 (1937): 257-88.

_____. *Flaming Minister: A Study of Othello as Tragedy of Love and Hate*. Durham, NC: Duke UP, 1953.

Elton, William R. *King Lear and the Gods*. San Marino: Huntington Library, 1966.

Evans, K. W. "The Racial Factor in *Othello*." *Shakespeare Studies* 5 (1969): 124-40.

Foucault, Michel. *The History of Sexuality,* Vol. 1. 1976. Trans. Robert Hurley. New York: Phantheon Books, 1978.

Freud, Sigmund. *New Introductory Lectures on Psychoanalysis.* 1933. Trans. and ed. James Strachey. New York: Norton, 1964.

_____. *The Ego and the Id.* Trans. and ed. J. Strachey. New York: Norton, 1962.

Frye, Roland Mushat. *The Renaissance Hamlet: Issues and Responses in 1600.* New Haven, N.J.: Princeton UP, 1984.

Gajowski, Evelyn. *The Art of Loving: Female Subjectivity and Male Discourse Traditions in Shakespeare's Tragedies*. Cranbury, NJ,: Associated UP, 1992.

Garber, Marjorie. "*Hamlet*: Giving Up the Ghost." Hamlet: *William Shakespeare*. Ed. S. L. Wofford. Boston: Bedford Books of St. Martin's P, 1994. 297-331.

Gardner, Helen. "The Historical Approach to *Hamlet*." *Shakespeare: Hamlet.* Ed. John Jump. London: Macmillan, 1968. 137-50.

Gildon, Charles. "Some Reflections on Mr. Rymer's Short View of Tragedy, and an Attempt at a Vindication of Shakespeare." *The Impartial Critick and Miscellaneous Letters and Essays by John Dennis and Charles Gildon*. 1694. 64-118. Rpt. 1973.

Goddard, Harold C. *The Meaning of Shakespeare.*. Vol.1. Chicago: U of Chicago P, 1960.

Goldsmith, Robert H. *Wise Fools in Shakespeare*. Lansing: Michigan State UP, 1955.

Granville-Barker, Harley. *Prefaces to Shakespeare,* Vol. 1. Princeton: Princeton UP, 1946.

Greenblatt, Stephen J. *Renaissance Self-fashioning: From More to Shakespeare*. Chicago: U of Chicago P, 1980.

Guerin, Wilfred L. et. al., *A Handbook of Critical Approaches to Literature*. 3rd ed. Oxford: Oxford UP, 1992.

Habib, Imtiaz. *Shakespeare and Race*. New York: UP of America, 2000.

Hall, Vernon Jr. "Freudianism and Literature." *A Short History of Literary Criticism*. New York: New York UP, 1963. 156-62.

Hallett, Charles A. and Elaine S. Hallett. *The Revenger's Madness: A Study of Revenge Tragedy Motifs*. Lincoln: U of Nebraska P, 1980.

Hawkes, Terence. "Shakespeare and the New Critical Approaches." *The Cambridge Companion to Shakespeare Studies*. Ed. Stanley Wells. Cambridge: Cambridge UP, 1986. 287-302.

Heilman, Robert B. *This Great Stage: Image and Structure in King Lear*. Baton Rouge: Lousiana State UP, 1948.

Herbert, Judd. *Tragedy and Tragic in Western Culture*. Montreal: Determination, 1982.

Holderness, Graham. "Rev. of *Shakespearean Negotiations: The Circulation of Social Energy in Renaissance England*, by Stephen Greenblatt." *MLR* 85 (1990): 141-44.

Holland, Norman N. *Psychoanalysis and Shakespeare*. New York: McGraw-Hill, 1966.

_____. *The Shakespearean Imagination*. Bloomington: Indiana UP, 1968.

Hooks, Roberta M. "Shakespeare's *Antony & Cleopatra*." *American Imago* 44.1 (1987): 37-49.

Horwich, Richard. "Integrity in *Macbeth*: The Search for the 'Single State of Man.'"

SQ 29 (1978): 365-73.

Hotson, Leslie. *Shakespeare's Motley*. New York: Haskell House, 1971.

Howard, Jean. "Cross-dressing, The Theatre, and Gender Struggle in Early Modern England." *Shakespeare Quarterly* 39 (1988): 418-40.

Hunter, G. K. "*Othello* and Colour Prejudice." *Dramatic Identities and Cultural Tradition*. Ed. G. K. Hunter. Liverpool: Liverpool UP, 1978. 31-59.

Jankowski, Theodora A. "'As I am Egypt's Queen': Cleopatra, Elizabeth I, and the Female Body Politic." *Essays: Critical Approaches to Medieaval and Renaissance Texts 5*. Ed. Peggy A Knapp. Pittsburgh: U of Pittsburgh P, 1989. 91-110.

Jenkins, Raymond. "The Socratic Imperative and *King Lear*." *Renaissance Papers* 1963 (1964): 85-93.

Jones, Ernest. *Hamlet and Oedipus*. 1949. New York: Norton, 1976.

Jordan, Winthrop. *White Over Black: American Attitudes Toward the Negro, 1550-1812*. Chapel Hill: U of North Carolina P, 1968.

Jorgensen, Paul A. *Our Naked Frailties: Sensational Art and Meaning in* Macbeth. Berkeley: U of California P, 1971.

Joseph, Sister Miriam. "'*Hamlet*,' a Christian Tragedy." *Studies in Philology* 59-2 (1962): 119-40. .

Jump, John, ed. *Hamlet*. Casebook. London: Macmillan, 1981.

Kaiser, Walter. *Praisers of Folly: Erasmus, Rabelais, Shakespeare*. Cambridge: Harvard UP, 1963.

_____. "Wisdom of the Fool." *Dictionary of the History of Ideas*. Vol.4. Ed. P. Wiener. New York: Charles Scribner's Sons, 1978.

Kimbrough, Robert. "Macbeth: The Prisoner of Gender." *Shakespeare Studies* 16 (1983): 175-90.

Knight, G. Wilson. *The Shakespearian Tempest*. 1940. London: Methuen, 1953.

_____. *The Wheel of Fire: Interpretations Shakespearian Tragedy*. 1947. New York: Barnes and Nobles, 1965.

Knights, L. C. *Some Shakespearean Themes*. London: Chatto and Windus, 1959.

Kott, Jan. *Shakespeare Our Contemporary*. Trans. B. Taborski. London: Methuen, 1965.

Lacan, Jacques. "Desire and the Interpretation of Desire in *Hamlet*." Trans. James Hulbert. *Yale French Studies* 55-56 (1977): 11-52.

Leavis, F. R. "Diabolic Intellect and the Noble Hero: A Note on *Othello*." *Scrutiny* 6.3 (1937): 259-83.

Levin, Harry. *Shakespeare and the Revolution of the Times*. New York: Oxford UP, 1976.

Lewis, C. S. *The Allegory of Love: A Study in Medieval Tradition*. London: Oxford UP, 1936.

Linn, Robert J. "The fool in Renaissance Drama." Diss., U of South Carolina, 1978.

Loomba, Ania. *Gender, Race, Renaissance Drama*. Manchester: Manchester UP, 1989.

Lupton, J. R. and K. Reinhard. *After Oedipus: Shakespeare in Psychoanalysis*. Ithca: Cornell UP, 1993.

Mack, Maynard. *King Lear in Our Time*. Berkeley: U of California P, 1966.

Madelaine, Richad. ed. *Shakespeare in Production: Antony and Cleopatra*. Cambridge: Cambridge UP, 1998.

Mahood, M. M. "Shakespeare's Wordplay." *Romeo and Juliet: Critical Essays*. Ed. John F. Andrews. New York: Garland, 1993, 55-71.

Matthews, G. M. "*Othello* and the Dignity of Man." *Shakespeare in a Changing World: Essay*. Ed. Arnold Kettle. New York: International Publishers, 1964. 123-45.

McAlindon, T. *Shakespeare's Tragic Cosmos*. Cambridge: Cambridge UP, 1991.

McGee, Arthur. *The Elizabethan Hamlet*. New Haven: Yale UP, 1987.

Mott, Lewis Freeman. *The System of Courtly Love*. New York: Haskell House, 1965.

Muir, Kenneth. "Image and Symbol in *Macbeth*." *Shakespeare Survey* 19 (1966): 45-54.

_____. "Introduction." *Macbeth* by William Shakespeare. London: Methuen, 1977. 11-65.

Murfin, Ross C. "What is Psychoanalytic Criticism." Hamlet: *William Shakespeare*.

Ed. S. L. Wofford. Boston: Bedford Books of St. Martin's P, 1994. 241-51.

Neill, Michael. "Unproper Beds: Race, Adultery, and the Hideous in *Othello*." <u>*SQ*</u> 40 (1989): 383-412.

Newell, Alex. *The Soliloquies in* Hamlet: *The Structural Design.* London: Associated UP, 1991.

Newman, Karen. "'And Wash the Ethiop White': Feminity and the Monstrous in *Othello*." *Shakespeare Reproduced: The Text in History and Ideology.* Ed. J. E. Howard and M. F. O'Connor. New York: Methuen. 1987. 143-62

Nicoll, Allardvce. *Studies in Shakespeare*. London: Leonard & Virginia Woolf, 1927.

Nuttall, A. D. "Freud and Shakespeare: *Hamlet*." *Shakespeare and Continuities*. Eds. John Batchelor et. al. London: Macmillan P, 1997. 123-37.

Ostwald, Barbara L. "Fool and Malcontent: the Dramatic Function of the Licensed Commentator in Elizabethan Drama." Diss., Indiana Univ. 1977.

Parker, M. D. H. *The Slave of Life: A Study of Shakespeare and the Idea of Justice.* London: Chatto and Windus, 1955.

Plutarch. *Plutarch Roman Lives.* Trans. Robin Waterfield. Oxford: Oxford UP, 1999.

Prosser, Eleanor. *Hamlet and Revenge.* Stanford: Stanford UP, 1967.

Quinn, Edward G, ed. *The Reader's Encyclopedia of Shakespeare.* New York: Thomas Y. Crowell, 1966.

Quinn, Edward, et al. ed. *The Major Shakespearean Tragedies.* New York: The Free P, 1973.

Rackin, Phyllis. "Shakespeare's Boy Cleopatra, the Decorum of Nature, and the Golden World of Poetry." *PMLA* 87 (1972): 201-12.

Ribner, Irving. *Patterns in Shakespearean Tragedy.* London: Methuen, 1960.

Ridley, M. R. ed. "Introduction." *Othello.* By W. Shakespeare. Arden Shakespeare. London: Methuen, 1977.

Rose, Jacqueline. "*Hamlet*--the Mona Lisa of Literature." *Critical Quarterly* 28 (1986): 35-49.

Rose, Mark. "*Hamlet* and the Shape of Revenge." *English Literary Renaissance* 1 (1971): 132-43.

Rosenberg, Marvin. *The masks of King Lear*. Berkeley; London: California UP. 1972.

Rymer, Thomas. *The Critical Works of Thomas Rymer*. Ed. Curt A. Zimansky. Yale UP, 1956.

Said, Edward W. *Orientalism*. London: Routledge, 1978.

Sanders, Norman, ed. "Introduction." *Othello*. By W. Shakespeare. New Cambridge Shakespeare. Cambridge: Cambridge UP, 1984. 1-51.

Scott, M. W. and S. L. Williamson, ed. *Shakespearean Criticism*. Vol.8. Detroit: Gale Research, 1989.

Selden, Raman. "Hamlet's word-play and the Oedipus complex." *Critical Essays on* Hamlet. Ed. L. Cookson and B. Loughrey. London: Longman, 1988. 81-90.

Seldon, Raman, and P. Widdowson. *A Reade's Guide to Contemporary Literary Theory*. 3rd ed. London: Harvester Wheatsheaf, 1993.

Shafer, Ronald. "Hamlet: Christian or Humanist?" *Studies in Humanities* 17-1 (1990): 21-35.

Shakespeare, William. *The Riverside Shakespeare*. Ed. G. B. Evans. Boston: Houghton Mifflin, 1974.

Showalter, Elaine. "Representing Ophelia: Women, Madness, and the Responsibilities of Feminist Criticism." *Shakespeare and the Question of Theory*. London: Methuen, 1985. 77-94.

Singh Jyotsna. "Renaissance Anti-theatricality, Anti-feminism, and Shakespeare's *Antony and Cleopatra*." *Renaissance Drama* 20 (1989): 99-121.

Skulsky, Harold. "Revenge, Honor, and Conscience in *Hamlet*." *PMLA* 85 (1970): 78-87.

Smith, M. B. *Dualities in Shakespeare*. Toronto: U of Toronto P; 1966.

Snider, Denton J. *The Shakespearian Drama, a Commentary: The Tragedies*. London: Sigma Publishing, 1887.

Speaight, Robert. *Nature in Shakespearian Tragedy*. London: Holis and Carter, 1955.

Spencer, Theodore. *Shakespeare and the Nature of Man*. 1942. New York: Macmillan, 1961.

Spurgeon, Caroline F. E. *Shakespeare's Imagery and What It Tells Us*. Cambridge: Cambridge UP, 1935.

Stadter, Philip A. "Antony: Introduction." *Plutarch Roman Lives*. By Plutarch. Trans. Robin Waterfield. Oxford: Oxford UP, 1999. 360-64.

Stampfer, J. "The Catharsis of *King Lear*." *Shakespeare Survey* 13 (1960): 1-10.

Stanton, Kay. "Hamlet's Whores." *New Essays in* Hamlet. Ed. M. T. Burnet and J. Manning. New York: AMS P, 1994. 167-88.

Starks, Lisa S. "The displaced body of desire." *Shakespeare and Appropriation*. Ed. C. Desmet and R. Sawyer. London: Loutledge, 1999. 160-78.

Stewart, J. I. M. *Character and Motive in Shakespeare: Some Recent Appraisals Examined.* New York: Longmans, 1949.

Stirling, Brents. "Reputation, Reputation, Reputation!" *Unity in Shakespearian Tragedy: The Interplay of Theme and Character.* New York: Gordian P, 1966. 111-38.

Stoll, Elmer Edgar. *Art and Artifice in Shakespeare.* Cambridge: Cambridge UP, 1933.

Sypher, Wylie. *The Ethic of Time.* New York: Seabury P, 1976.

Thorndike, A. H. "*Hamlet* and Contemporary Revenge Plays." *PMLA* 17 (1902): 125-220.

Tokson, Eliot H. *The Popular Image of the Black Man in English Drama, 1550-1688.* Boston: Hall, 1982.

Tuner, Frederick. *Shakespeare and the Nature of Time*. London: Oxford UP, 1971.

Vaughan, V. M. *Othello: A Contextual History*. Cambridge: Cambridge UP, 1994.

Waldock, A. J. A. "*Hamlet*": *A Study in Critical Method.* Cambridge: Cambridge UP, 1931.

Walker, Roy. *The Time Is Free: A Study of Macbeth*. London, Andrew Dakers, 1949.

Waller, G. H. *The Strong Necessity of Time*. Hague: Mouton, 1976.

Welsford, Enid. *The Fool: His Social and Literary History*. 1935. New York: Doubleday, 1961.

Wilson, John Dover. *What Happens in* Hamlet? 1935. London: Cambridge UP, 1976.

Wofford, S. L. ed. *Hamlet.* Boston: Bedford Books of St. Martin's P, 1994.

Žižek, Slavoj. *The Metastases of Enjoyment*. New York: Verso, 1994.

찾아보기

(ㅂ)

(ㅅ)

(ㅇ)

■ 저자 약력

김종환 교수는 1981년 계명대학교 영문과를 졸업하고 1992년 미국 네브라스카 주립대학에서 박사학위를 취득했다. 1995년에 재남우수논문상(한국영어영문학회)을 수상했고, 1998년에는 제1회 셰익스피어학회 우수논문상을, 2006년에는 원암학술상을 수상한 바 있다. 1986년부터 계명대학교 교수로 재직하고 있으며, 현재 한국셰익스피어학회와 한국영미어문학회의 편집이사로 활동하고 있다. 저서로는 『셰익스피어와 타자』(학술원우수도서)와 Introduction to Korean Mask-dance Drama가 있고, 번역서로는 『연극개론』(공역), 『햄릿』, 『맥베스』, 『오셀로』, 『로미오와 줄리엣』, 『베니스의 상인』, 『줄리어스 시저』, 『리어 왕』, 『오이디푸스 왕과 안티고네』가 있으며, 편서로는 『셰익스피어 연극 사전』(공편)과 English Critical Texts가 있다.

셰익스피어와 현대비평

2009년 9월 25일 | 초판1쇄 인쇄
2009년 9월 30일 | 초판1쇄 발행

지은이 | 김종환
펴낸이 | 신일희
펴낸곳 | 계명대학교출판부
704-701 대구시 달서구 달구벌대로 2800
전화 053-580-6233 팩스 053-583-5213
http://www.kmupress.com

등록 | 1970. 9. 1. (신고번호 제347-1998-1호)

ISBN 978-89-7585-485-9 93840

값 23,000원